nuevo PRISMA

Curso de español para extranjeros

LIBRO DE EJERCICIOS

NIVEL

C2

Mariano del Mazo
Julián Muñoz
Juana Ruiz
Elena Suárez

Edi numen

Nuevo Prisma Nivel C2. Libro de ejercicios

© **Editorial Edinumen**, 2013
© **Autores:** Mariano del Mazo, Julián Muñoz, Juana Ruiz y Elena Suárez
Coordinador: Julián Muñoz

ISBN Libro de ejercicios: 978-84-9848-260-7
Depósito Legal: M-30332-2015
Impreso en España
Printed in Spain
0122

1.ª edición: 2013
1.ª reimpresión: 2015
Reimpresión: 2022

EXTENSIÓN DIGITAL en ELEteca

Un espacio en constante actualización

- Las **audiciones** de este libro se encuentran disponibles y descargables en nuestra plataforma educativa.
- Para acceder a este espacio, entra en la **ELEteca** (https://eleteca.edinumen.es), activa el código que tienes a continuación y sigue las instrucciones.

CÓDIGO DE ACCESO

GPLsHAA8cW

Para más información, consultar los términos de uso de la ELEteca.

Coordinación pedagógica:
María José Gelabert

Coordinación editorial:
Mar Menéndez

Diseño de cubierta:
Juanjo López

Diseño y maquetación:
Ana Gil

Fotografías:
Archivo Edinumen

Impresión:
Gráficas Glodami. Madrid

Editorial Edinumen
José Celestino Mutis, 4. 28028 - Madrid
Teléfono: 91 308 51 42
e-mail: edinumen@edinumen.es
www.edinumen.es

ÍNDICE

Todas las unidades incluyen un apartado denominado *Actividades por destrezas* que reproduce las pruebas del **examen DELE** (Diploma de Español como Lengua Extranjera) nivel C2 con un doble objetivo:

- trabajar los contenidos de la unidad en cada una de las destrezas principales;
- conocer y practicar estas pruebas específicas para aquel estudiante que tenga previsto presentarse al examen DELE C2.

A este respecto, se reproducen las instrucciones propias de cada prueba con el fin de que estos estudiantes se familiaricen con el examen en todos los aspectos: lenguaje, formato, etc.

1 ENSEÑARTE

>| **1** | **Algunos verbos, además del pronombre *se*, emplean el prefijo *auto* para adquirir o reforzar su valor reflexivo. Lee estas frases y analiza sus diferencias.**

- *Llevo 10 años medicándome. / Llevo 10 años automedicándome.*
- *Me costó mucho trabajo convencerme de que era lo mejor. / Intento autoconvencerme de que el dinero no es importante.*

En estos casos, el prefijo *auto*- refuerza el valor reflexivo de estos verbos, añadiendo un significado que podría parafrasearse como 'por sí solo, sin ayuda, sin intervención de otros'. El verbo se convierte, por decirlo así, en más reflexivo aún.

Analiza ahora este ejemplo:

- *Se lesionó al final del partido. / Se autolesionó cuando iban a detenerle.*

En otros casos, como en el caso de *lesionarse*, el prefijo *auto* sí es necesario para que el verbo sea reflexivo.

>| **2** | **Une el prefijo *auto* con el verbo correspondiente del recuadro para formar verbos que puedas utilizar en las conversaciones siguientes, como en el ejemplo. Hay dos verbos de más.**

censurarse * regularse * inculparse * abastecerse * editarse * engañarse * medicarse * criticarse

Conversación 1

Ejemplo: *Pues todo el mundo dice que automedicarse es malísimo.*

Se niega a ir al médico y, en cambio, está constantemente tomando pastillas que dice que le sientan bien.

Conversación 2

He leído que una asociación de internautas se va a declarar culpable de cometer delitos en Internet.

Sí, es verdad, han dicho que van a ....

Conversación 3

Por mucho que se lo digo, ella sigue empeñada en ver las cosas como le gustan y no como son en la realidad.

Ya, ya lo sé, siempre está ....

Conversación 4

Viven en un pueblo muy pequeño, en plan comuna, cultivan ellos las cosas que comen, hacen la ropa que usan... No llevan nada de fuera.

Ah, o sea que ....

Conversación 5

Los periodistas de este país no se atreven a escribir las cosas como son. Antes de que nadie les diga nada, evitan ellos mismos los temas difíciles.

Sí, ya lo sé. Está claro que ....

Conversación 6

¿No crees que hace falta una ley para controlar la publicidad en televisión?

Desde luego que sí, las cadenas han demostrado que son incapaces de ....

>| 3 | Añade el prefijo a los dos verbos sobrantes y construye una frase con cada uno de ellos.

....

....

>| 4 | En español hay un grupo de verbos, casi todos ellos pronominales (con *se*) que, usados con otro pronombre (*la*, *las*, *lo*, *los*), adquieren un significado diferente. Algunos de ellos son: *arreglárselas*, *jugársela*, *pasárselo*...

Une estas expresiones con su definición, teniendo en cuenta que hay dos expresiones de más que tendrás que definir tú. Después, completa cada frase con la expresión adecuada.

1. Dársela con queso. ...... *	* a. Conseguir salir de un apuro o lograr un fin.
2. Pagármelas. .... *	* b. Estar en un momento decisivo.
3. Arreglárselas. .... *	* c. Engañar o ser engañado.
4. Tomarla con alguien. ... *	* d. Se emplea para amenazar a una persona por algo que ha hecho.
5. Jugársela. .... *	* e. Divertirse.
6. Pasárselo. .... *	* f. Hacer un esfuerzo enorme.
7. Verlas venir. .... *	* g. ....
8. Vérselas y deseárselas... *	* h. ....

a. Ejemplo: *Me las vi y me las deseé para subir el sofá a casa. No cabía en el ascensor y por las escaleras fue horrible.*

b. Ayer .... genial en el cumpleaños de Maribel.

c. Creyó que había hecho un buen negocio pero .... Menuda estafa.

d. De verdad que, como me vuelva a coger el coche, ...

e. El Real Madrid .... el próximo domingo. Es el partido que va a decidir la liga.

f. Está todo el día atacándome y buscando errores en lo que hago; está claro que ....

g. Lleva meses sin hacer nada, sin tomar decisiones, parece que simplemente está a ....

h. No sé cómo lo ha hecho pero, en poco tiempo .... para que le nombraran director de su departamento.

>| 5 | Reescribe estas frases sustituyendo la parte en negrita por una expresión introducida por el pronombre *lo*. Realiza en las frases los cambios necesarios.

1. **La parte que no entiendo de esta película** es cuando va a hablar con el detective.

   Ejemplo: *Lo que yo no entiendo de esta película es cuando va a hablar con el detective.*

2. Estoy encantada con **que sea tan buen estudiante**.

   ....

3. **La única parte buena** del negocio es que no hemos perdido dinero.

   ....

CONTINÚA »

4. **Las cosas baratas**, salen caras.

....

5. Me espanta **que en Madrid haya tanto ruido**.

....

6. No me puedo creer **cuánto cuesta** una entrada para el fútbol.

....

7. Es increíble **que sepa tanto** siendo tan pequeño.

....

6 | Estas son expresiones idiomáticas relacionadas con el mundo del arte. Relaciona las dos columnas de forma lógica.

1. Apareció de repente, como **por arte de magia**, ... *
2. Dicen que ha ganado el partido **con malas artes**, ... *
3. El chico tiene un **cuerpo escultural**, *
4. El entrenador **no le quiere ver ni en pintura**, ... *
5. Estoy harto de **no pintar nada** en mi trabajo, ... *
6. La empresa les va **de cine**, ... *
7. Iba **hecho un cuadro**, la verdad, ... *
8. Iremos a la fiesta, **si pinta**, ... *
9. Caramba, ¡vas **hecho un pincel**! .... *
10. Siempre tiene que ser él quien **lleve la voz cantante**, ... *

* a. comprando al árbitro o algo así.
* b. con una ropa rarísima, de mil colores y que no pegaba nada.
* c. decidiendo lo que se hace, lo que no... Estoy cansado de esa actitud.
* d. está totalmente decepcionado con su juego y con su falta de interés.
* e. nadie me pide opinión y, si la doy, no me hacen ni caso.
* f. Ni que fuéramos a una boda.
* g. no había avisado y no sabíamos que iba a venir.
* h. se nota que se pasa horas en el gimnasio.
* i. si tenemos tiempo y no tenemos nada mejor que hacer.
* j. cada vez tienen más clientes y ya están pensando en salir al extranjero.

7 | Completa esta cronología colocando la descripción y/o el nombre de cada movimiento artístico en el lugar correspondiente.

Movimientos

realismo * arte pop * impresionismo * cubismo * arte abstracto

Descripción

A. El arte intenta reproducir fielmente la realidad.

B. Emplea imágenes y temas tomados de la comunicación de masas (prensa, TV, cómic...). Es la manifestación plástica de un estilo de vida caracterizado por la tecnología, la moda y el consumo.

C. Los artistas crean de forma subconsciente y automática revelando secretos del sueño humano mediante imágenes incongruentes y fantasmales.

D. Se usan formas geométricas para mostrar la realidad.

CUÁNDO	DESCRIPCIÓN	MOVIMIENTO	ARTISTA
Siglo XIX 1.ª mitad	....	....	Antonio Gisbert. *Fusilamiento de Torrijos.*
Siglo XIX 2.ª mitad	Los artistas retratan el momento de luz, el instante, la impresión visual, sin importarles la forma o la identidad de aquello que pintan.	....	Joaquín Sorolla *Chicos en la playa.*
Década 1910	....	....	Pablo Picasso *Las señoritas de Avignon.*
Década 1920	....	Surrealismo	Salvador Dalí *La persistencia de la memoria.*
Década 1950	....	....	Equipo Crónica *El intruso.*
Siglo XX 2.ª mitad	Es una de las manifestaciones más significativas del espíritu del siglo XX. Se sustituye la representación figurativa por un lenguaje visual autónomo, dotado de sus propias significaciones.	....	Grupo El Paso. Luis Feito.

>| **8** | 11 | Los Premios Príncipe de Asturias se conocen como los *nobel* españoles. Una de sus categorías es el Premio Príncipe de Asturias de las Artes. Vamos a escuchar las razones por las que el jurado ha otorgado el premio a distintos artistas.

Antes de escuchar, intenta adivinar la disciplina a la que se dedica cada uno. Las imágenes te pueden ayudar pero, atención, porque hay dos disciplinas de más. Después, escucha las actas del jurado y confirma tus ideas.

- **Rafael Moneo**
- **Tamara Rojo**
- **Miquel Barceló**
- **Pedro Almodóvar**
- **Paco de Lucía**
- **Orquestas Juveniles e Infantiles de Venezuela**

arquitectura * danza * cine * música clásica * diseño gráfico * pintura * música * teatro

9 | Escucha de nuevo y toma nota de las razones del jurado para elegir a cada uno de los premiados.

Rafael Moneo ....

Orquestas Juveniles e Infantiles de Venezuela ....

Pedro Almodóvar ....

Tamara Rojo ....

Paco de Lucía ....

Miquel Barceló ....

10 | En español, hay un grupo de verbos que tienen un significado diferente cuando se usan con el pronombre *se*. En este grupo, el verbo con *se* suele exigir un complemento con preposición:

- *Los países de la UE **acordaron** luchar contra los paraísos fiscales.*
- ***Me acuerdo** de poquísimas cosas de mi infancia.*

Completa la entrada del diccionario de varios verbos de este grupo. Fíjate en las frases que se dan como ejemplo de uso y escribe las definiciones que faltan. Recuerda que la definición debe servir para que te quede claro el significado. Escríbela de forma que te resulte fácil y aclaratoria. Si necesitas más ejemplos para entender el significado, usa la web como corpus[1]. Teclea en un buscador el verbo que necesites en alguna de sus formas conjugadas (*he aprovechado, se ha negado...*) o con alguna palabra que le acompañe (*la oportunidad, en redondo...*), así obtendrás una muestra de ejemplos de uso real.

Ejemplo:

acordar

1 (prnl.) *Recordar, tener memoria. Me acuerdo de poquísimas cosas de mi infancia.*

2 (tr.) *Llegar a un acuerdo. Los países de la UE acordaron luchar contra los paraísos fiscales.*

1. **fiar**

   1 (prnl.[2]**)** *Confiar. Yo no me fío de Wikipedia, ¿y tú?*

   2 (tr.[3]**)** .... *Las gasolineras ya no fían a los coches de la policía porque llevan demasiado tiempo sin pagar.*

2. **colar**

   1 (prnl.) *Entrar sin permiso. Un hombre intenta colarse en la casa de Cristiano Ronaldo.*

   2 (tr.) .... *No soporto la leche sin colar.*

   3 (tr. coloq.[4]**)** .... *No me vuelvas a contar eso que ya no cuela.*

3. **negar**

   1 (prnl.) .... *Me niego a seguir en casa de mis padres, viendo la vida pasar.*

   2 (tr.) .... *La Casa Blanca niega haber autorizado el viaje de Beyoncé a Cuba.*

4. **prestar**

   1 (prnl.) .... *El Real Madrid se presta a colaborar para aclarar la situación.*

   2 (tr.) .... *Esta situación se presta a malentendidos.*

   3 (tr.) *Dejar. ¿Cómo puedo recuperar el dinero que le he prestado?*

5. **aprovechar**

   1 (prnl.) .... *Me siento un juguete, mi pareja se ha aprovechado de mí.*

   2 (tr.) .... *Quiero aprovechar la oportunidad al máximo para aprender todo lo que pueda.*

6. **fijar**

   1 (prnl.) .... *¿Por qué ninguna chica se ha fijado nunca en mí?*

   2 (tr.) .... *Es imprescindible fijar ya la fecha de la reunión.*

---

[1] Conjunto de ejemplos reales de uso de una lengua que se emplea para investigarla y describir sus características.

[2] Abreviatura que se usa en el diccionario de la palabra *pronominal*.

[3] Abreviatura que se usa en el diccionario de la palabra *transitivo*.

[4] Abreviatura que se usa en el diccionario de la palabra *coloquial*.

ACTIVIDADES POR DESTREZAS

PRUEBA DE USO DE LA LENGUA: COMPRENSIÓN DE LECTURA Y AUDITIVA

11 Lea el texto y rellene los huecos (1-12) con la opción correcta (A, B o C).

Cómo se analiza una pintura

Muchas personas sienten pánico al enfrentarse a una pintura porque temen no entenderla. Muchas veces uno sabe lo que le (1) .... emocionalmente la obra, pero encuentra difícil explicar la razón. Algunas pinturas expresan tranquilidad y reposo, otras caos y estrépito. No importa cuánto (2) .... unas de otras, o de qué corriente o época sean; los pasos para analizarlas son comunes a todas, y en la siguiente guía encontrarán los más importantes.

La composición

Una pintura es una representación del espacio, por lo tanto dentro de ella (3) .... conceptos básicos de la naturaleza. Sabemos que esta tiende al equilibrio y a la simplicidad y que existe un arriba y un abajo y una dirección, izquierda-derecha.

Los centros

Los centros son aquellas partes de la obra que consideramos las más importantes. Los identificamos porque nos llaman la atención de inmediato.

Equilibrio

Es la sensación de estabilidad que (4) .... una pintura, incluso aunque su contenido sea caótico. Toda buena obra de arte está perfectamente equilibrada. Percibir el equilibrio dentro de una pintura es algo (5) .... Pero para analizarla hay que fijarse en qué lugares han sido colocados los pesos visuales, es decir, qué zonas son (6) .... como más llenas.

Líneas

Las líneas pueden ser muy (7) ....: una sutil línea horizontal puede marcar un horizonte, o una sencilla línea oblicua situada al fondo puede (8) .... a la obra una gran sensación de profundidad (perspectiva).

El contenido: denotación y connotación

Toda obra de arte debe expresar algo. Es decir, el (9) .... de la obra debe ir más allá de la presentación de los objetos individuales que la constituyen. Estos objetos individuales son los representativos o denotados, aquellos que se identifican sin (10) ....

Pero para analizar una pintura es importante alejarse de lo puramente denotativo. Cuando frente a una obra de arte nos (11) .... al significado explícito –lo denotado–, estamos renunciando al desafío implícito. Este desafío consiste en descubrir qué connota la obra, qué nos quiere decir más allá de lo que muestra.

Forma y color

Estos dos elementos son imprescindibles para terminar de comprender la fuerza expresiva de la obra.

Una composición con colores vivos y luminosos connota alegría y vivacidad. Una pintura con colores ocres y apagados transmite tristeza y opresión.

En cuanto a la forma, las figuras pueden estar en (12) .... o contrastar duramente. Pueden ser violentas o suaves, grandes o pequeñas, desdibujadas o firmes.

Adaptado de http://www.altillo.com/articulos/pintura_print.asp

Opciones

	a	b	c
1	○ **a.** condiciona	○ **b.** constituye	○ **c.** produce
2	○ **a.** difieran	○ **b.** distingan	○ **c.** separen
3	○ **a.** conceden	○ **b.** rigen	○ **c.** concluyen
4	○ **a.** informa	○ **b.** transmite	○ **c.** oculta
5	○ **a.** inaccesible	○ **b.** inalcanzable	○ **c.** intuitivo
6	○ **a.** contempladas	○ **b.** retratadas	○ **c.** percibidas
7	○ **a.** elocuentes	○ **b.** locuaces	○ **c.** simbólicas
8	○ **a.** rebajarle	○ **b.** otorgarle	○ **c.** comunicarle
9	○ **a.** contenido	○ **b.** disfrute	○ **c.** marco
10	○ **a.** remedio	○ **b.** esfuerzo	○ **c.** interés
11	○ **a.** detenemos	○ **b.** recurrimos	○ **c.** atenemos
12	○ **a.** armonía	○ **b.** acción	○ **c.** rigor

> 12 |2| Usted va a escuchar una noticia de radio sobre un taller de fotografía para personas ciegas. Entre las doce opciones que aparecen debajo (A-L) usted deberá elegir las cinco que lo resumen. Escuchará la audición dos veces.

- **A** ☐ La locutora da a entender que le parece una iniciativa sorprendente.
- **B** ☐ Las personas ciegas deciden la disposición de los objetos en la foto.
- **C** ☐ Miguel duda de que, sin ver, se puedan hacer buenas fotos.
- **D** ☐ La locutora lamenta que las fotos no sean demasiado buenas.
- **E** ☐ Las personas ciegas contarán con la ayuda de las que no tienen problemas visuales.
- **F** ☐ Carme considera que hay distintas formas de ver.
- **G** ☐ La experiencia de otros artistas ayudó a Carme a decidirse a hacer fotos de nuevo.
- **H** ☐ Para Matías es su primer contacto con la fotografía.
- **I** ☐ Carme da mucha importancia a saber manejar la cámara.
- **J** ☐ A Eva le interesa saber si será capaz de hacer buenas fotos.
- **K** ☐ Eva quiere aprender distintas técnicas fotográficas.
- **L** ☐ Eva tiene interés en conocer mejor a personas diferentes.

PRUEBA DE DESTREZAS INTEGRADAS: COMPRENSIÓN AUDITIVA Y DE LECTURA Y EXPRESIÓN E INTERACCIÓN ESCRITAS

> 13 |3| El blog *Arte y sociedad* le ha pedido que escriba un artículo sobre *El arte y la cultura en la sociedad de hoy.*

Para documentarse, ha escuchado una entrevista con el músico y artista Antón Reixa, ha leído una noticia sobre el polémico artista español Santiago Sierra y ha leído también las opiniones de los lectores sobre esta noticia.

Primero, escuchará la entrevista dos veces. Tome notas y, después, utilice todas las fuentes proporcionadas seleccionando únicamente la información que considere oportuna. A continuación, organícela y redacte el artículo.

Entre 400 y 450 palabras.

Noticia

Santiago Sierra rechaza el Premio Nacional de Artes Plásticas

Santiago Sierra (Madrid, 1966) siempre se caracterizó por su afán de radicalidad y su decidida apuesta por el arte como arma de lucha social. No iba a serlo menos al recibir (y rechazar) el Premio Nacional de Artes Plásticas. No habían pasado veinticuatro horas desde la difusión de la noticia cuando Sierra soltó el bombazo a través del blog *Contraindicaciones*. Allí argumentaba que rechazaba el premio, con sus correspondientes treinta mil euros, porque, en uso de su libertad, no quería colaborar con "un Estado que trabaja decididamente contra el bien común". Sierra ha respondido a nuestras preguntas a través del correo electrónico.

Pregunta. No abundan los casos de artistas que hayan renunciado a premios oficiales. ¿Por qué decidió rechazarlo?

Respuesta. Digamos que ni por treinta ni por ochenta mil euros le daré nunca la mano a gente que trabaja activamente contra el bien de la sociedad.

¿Era consciente del revuelo que se iba a armar?

Esperaba ser muy criticado, como en otras ocasiones. Por el contrario, mi correo está bloqueado con felicitaciones procedentes de todo el mundo. Creo que somos muchos los que estamos hartos ya de la clase política y de quienes tienen como único objetivo explotar a la población y ponerla al servicio de intereses privados.

En uso de su libertad, denuncia que el Estado es responsable de desmontar y liquidar el Estado del bienestar... Supongo que habrá leído los comentarios de satisfacción que muchos han volcado en el blog...

La democracia es una estafa, es la dictadura perfecta. Se elige entre dos dictadores: uno que sonríe y otro que gruñe. Pero ambos tienen los mismos jefes.

Su trabajo ha tenido siempre un fuerte contenido político. Su último proyecto es un enorme NO con el que está recorriendo el mundo. ¿Cree que es cada vez más necesario que los artistas presten su voz a la realidad política?

Los artistas, como cualquier otro miembro de la sociedad, deben hacer lo que quieran, es cosa de cada uno. Yo no soy quién para decir a nadie lo que debe o no debe hacer.

¿Qué importancia da al mercado un artista como usted?

El mercado lo es todo y no parece haber más allá.

Cultura ha manifestado su deseo de utilizar los treinta mil euros que usted rechazó en comprar obras de artistas españoles. ¿Le parece buena idea?

Sí, claro, es una idea excelente. El mundo del arte está completamente tieso, ya de paso que no se olviden de comprarme algo a mí también.

Comentarios

La verdad, no me gusta que los artistas vengan a darnos lecciones, ni clases de democracia. Aunque el error es de quien le dio el premio... ¿No conocían a Santiago Sierra? Que se lo den a alguien que lo sepa agradecer.

Sierra, valiente, como siempre. Con más personas como él no estaríamos donde estamos.

Le dan un premio a un artista por decir que no. ¡Entonces que se lo den a mi hijo! Para mí, el arte tiene que hacerme sentir admiración, y la admiración me la proporciona algo excepcional y bello y no una cosa que puede hacer cualquiera.

Me parece una decisión personal absolutamente respetable. Las razones que ha dado Sierra son coherentes y, sin querer ofender o despreciar a quienes aceptan los premios, a mí me gusta esa postura inconformista.

Adaptado de http://elpais.com/diario/2010/11/12/cultura/1289516403_850215.html

2 SE SIENTE

>| 1 | **Completa estas frases con adjetivos derivados de los sustantivos entre paréntesis.**

1. Se ha celebrado el Primer Congreso Internacional de Literatura **(fantasía)** ....
2. Se está intentando cambiar el modelo **(producto)** .... español.
3. La subida **(salario)** .... es menor de lo previsto.
4. La industria **(leche)** .... española está en crisis permanente.
5. La huelga **(estudiante)** .... ha tenido un seguimiento desigual.
6. La campaña de salud **(ojo)** .... tiene, sobre todo, un objetivo preventivo.
7. Este estudio trata la sostenibilidad del sector **(arroz)** ....
8. El gobierno ha aprobado el plan **(presupuesto)** .... para el próximo año.
9. Canarias cerrará la campaña **(vino)** .... con un aumento de producción del 20%.
10. Tiene una empresa que se dedica a la cría de ganado **(vaca)** ....

>| 2 | **A menudo un mismo sustantivo puede relacionarse con dos o más adjetivos. Completa esta lista con los adjetivos derivados que faltan. Para formarlos, debes usar los sufijos del recuadro.**

-oso * -al * -ano * -ario

1. Alimento: *alimenticio* / ....
2. Padre: *paterno* / ....
3. Provincia: *provincial* / ....
4. Labor (= trabajo): *laborable* / ....
5. Músculo: *muscular* / ....
6. Harina: *harinero* / ....

>| 3 | **Decide a cuál de los dos adjetivos de cada pareja corresponde cada una de estas definiciones.**

1. – Producto que tiene la propiedad de alimentar. ....
   – Relacionado con la alimentación, sobre todo con su producción. ....
2. – Dicho de una persona, que presenta el comportamiento cariñoso y afectuoso propio de un padre. ....
   – Relativo al padre. ....
3. – Se dice, negativamente, de una persona o lugar poco cosmopolita o abierto al mundo. ....
   – Perteneciente o relativo a una provincia. ....
4. – Relacionado con el trabajo, en su aspecto económico, jurídico y social. ....
   – Se emplea para referirse a los días en los que se trabaja, en oposición a 'festivo'. ....
5. – Dicho de una persona, que tiene músculos fuertes y visibles. ....
   – Relativo a los músculos. ....
6. – Relacionado con la harina, en especial, con el sector que la produce y comercializa. ....
   – Dicho de un alimento, que su textura recuerda a la de la harina. ....

>| **4** | **Algunos de los adjetivos anteriores se combinan frecuentemente con determinados sustantivos. Une cada adjetivo con el sustantivo correspondiente para completar las siguientes frases.**

1. sistema ... *	* a. paterno
2. día .... *	* b. muscular
3. permiso ... *	* c. laboral
4. sector .... *	* d. laborable
5. calendario *	* e. alimentario

1. ¿Se necesita .... para viajar solo siendo menor de edad?
2. Campofrío, compañía de productos cárnicos, es una de las empresas del .... más importantes de España.
3. El 1 de enero nunca es un ....
4. El .... permite que el esqueleto se mueva y mantenga su estabilidad.
5. Ya se ha publicado el .... del próximo año.

>| **5** | **Escribe el sinónimo o la definición breve de la palabra en negrita en la frase B, teniendo en cuenta el contexto en la que se usa.**

1. Tiene una tienda de ropa **infantil**. *Para niños.*
2. No soporto que mi marido tenga un comportamiento tan **infantil**. ....
3. Me he comprado un libro de crítica **teatral**. ....
4. Se ha echado una novia de lo más **teatral**. ....
5. Me encanta la novela **histórica**. ....
6. Ha sido un partido **histórico**. ....
7. El domingo tengo comida **familiar**. ....
8. Es un colegio muy pequeño y **familiar**. ....
9. Su marido es **inglés**. ....
10. Aunque lleva 20 años en España, sigue siendo más **inglés** que el té de las cinco. ....

>| **6** | **Vamos a escuchar un reportaje sobre el restaurante limeño *Mi Barrunto*. Antes de escucharlo, lee estos comentarios sobre el restaurante extraídos de la web *Trip Advisor* y completa este cuestionario.**

tripadvisor.es Restaurante **Mi Barrunto** 3 puntuaciones **Cocina: limeña.**

Platos recomendandos: ....
....
Servicio: ....
Local: ....
Ubicación: ....

CONTINÚA

Comentarios

"EXCELENTE": **Opinión escrita el 31 octubre**

Vale mucho la pena, rápida atención, excelente sabor, platos contundentes. Recomiendo el tacu tacu con pallares.

"¡¡¡A COMER!!!": **Opinión escrita el 28 octubre**

Un lugar donde se come delicioso, vale la pena visitarlo y regresar, hay variedad de platos típicos del Perú y un ceviche exquisito. Yo regresaré y probaré las conchas negras, seguro. No se dejen asustar por la zona, tomen su taxi y... ¡¡¡coman rico!!!

"CADA VEZ SE SUPERA": **Opinión escrita el 20 agosto**

Tuve el placer de estar en Mi Barrunto, excelente sitio para comer (recomiendo esos espaguetis con hongos y langostinos y la chicha frita, espectacular). Una muy buena atención, con mozos que saben ganarse la voluntad del cliente, un lindo local. Pareces estar en una Isla en medio de La Victoria.

> | 7 | |4| **Escucha ahora el reportaje. En general, ¿coincide la descripción que hace de *Mi Barrunto* con la de los comentarios que has leído? Después, vuelve a escucharlo y responde a estas preguntas.**

1. ¿Cuáles son los orígenes de Mi Barrunto?

2. ¿Qué tipo de clientela tiene?

3. ¿Cómo es la zona en la que se encuentra?

4. ¿Qué anécdota nos cuenta su dueño? ¿Por qué fue importante para él?

ACTIVIDADES POR DESTREZAS

PRUEBA DE USO DE LA LENGUA: COMPRENSIÓN DE LECTURA Y AUDITIVA

8 | Lea el siguiente texto, del que se han extraído seis párrafos. A continuación lea los siete fragmentos propuestos (A-G) y decida en qué lugar del texto (1-6) hay que colocar cada uno de ellos. Hay un fragmento que no tiene que elegir.

SOMOS SUPERSOCIALES POR NATURALEZA

Entrevista de Eduard Punset con Robin Dunbar, profesor de Biología Evolutiva en la Universidad de Oxford sobre los entresijos de la especie más social de las que habitan sobre la tierra: la nuestra.

Eduard Punset: Has escrito que las especies que viven en grandes manadas y que no tienen relaciones estables tienen cerebros más pequeños que las otras. A primera vista parece extraño, ¿verdad?

Robin Dunbar: El cerebro evolucionó para permitirnos organizar las relaciones con los demás. En el contexto de las manadas anónimas de muchos animales o las bandadas de muchas aves, en el fondo, no importa tanto con quién se interactúe, y no es precisa una gran inteligencia para organizar las relaciones. (1) ....

E. P.: Te has hecho famoso en el mundo entero por un número que lleva tu nombre: el 150, el llamado *número de Dunbar*. Afirmas que los chimpancés y los humanos gestionamos bien un grupo de 150 miembros, ni más ni menos.

R. D.: El tamaño de los grupos sociales de las especies de monos y simios guarda relación con el tamaño de su cerebro. (2) .... El ser humano no es más que la versión más radical de este fenómeno: tenemos el cerebro más grande y también los grupos más grandes. Nuestros grupos sociales suelen incluir a unas 150 personas. En algunos la cifra es ligeramente menor y en otros mayor, pero por lo general tenemos unos 150 amigos y allegados, incluidos nuestros parientes.

E. P.: Otro de tus temas de estudio es el tacto. Es fantástico cómo los chimpancés nos enseñaron lo importante que es el contacto físico.

R. D.: Bueno, creo que todos los monos y simios y también nosotros simplemente utilizamos el contacto físico de un modo natural, porque es muy importante para entablar relaciones estrechas. (3) ....

E. P.: Y cosas como el peso, la altura... ¿importan realmente en una relación amorosa o cuando uno busca trabajo, o las hemos exagerado un poco?

R. D.: En las relaciones amorosas, hay una serie de criterios que cada sexo utiliza para conseguir la mejor pareja, o por lo menos la mejor pareja que se pueda permitir. (4) .... Otros criterios son sociales, psicológicos: *¿Se te da bien el lenguaje? ¿Bailas bien?* Las mujeres utilizan esas características para juzgar la calidad de un hombre.

E. P.: Afirmas algo que no estoy seguro de que todo el mundo aceptará, y es que la manera de contar chismes de los hombres difiere de la de las mujeres. ¿Cuáles son estas diferencias y por qué?

R. D.: Son distintos en algunas cosas y no en otras. El chismorreo, en este sentido, es la manera de pasar el tiempo con alguien. Con chismorreo no me refiero a los cotilleos malintencionados, sino más bien a la charla informal, por así decirlo. En las conversaciones, descubrimos que, aunque los hombres y las mujeres dediquen la misma cantidad de tiempo a hablar sobre chismes, en realidad, utilizan el lenguaje de forma muy distinta. (5) ....

E. P.: En general, las mujeres saben construir mejor que los hombres la vida social, ¿no?

R. D.: Sí, sí. Esto es así en todos los primates. Tanto en monos y simios como en humanos, el núcleo de la vida social lo forman las hembras, las mujeres, y es como si los machos estuvieran más al margen. (6) ....

Adaptado de http://www.rtve.es/television/20110426/somos-supersociales-naturaleza/427631.shtml

Fragmentos

A Y, para poder mantener grupos tan grandes como los que surgieron con la evolución del ser humano y tenemos ahora, es necesario un mecanismo que traslade los componentes emocionales a las relaciones a mayor escala.

B Y este tipo de decisiones suelen ser mucho más complejas en las mujeres. Ellas barajan muchos más criterios a la hora de hacer balance. Algunos son físicos como, por ejemplo, la forma del rostro, la estatura...; ambas cosas suelen indicar la presencia de buenos genes y, por tanto, que el hombre puede engendrar niños con la mejor combinación posible de características.

C Por eso, las relaciones masculinas suelen ser menos estables a largo plazo, un poco más políticas, se basan en un objetivo aquí y ahora; mientras que las relaciones entre mujeres son mucho más duraderas y suelen basarse más en la familia y a ser más sociales, en este sentido.

D Los hombres lo usan mucho más para exhibirse: cuando conversan, especialmente con mujeres, suelen hablar sobre temas técnicos, más basados en conocimientos, en el conocimiento técnico y objetivo. En cambio, las mujeres tienden a charlar mucho más sobre la naturaleza de las relaciones, de las relaciones sociales.

E En cambio, las especies que establecen vínculos de pareja, especialmente las que se unen para siempre, en lugar de cambiar de pareja cada año o en cada época de cría, tienen muchas dificultades para gestionarlo y este es un reto para el que se requiere un cerebro mayor.

F Creemos que lo que sucede es que estos animales utilizan el tipo de inteligencia o de psicología que otras especies utilizan para las relaciones monógamas y la han hecho extensiva a todos los miembros de su grupo, para crear amigos, por así decirlo. De ahí la relación tan estrecha entre el tamaño cerebral y el tamaño del grupo en los primates.

G Además, en cualquier relación o interacción, se logra una idea mucho más clara de la intención de las palabras de alguien según la manera en la que te toque. A menudo te recomiendan que, si vas a despedir a alguien, a echarlo del trabajo, es mejor tocarle en el hombro mientras le dices: "Está usted despedido"... para compensar... y para reducir el dolor.

>| 9 | |5| **A continuación escuchará dos conversaciones. En la primera, un hombre y una mujer hablan sobre la experiencia de ir a restaurantes de otros países. En la segunda, un hombre y una mujer hablan sobre distintos tipos de tapones que se usan para tapar vinos y cavas. Deberá marcar, de las 8 opciones que se le dan en la primera conversación (1 - 8), y de las 7 de la segunda (9 - 15), qué ideas expresa el hombre (H), cuáles la mujer (M) y cuáles ninguno de los dos (N). Escuchará la conversación dos veces.**

Ahora dispone de 30 segundos para leer las frases.

Conversación 1	H	M	N
1 En los restaurantes mexicanos de Madrid, el guacamole no sabe igual que en México.	☐	☐	☐
2 No comparte la idea de que un plato sea necesariamente peor cuando lo comemos fuera de su lugar de origen.	☐	☐	☐
3 Para disfrutar de la comida es importante que a nuestro alrededor haya un ambiente agradable.	☐	☐	☐
4 El gusto y el olfato no son los únicos sentidos que participan en la experiencia de comer.	☐	☐	☐
5 El disfrute de una comida no está necesariamente relacionado con el nivel del restaurante.	☐	☐	☐
6 Pone en cuestión la existencia de tradiciones gastronómicas mejores que otras.	☐	☐	☐
7 No le gusta que los restaurantes adapten los sabores propios de la comida de su país al gusto de las personas de otros países.	☐	☐	☐
8 Antes, los españoles eran más reacios a probar comidas de otros países.	☐	☐	☐

Conversación 2			
9 Las alternativas al tapón de corcho han surgido recientemente.	☐	☐	☐
10 Ha visitado los bosques de alcornoques y las dehesas de donde viene el corcho.	☐	☐	☐

CONTINÚA »

11	Una vez embotellado, el sabor del vino se sigue transformando.	☐	☐	☐
12	Pone en duda que el tapón influya en el sabor del vino.	☐	☐	☐
13	Prefiere el corcho porque es lo que se ha usado siempre.	☐	☐	☐
14	No puede evitar la sensación de que el tapón de rosca resta valor a un vino.	☐	☐	☐
15	A algunos vinos mediterráneos les va mejor un tapón que no sea de corcho.	☐	☐	☐

PRUEBA DE DESTREZAS INTEGRADAS: COMPRENSIÓN AUDITIVA Y DE LECTURA Y EXPRESIÓN E INTERACCIÓN ESCRITAS

>|10| A continuación puede leer una intervención en un foro de una web dedicada al vino. Corríjalo, estructurándolo de manera coherente, puntuándolo de forma adecuada, corrigiendo los errores, eliminando redundancias o repeticiones y sustituyendo palabras por otras más precisas o adecuadas a un registro estándar.

Etiquetas de vino y otras cosas

He leído un artículo muy interesante sobre las etiquetas de los vinos. Este articulo, en mi criterio tiene varios detalles interesantes, pero destaco dos frases:

La primera frase es

- "Para elegir un buen vino hay que leer bien las etiquetas": curiosamente yo veo cada dia mas etiquetas de diseño y al mismo tiempo, menor información. A veces digo, pues para esto, para ponerse a leer aquella letra tan pequeña para sacar poca o ninguna información, es mejor pillar el móvil e informarte en cualquier web que encuentres por ahí y que te guste. Aunque igual es verdad que uno se acostumbra a todo, igual tengo que acostumbrarme a estas etiquetas nueva tan modernas. Pero de momento Yo, la verdad tengo la peor opinión sobre las etiquetas de diseño. De todas formas, como dice un amigo mío La etiqueta dice de un vino lo mismo que un director de un banco sobre un producto financiero lo que quiere colarte.

La otra frase que me gustó:

- Muchos vinos caros son difíciles de beber,": este detalle es a tener en cuenta, el problema es saber cual es el nivel necesario y ser consciente de ello. O igual lo que pasa es que te gusta, pero no tanto para pagar tanto. Te ponen una botella de 200 euros y aunque no seas muy experto, te gusta, pero no tanto para ese precio. También tendrá que ver con lo que esperas para ese vino, a más precio, más esperas. Y claro, la cosa no es siempre así.

Adaptado de http://www.conmuchagula.com/2012/11/06/alicia-estrada-para-elegir-un-buen-vino-hay-que-leer-bien-las-etiquetas/

PRUEBA DE DESTREZAS INTEGRADAS: COMPRENSIÓN DE LECTURA Y EXPRESIÓN E INTERACCIÓN ORALES

>|11| Últimamente se habla mucho de los beneficios que aporta el contacto físico. Médicos, psicólogos, terapeutas nos recuerdan que el tacto es un sentido con poderes terapéuticos importantes. Prepare una presentación de 6-7 minutos en la que explique al entrevistador entre otras cuestiones:

- Qué propiedades beneficiosas tiene el contacto físico.
- Algunas iniciativas que han surgido para reivindicar tales propiedades.
- Qué importancia tiene el contacto físico para el desarrollo de los niños.

Para preparar su intervención cuenta con los siguientes materiales de apoyo. Utilícelos todos, seleccionando de cada uno de ellos la información que considere oportuna.

1. Texto 1: El poder terapéutico del contacto físico.
2. Texto 2: AbrazosGratis.org.
3. Gráficos 1 y 2.
4. Imagen 1.

TEXTO 1: EL PODER TERAPÉUTICO DEL CONTACTO FÍSICO

Que entre contacto físico y salud hay una estrecha relación nadie lo puede dudar. Con él se diagnostica (o quizás se diagnosticaba), a través de él se realizan tratamientos, por él se contagian enfermedades, con él se contribuye a la rehabilitación, etc.

Con la excepción de las personas que rechazan el contacto corporal porque no se sienten cómodas al recibirlo, y de aquellas que se sienten incómodas dándolo, el contacto físico constituye una demostración cariñosa de amor y reconocimiento, de aprecio y halago.

Según algunas investigaciones, el cuerpo humano tiene una red neuronal especializada en interpretar la carga emocional de una caricia u otro tipo de contacto físico. La red es independiente de las neuronas del tacto y se activa solo cuando percibe amor, lo que desvela la importancia que la naturaleza otorga a la ternura en las relaciones humanas. Esta red neuronal permite a un bebé, por ejemplo, percibir el amor de sus padres antes de nacer y constituye el fundamento de las relaciones de pareja, familiares y sociales.

Por otro lado, en el ámbito de la relación con las personas enfermas, discapacitadas o sufrientes por cualquier causa, el poder terapéutico del contacto corporal es muy importante. Lo encontramos expresamente en la práctica de la rehabilitación, de la fisioterapia, de los masajes, y en las capacidades que los médicos poseen para detectar ciertos males mediante el tacto y la cirugía.

Pensemos incluso en el valor saludable de las cosquillas, un tipo particular de caricia propio del ámbito íntimo que, aparte de hacer reír, permite un momento para disfrutar en compañía y, en su justa medida, ofrece una sana distensión. Pasarlo bien, además del contacto corporal que se produce con las cosquillas, fortalece los lazos emocionales al permitir un momento de intimidad, a lo que se añaden los efectos terapéuticos de la risa, tanto para grandes como para pequeños. De todos es sabido que reír eleva el nivel de las defensas.

Pero hay más. Si, como hemos visto, la caricia y el contacto físico pueden tener un valor terapéutico y pueden ser expresión de ternura y de cariño para con los niños y para con los mayores, además de serlo también de erotismo, el acercamiento físico puede tener también un valor solidario.

La caricia solidaria toca la piel del enfermo, del moribundo, del doliente, recoge lágrimas y seca sudores, diluye miedos de soledad o abandono y restaura equilibrios internos.

Este contacto solidario alcanza la piel física, pero también la piel emocional del que sufre. Con su suavidad alivia a las personas, las vidas y las historias que sin desearlo están marcadas por el sufrimiento.

El contacto en la fragilidad y en el sufrimiento representa una alternativa al lenguaje verbal, a la vez que puede completarlo y apoyarlo, reforzándose así la actitud empática. La caricia solidaria ensalza la belleza interior, la de la dignidad del ser humano, por encima de la belleza física. Tocar en la fragilidad levanta el ánimo, reconstruye la autoestima y previene el aislamiento.

Es verdad que el contacto físico tiene un significado ambiguo. De hecho, puede provocar lo mejor y lo peor. Tiene, en sí mismo, tanto un poder destructor como un potencial terapéutico. Pero, en general, el contacto físico puede constituir una medicina y un alivio en el sufrimiento.

Adaptado de http://www.josecarlosbermejo.es/articulos/el-poder-terapeutico-del-contacto-fisico

TEXTO 2: ABRAZOS GRATIS.ORG

EL MOVIMIENTO

AbrazosGratis.org no es una asociación, ni una ONG, ni una empresa, es una web mantenida solidariamente para ayudar a difundir y unir a las personas que compartimos la misma actitud: **ofrecer ABRAZOS GRATIS para dar felicidad.**

¿Te interesa nuestra iniciativa? Escribe aquí tu comentario:

Escrito por Liliana – Montevideo (Uruguay)

¡Hola! ¡Soy nueva acá! Soy de Buenos Aires, Argentina. Hoy vi el video, y leí el libro en Internet. ¡¡Lo amé tanto!!
¡Tengo muchas ganas de ir y abrazar gente y poner una sonrisa en sus caras aunque sea por un rato! Pero sinceramente me da cosa...

CONTINÚA

Creo que sería mejor hacerlo con otras personas, más con gente con algo de experiencia. Así que quería saber si habría una juntada de abrazos pronto en Capital Federal. Es que ya de por sí soy adicta a los abrazos.

¡Me encantan! Y bueno, solo eso por ahora. Ya de entrada les agradezco a todos por continuar esta maravillosa / genial / magnífica / encantadora / tierna idea que un día decidió iniciar un simple hombre en Australia. ☺

Escrito por Alan – Montevideo (Uruguay)

Hace mucho tiempo que no escribo en el blog. Espero con muchas ansias que el movimiento se difunda y logre una aceptación absoluta. Pues, ¿qué es mejor que un abrazo en cualquier momento? Gracias a este movimiento que no diferencia entre etnias ni religión ni decisiones sexuales, estoy muy contento conmigo mismo y espero que muchas personas puedan ver que no hay regalo más grande que un abrazo con el mejor cariño y calor.

GRÁFICOS 1 Y 2

Gráficos extraídos de *El contacto humano en cirugía ambulatoria*, estudio realizado en el hospital Macarena de Sevilla con el objetivo de evaluar la importancia del contacto humano en la calidad de la asistencia a enfermos.

Respuestas de los pacientes:

¿Disminuyó el miedo gracias al contacto físico del enfermero/a?

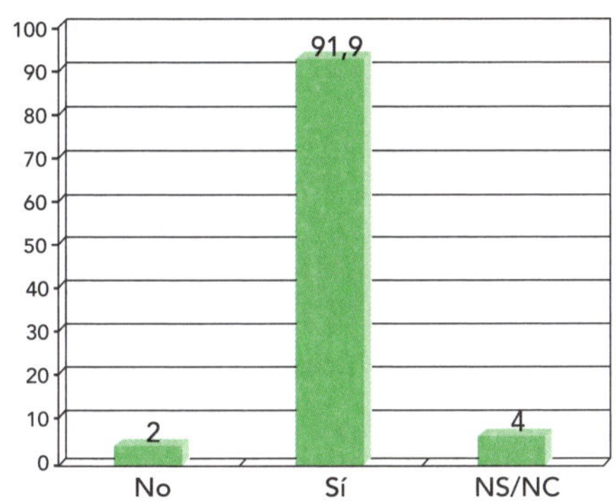

¿Cómo afectó el contacto físico a su confianza en el equipo médico?

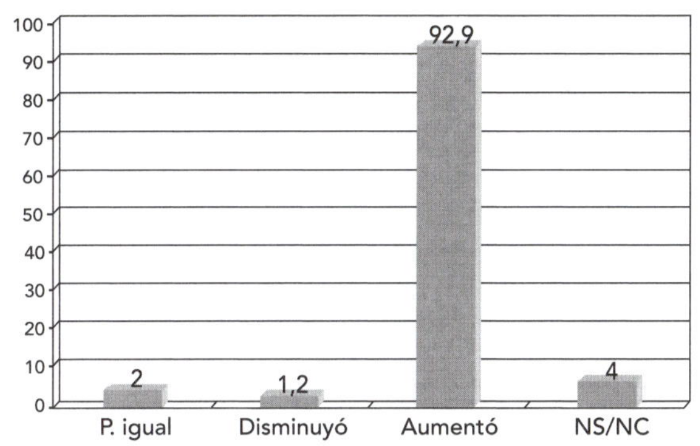

En http://www.enfermeria.unal.edu.co/descargas/Habilidades/El%20contacto%20humano%20en%20cirug%C3%ADa.pdf

IMAGEN 1

> 12 Conteste a las siguientes preguntas del entrevistador en relación con la presentación anterior.

- ¿Cuál es el papel que tiene el contacto físico en la sociedad actual?
- ¿Cuál es el efecto terapéutico real de una caricia u otra forma de contacto físico cuando se trata de ayudar a un enfermo grave?
- ¿Cómo puede una campaña como la de Abrazos Gratis contribuir a mejorar la sociedad?
- ¿Por qué surgen iniciativas como la de fomentar el porteo de bebés?

3 TODO UN ÉXITO

1 | **Hay verbos, adjetivos, participios y sustantivos que rigen una determinada preposición. Fíjate en los ejemplos y relaciona las columnas.**

Ejemplos: – *Se enamoró* ***de*** *la persona equivocada.*
– *Es bueno* ***en*** *matemáticas.*
– *Está obsesionado* ***con*** *la moda.*
– *Es experto* ***en*** *informática.*

1. Este producto es apto .... *
2. Su hermano es especialista .... *
3. Fue acusado .... *
4. Está consagrado .... *
5. Se sintió aliviado................. *
6. No te confundas .... *
7. Es doctor......................... *
8. Está disconforme .... *
9. Está separado .... *

* a. a su familia.
* b. con sus condiciones laborales.
* c. de calle.
* d. de desacato.
* e. de sus hijos.
* f. con la decisión.
* g. en decoración de interiores.
* h. en Optometría.
* i. para el consumo.

2 | **Algunos verbos pueden cambiar de significado según la preposición con la que se construyen, como en el ejemplo.**

Ejemplo: *Reírse* ***de*** → *burlarse de alguien. / Reírse* ***con*** → *disfrutar con alguien.*

Di qué preposiciones pueden combinarse con los siguientes verbos y construye una frase para cada uno de sus posibles significados.

1. Cruzarse ....

....

2. Curarse ....

....

3. Dar ....

....

4. Dejar ....

....

5. Deshacerse ....

....

6. Hacerse ....

....

7. Meterse ....

....

8. Ponerse ....

....

CONTINÚA »

9. Quedar ....

....

10. Romper ....

....

>| 3 | Ciertas expresiones de modo se pueden construir con indicativo o subjuntivo. Fíjate en los ejemplos y, luego, completa el texto con el verbo entre paréntesis en indicativo o subjuntivo, según convenga.

Ejemplos: – *Lo haré como me has dicho. / Hazlo como puedas.*
– *Actúa como si no supiera nada. / Nada, como si oye llover.*
– *Lo hace de tal forma que nadie se da cuenta. / Lo haré de tal forma que nadie lo note.*

Consejos para tener éxito y no tener la sensación de fracaso.

1. La sensación de éxito es distinta según te .... **(plantear)** la vida.
2. Ante un problema, actúa como si no te .... **(preocupar)**.
3. No hay que obsesionarse. Es difícil abordar la vida así sin que te .... **(agobiar)**.
4. Haz planes de futuro de forma que los .... **(poder)** cumplir.
5. Ante las críticas injustas de los demás, haz como si .... **(oír)** llover.
6. Las personas perfeccionistas actúan como .... **(dictar)** los modelos establecidos.
7. No te dejes influir por modelos ajenos: condúcete en la vida como te .... **(guiar)** tus sueños.
8. No te plantees objetivos muy ambiciosos de forma que .... **(ser)** imposible cumplirlos.
9. No acumules tareas como lo .... **(hacer)** los adictos al trabajo.
10. Para no estresarte, escucha los consejos tal y como te .... **(decir)** tu psicólogo tantas veces.

>| 4 | Define las siguientes expresiones idiomáticas relacionadas con los éxitos, los logros y los fracasos de la vida; comprueba en el diccionario que la has definido correctamente y, por último, completa las frases con la expresión idiomática adecuada.

1. Arrimar alguien el ascua a su sardina. → ....
2. Irle bien a alguien. → ....
3. Llevarse el gato al agua. → ....
4. No dar una a derechas. → ....
5. Salirle el tiro por la culata a alguien. → ....
6. Salir todo a pedir de boca a alguien. → ....

a. En el debate televisivo, el diputado trató de .... cuando se habló de un asunto que le convenía.

b. Últimamente nada me sale bien.
Sí, es verdad, ...

c. El equipo local llenó el estadio, ganó el partido, se clasificó para Europa. La verdad, todo ....

d. A los ladrones .... Se quedaron encerrados en la caja fuerte y los tuvo que sacar la policía.

e. A María .... en los negocios. Ha conseguido crear su empresa y consolidar una cartera de clientes muy selecta.

f. Las empresas de telefonía .... Al final los tribunales les han dado la razón en su pleito con las asociaciones de consumidores.

>| **5** | Vas a oír una serie de opiniones personales sobre el éxito. Indica quiénes son los que hacen cada afirmación.

|6|

Donald Trump * Lady Gaga * Brad Pitt * Julia Roberts * Carlos Slim * Stephen Covey

1. Disfrutar con tu actividad profesional es muy importante. → ....
2. Es esencial saber comunicar bien tus objetivos. → ....
3. Es muy importante ayudar a los demás. → ....
4. Es una persona original y creativa. → ....
5. Lo más importante es hacer muy bien el trabajo. → ....
6. Los seres queridos no deben subordinarse a los negocios. → ....

>| **6** | Vuelve escuchar e indica si las siguientes afirmaciones son verdaderas o falsas. Todos ellos están relacionados con las palabras que aparecen antes o después.

|6|

1. Brad Pitt cree que el éxito siempre se relaciona con los objetivos que nos marcamos en la vida. V F
2. Lady Gaga imita a Madonna en varios aspectos de su arte y su imagen. V F
3. Julia Roberts relaciona éxito con felicidad. V F
4. Para Carlos Slim el éxito te ayuda a conseguir tus sueños. V F
5. Para Covey el éxito está muy ligado a la disciplina. V F
6. Para Trump, éxito y familia están interrelacionados. V F

>| **7** | Completa el siguiente texto con los sustantivos abstractos y los adjetivos que faltan. Todos ellos están relacionados con las palabras que aparecen antes o después.

Cualidades para el triunfo individual

En una sociedad en la que competir lo es todo, la **(1)** .... es una exigencia en la lucha para sobrevivir. Como lo es ser buen **(2)** ...., pues vivimos en la sociedad de la comunicación y el conocimiento.

Pero también se pueden valorar otras cualidades más espirituales como, por ejemplo, ser sabio. La **(3)** .... es una vía esencial para lograr el éxito. Ser delicado y elocuente. La **(4)** .... y la **(5)** .... no siempre se valoran adecuadamente, pero son dos virtudes muy apreciables para lograr el equilibrio.

Es conveniente que sea **(6)** .... y no vago. El dinamismo es una fuerza necesaria para poder funcionar. Amable con las palabras y generoso. Un amigo, guía y líder. La capacidad de **(7)** .... guarda una estrecha relación con la capacidad de conseguir hacer que nuestros sueños se conviertan en realidad.

>| **8** | Los siguientes textos hablan de algunos personajes famosos del último tercio del siglo XX. Complétalos usando las palabras adecuadas de la caja. Hay diez palabras que no necesitas.

carne * centró * coste * desempeña * desligarse * doblaje * épica * esporádicos * extravagantes * exóticos * faceta * intentó * montadas * piel * presupuesto * probó * raros * recondujo * rodadas * rostro * saga * seudónimo * sombra * sumido

Mayim Bialik, "Blossom"

Nos conquistó con su simpatía y con sus **(1)** .... sombreros. Durante cinco temporadas Mayim Bialik dio vida a la inteligente y poco agraciada Blossom. Cuando acabó la serie se **(2)** .... en sus estudios de medicina y solo realizó trabajos **(3)** .... prestando su voz en series de animación. Ahora, con unos kilitos de más, vive en Los Ángeles junto a su marido. Aunque se doctoró en neurocirugía, no ha abandonado del todo su **(4)** .... de actriz y ha trabajado en series como *Fat Actress* y *Siete en el paraíso*.

CONTINÚA

Inger Nilsson, "Pippi Calzaslargas"

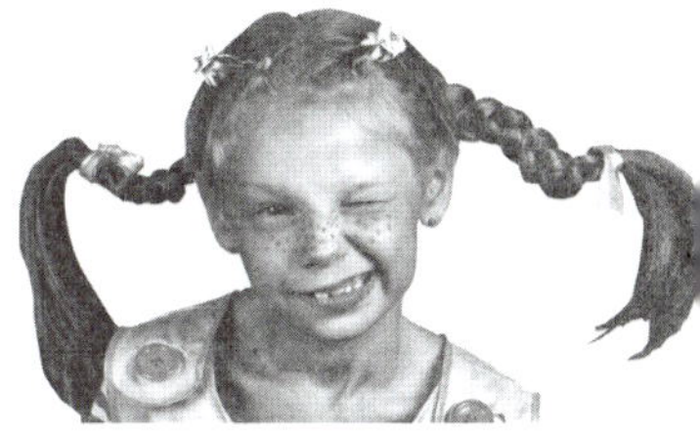

Podía volar con sus trenzas y tenía la fuerza de un superhéroe. Sí, Inger Nilsson es la sueca Pippi Langstrump, la surrealista protagonista de la serie infantil *Pippi Calzaslargas*. La **(5)** .... de Pippi la persiguió al terminar la serie: no querían contratarla por el éxito que tuvo su personaje infantil. **(6)** .... suerte en el mundo de la música (sin éxito) e hizo papeles muy pequeños en largometrajes. En 2006, le llegó una oferta de la televisión alemana ZDF para interpretar a una médica forense en la serie *Der Kommisar und das Meer* (*El comisario y el mar*). Su trabajo actual es el de secretaria en un hospital de Estocolmo.

Mark Hammill, Luke Skywalker en *La guerra de las galaxias*

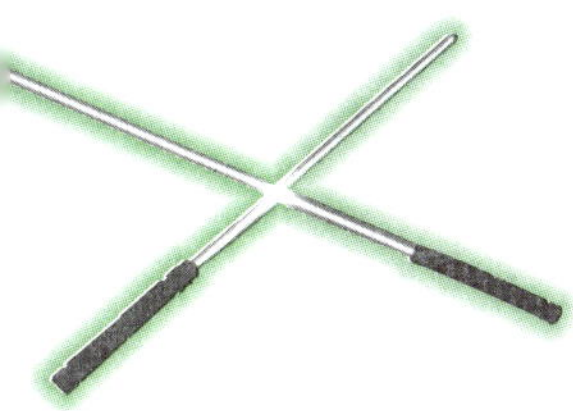

No se puede decir, precisamente, que la fuerza acompañase a Mark Hammill tras meterse en la **(7)** .... de Luke Skywalker. Más bien todo lo contrario. El actor no pudo **(8)** .... del papel que le ofreció George Lucas: el de un juvenil granjero de la galaxia que libera al universo devenido en Jedi. La mala suerte de Mark comenzó en diciembre de 1976, cuando la famosa película ya estaba prácticamente terminada, al sufrir un accidente de coche que le provocó una fractura de pómulos y nariz, teniendo que ser operado en varias ocasiones para poder reconstruirle el **(9)** .... Los cirujanos le aseguraron que las heridas se irían manifestando más intensamente con el paso de los años. Debido al accidente, algunas de las últimas escenas de *La guerra de las galaxias* tuvieron que ser **(10)** .... por un doble. Aun así, Mark pudo protagonizar las dos siguientes entregas de la **(11)** .... Sin embargo, tras estas actuó solamente en escasos filmes de bajo **(12)** ....

Al no lograr triunfar como actor de éxito en el cine, Mark Hamill **(13)** .... su carrera protagonizando varias obras en Broadway, dirigió su propio documental sobre el mundo del cómic, y también escribió y creó varias historias gráficas. Pero, sobre todo, Mark Hamill ha destacado en el **(14)** .... de dibujos y largos animados.

> **9** Aquí tienes cinco citas célebres sobre el éxito. Redacta un texto (de entre 250 y 300 palabras) argumentando tu opinión sobre las mismas. Recuerda usar los marcadores de la argumentación que hemos trabajado en la unidad.

El éxito consiste en obtener lo que se desea. La felicidad, en disfrutar lo que se obtiene.
Ralph Waldo Emerson (1803-1882). Poeta y pensador estadounidense.

El éxito es aprender a ir de fracaso en fracaso sin desesperarse.
Winston Churchill (1874-1965). Político británico.

El éxito es fácil de obtener. Lo difícil es merecerlo.
Albert Camus (1913-1960). Escritor francés.

No, el éxito no se lo deseo a nadie. Le sucede a uno lo que a los alpinistas, que se matan por llegar a la cumbre y cuando llegan, ¿qué hacen? Bajar, o tratar de bajar discretamente, con la mayor dignidad posible.
Gabriel García Márquez (1927). Escritor colombiano y Premio Nobel.

Para lograr el éxito, mantenga un aspecto bronceado, viva en un edificio elegante, aunque sea en el sótano, déjese ver en los restaurantes de moda, aunque solo se tome una copa, y si pide prestado, pida mucho.
Aristóteles Onassis (1906-1975) Magnate y empresario griego.

> **10** Las expresiones subrayadas de los siguientes textos están relacionadas con el éxito, el fracaso, los aciertos, los errores, etc. Léelos y decide si la expresión conlleva una idea positiva (P), negativa (N) o ninguna de las dos (=). Luego, relaciona con su definición.

1. | P | a | *Bienvenid@ a la guía de Gijón líder en visitas. ¡Hostelería, comercios, profesionales y... muchas fotos! Gijón **se sale**.*
2. | | | Chicas, esta vez sí **la he cagado**, no creo que lo nuestro tenga solución después de lo que he hecho.
3. | | | **Duelo en la cumbre**: dos toreros a por el trono de Sevilla...
4. | | | El Bayern deja al Barcelona de Messi **al borde del abismo**.
5. | | | El Madrid **salió malparado** de su visita al Camp Nou.

CONTINÚA »

6. ☐☐ Elecciones italianas: todavía **hay partido**.
7. ☐☐ Europa se está metiendo **en la boca del lobo**.
8. ☐☐ Marc Márquez **tiene muchas posibilidades**.
9. ☐☐ Raikkonen se reafirma y Alonso **mantiene el pulso** en el circuito de Shanghái.
10. ☐☐ Samsung, una década **en la cresta de la ola**.

a. Expresión coloquial que significa que algo o alguien está muy, muy bien.
b. Se dice de algo o a alguien que está en su momento de mayor éxito y fama.
c. Se emplea para referirse a algo o a alguien a quien se le atribuyen muchas opciones de éxito futuro.
d. Se emplea cuando alguien se encuentra a punto de sufrir un enorme fracaso.
e. Significa 'en una situación muy complicada'.
f. Expresión coloquial y vulgar que se dice cuando alguien ha hecho algo muy mal.
g. Significa resultar perjudicado o dañado por alguna situación.
h. Se emplea cuando el resultado de una competición, votación, etc. no está todavía claro.
i. Expresión que se emplea para indicar que alguien sigue luchando por la victoria o el éxito, a pesar de las dificultades.
j. Referido a una competición que se produce entre los mejores.

ACTIVIDADES POR DESTREZAS

PRUEBA DE USO DE LA LENGUA: COMPRENSIÓN DE LECTURA Y AUDITIVA

11 A continuación tiene seis textos (A-F) y ocho enunciados (1-8). Léalos y elija el texto que corresponde a cada enunciado. Recuerde que hay textos que deben ser elegidos más de una vez.

A ***¿Por qué las cebras no tienen úlcera?*** **Robert M. Sapolsky. Editorial Alianza.**

Gracias a los avances en la medicina y en la sanidad pública, nuestros patrones de enfermedad han cambiado. Actualmente padecemos enfermedades distintas y tenemos más probabilidades de morir de forma diferente que nuestros antepasados. Lo que debe preocuparnos es otro tipo de enfermedades. Y una de ellas es el estrés: problemas económicos, exceso de trabajo, relaciones sociales, atascos... Y el estrés sí puede generar enfermedades. En nuestra vida privilegiada, hemos sido los únicos del mundo animal con la suficiente inteligencia como para inventarnos todos esos agentes estresantes, y los únicos lo bastante estúpidos como para permitir que dominen nuestras vidas. Ante el gran muro de un agente estresante no hay que suponer que existe una solución especial que logrará derribarlo, lo que hay que asumir es que a menudo, mediante el control de una serie de puntos de apoyo, podemos escalarlo. Este libro es una útil guía para ello.

B ***Las emociones, ¿engordan o adelgazan?*** **Victoria Cadalso. Editorial Palmira.**

¿Alguna vez has pensado que los nervios, la alegría, la ansiedad o el mal humor te hacen engordar o adelgazar? Si es así, este libro te dará las herramientas más eficaces para alcanzar tu peso ideal.

Estas herramientas no son dietas ni ejercicios atléticos, sino aplicaciones directas de la psicología energética, una nueva rama de la psicología que está revolucionando el campo de la terapia, combinada con elementos de medicina tradicional china y kinesiología. Y son tan fáciles de aplicar que muy pronto llevarás a cabo los cambios necesarios para que disfrutes comiendo los alimentos que te hacen sentir bien y dejes de tomar los que te perjudican.

No solo conseguirás tu peso ideal, sino que también lograrás mantenerlo. Además, podrás emplear estas pautas con la misma facilidad y éxito para cambiar cualquier otro hábito que no te guste de tu vida.

C ***Cien mejor que uno.*** **James Surowiecki. Editorial Urano.**

James Surowiecki explora una idea aparentemente sencilla pero que reviste profundas implicaciones: los grandes colectivos son más inteligentes que la minoría selecta, por brillante que esta sea, cuando se trata de resolver problemas, alcanzar decisiones prudentes e incluso prever el futuro. Esta noción, en aparien-

CONTINÚA »

cia contraria a lo que nos dicta la intuición, tiene consecuencias muy importantes en lo que respecta al funcionamiento de las empresas, el progreso del conocimiento, la organización de la economía y nuestro régimen de vida cotidiano.

Surowiecki presenta su teoría de manera muy amena, y los ejemplos que cita son sorprendentes y divertidos. ¿Por qué nos colocamos siempre en la fila de los lentos? ¿Por qué es posible comprar una tuerca en cualquier parte del mundo y que case con el tornillo correspondiente de cualquier otro lugar? ¿Por qué se producen los embotellamientos de tráfico? ¿Cuál es la mejor táctica para ganar dinero en un concurso televisado?

D ***La manada inteligente.* Peter Miller. Editorial Destino.**

¿Cómo puede la hormiga, en solitario un animal muy torpe, realizar tareas complejísimas cuando actúa en grupo? Cuando trabajan juntas, las hormigas actúan de un modo extraordinariamente eficaz.

A partir de la observación de las hormigas, Peter Miller muestra cómo resolver los problemas de distribución de una gran empresa; de las abejas aprendemos que un grupo grande y variado de personas resolverá un problema mejor que un grupo de expertos; y de las termitas deduciremos que muchas pequeñas acciones pueden crear algo útil. Todo ello hace prever que en el futuro se desarrollará una ciencia de la colaboración que nos va a permitir aprovechar mejor el trabajo en grupo. La ciencia acaba de demostrar que la razón no es la única fuente ni la más importante de conocimiento y eso muchos animales lo saben desde hace cientos de años. ¿Cómo descartar el peso abrumador de la intuición y de los mecanismos de toma de decisiones distintos del nuestro?

E ***Cómo volverse loco.* José Luis Pío Abreu. Editorial Paidós.**

Desde el humor y la ironía, el catedrático Pio Abreu repasa una amplia gama de enfermedades mentales, con los criterios de diagnóstico pertinentes, aconsejando al lector la mejor manera de alcanzar la locura.

Una vez asumida la dificultad de llevar una vida saludable y sana, el autor se decanta por confiar en los designios de la inteligencia humana y explicarle cómo volverse loco, o dicho de otro modo, las mil y una formas de perder la razón en plena civilización del consumo, la prisa y el estrés.

La crítica ha dicho: "Por favor, lea este libro antes de acudir a una consulta. Además de aprender los mil y un trucos de la locura, tendrá la oportunidad de reír a carcajada limpia." María Filomena Mónica (*Diario Público*).

F ***El mundo de las palabras.* Steven Pinker. Editorial Paidós.**

En esta obra fascinante, Steven Pinker nos aporta una versión totalmente distinta de cómo funciona la mente, a través del lenguaje, y nos muestra cómo nuestras palabras pueden revelar el corazón mismo de la naturaleza humana. Nuestros lenguajes tienen, inscritos en ellos, modelos de poder, intimidad y comercio. En nuestro lenguaje existe una teoría del espacio (muy distinta de las teorías del espacio provenientes de la física) y también una teoría del tiempo y de la causalidad. Mediante un pormenorizado estudio del habla cotidiana —conversaciones, chistes, litigios legales—, Pinker traza una elocuente panorámica de los pensamientos y emociones que rigen nuestras vidas mentales. Pinker sabe cómo explicar ideas complejas de manera inteligente y clara, con irreverente agudeza y empleando de manera magistral ejemplos propios de la cultura popular.

Adaptado de http://www.cervantes.com/

Enunciados

1 ☐ El autor del libro se vale de situaciones cotidianas para avalar sus teorías sobre la organización de la sociedad.

2 ☐ El libro defiende una idea sorprendente que afecta a muy diferentes aspectos de la realidad.

3 ☐ El libro revela los contenidos que se ocultan en algo que utilizamos todos los días.

4 ☐ El texto de la reseña desprende optimismo ante las posibilidades de cambio si se aplican los principios que se describen en el libro.

5 ☐ En este libro se cuestiona la noción tradicional de inteligencia.

6 ☐ El autor de este libro propone adiestrar una cualidad típicamente humana para encontrar la única solución posible a los problemas de hoy.

7 ☐ Este libro defiende que podemos sacar más partido a un recurso hasta ahora poco aprovechado.

8 ☐ Un libro que ofrece ayuda ante un problema para el que no existen soluciones milagrosas.

> **12** | 🔊 |7| Usted va a escuchar un fragmento de un programa de radio sobre el liderazgo. Después de escucharlo, usted debe contestar a las preguntas (1-6). Seleccione la opción correcta (A, B o C). Escuchará el fragmento dos veces.

1 El objetivo de la serie *Hecho y ficción* de la editorial Penguin era:

○ **a.** acabar con la confusión existente entre hechos probados y opiniones.
○ **b.** ayudar al lector medio a entender descubrimientos científicos confusos.
○ **c.** destapar teorías parciales disfrazadas de descubrimientos científicos.

2 Fernando Molero:

○ **a.** se muestra sorprendido ante lo poco que se sabe sobre el liderazgo.
○ **b.** lamenta la cantidad de publicaciones existentes sobre el tema del liderazgo.
○ **c.** culpa al desconocimiento de las polémicas existentes en torno al liderazgo.

3 De acuerdo con Fernando Molero,

○ **a.** pocas personas con poder son verdaderamente líderes.
○ **b.** para ser poderoso es necesario ser un líder.
○ **c.** es líder quien, además de tener el poder, sabe ejercerlo.

4 El libro:

○ **a.** aborda el tema del liderazgo en relación con distintos ámbitos, como la política o la religión.
○ **b.** demuestra que un líder lo es en todos los aspectos de su vida.
○ **c.** no comparte la idea de que ser líder es una cuestión de personalidad.

5 De acuerdo con Elena Gaviria:

○ **a.** la especie humana ha sobrevivido gracias a su organización grupal.
○ **b.** hay una relación directa entre supervivencia y buen liderazgo.
○ **c.** los líderes surgen cuando hay problemas entre los miembros del grupo.

6 Elena Gaviria considera que:

○ **a.** el liderazgo no siempre surge deliberadamente.
○ **b.** la existencia de líderes infantiles demuestra que el liderazgo es un fenómeno evolutivo.
○ **c.** no está demostrado que el liderazgo sea un fenómeno universal.

PRUEBA DE DESTREZAS INTEGRADAS: COMPRENSIÓN AUDITIVA Y DE LECTURA Y EXPRESIÓN E INTERACCIÓN ESCRITAS

> **13** | En el periódico que usted lee habitualmente se ha iniciado un debate sobre los valores de los niños de hoy en día. Usted quiere contribuir al debate aportando los datos que ha leído en un informe de UNICEF. Redacte una carta al director de entre 200 y 250 palabras a partir de los datos de este gráfico.

INFORME ELABORADO POR UNICEF SOBRE LA INFANCIA EN ESPAÑA

¿Por qué cualidades te gustaría ser apreciado en el futuro?
Valoración del 1 al 10.
Edad: 12 años.

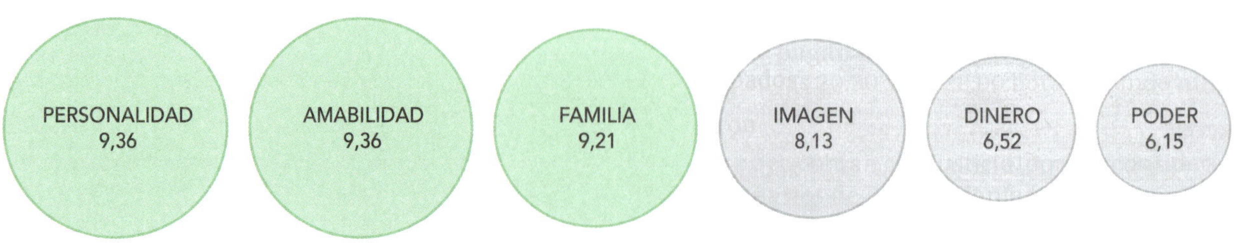

En http://www.unicef.es/sites/www.unicef.es/files/Infancia_2012_2013_final.pdf

PRUEBA DE DESTREZAS INTEGRADAS: COMPRENSIÓN DE LECTURA Y EXPRESIÓN E INTERACCIÓN ORALES

14 Lea los siguientes titulares de prensa sobre la felicidad. A continuación, inicie una conversación de tono informal con el entrevistador: coméntele qué le parecen dichos titulares, qué reflejan y cómo es la situación actual en relación con la felicidad.

Esta es mi vida, pero no soy yo

Las empresas buscan fórmulas para que sus empleados sean más felices y, por tanto, más productivos. Pero, ¿es posible serlo en plena crisis, mientras uno teme perder su empleo?

Benjamín Prado - 8 MAR - 00:32 CET

Santiago Vázquez, sociólogo y economista, opina que: "El empresario que piense que, por haber más de cinco millones de personas en paro, puede descuidar a su plantilla se estará equivocando. Estará ignorando que los buenos resultados no se consiguen generando angustia o incertidumbre, sino confianza. ¿Dónde juega mejor y es más decisivo Messi: en el Barcelona, donde le animan a ser el mejor futbolista del mundo, o en la selección argentina, donde se lo exigen?".

Adaptado de http://sociedad.elpais.com/sociedad/2012/03/07/vidayartes/1331144474_491210.html

Un informe de la ONU sitúa a los niños españoles como los quintos más felices del mundo

El informe incluye seis indicadores: salud y seguridad, educación, suficiencia económica, relaciones familiares y entre compañeros, conductas y riesgos, y autopercepción del bienestar.

En cuatro de las seis categorías, España figura entre los diez primeros. Flojea en el capítulo educativo –rendimiento escolar y abandono de los estudios–, donde no pasa del puesto 15. En lo económico tampoco alcanza una buena situación (puesto 12) debido a unos índices de pobreza infantil relativa, por encima del 15%.

A cambio, los niños españoles son los segundos con mayor bienestar subjetivo, y puntúan muy bien también las relaciones familiares y con los amigos.

Adaptado de http://www.consumer.es/web/es/solidaridad/

Once pensamientos que nos dan felicidad

Buceamos en el libro *Qué razón tenía Platón...*, de Miguel@ifilosofia, para compartir el verdadero bien del hombre: la felicidad.

ABC. ES / Madrid / Día 17/06 - 10:41h

Qué razón tenía Platón (publicado por Espasa) recoge 1001 pensamientos para triunfar en la vida. Según su autor, la felicidad consiste en el equilibrio entre las tres partes del alma: "Con el alma racional debemos acceder a la sabiduría y a la justicia; el alma irascible nos debe proporcionar fortaleza de ánimo, y el alma concupiscible, moderación o templanza en los deseos materiales". Si se equilibran esas tres partes del alma se gozará de una vida en armonía.

Adaptado de http://www.abc.es/20120617/cultura/abci-once-pensamientos-felicidad-201206132229.html

La pastilla de la felicidad

La medicalización de la vida cotidiana ya no solo afecta a los adultos, sino que alcanza a los niños.

Susana Quadrado / Barcelona / 31/01 - 00:00h

Vivimos en un mundo de enfermos imaginarios, en una sociedad hiperdopada que busca resolver con una pastilla el desajuste entre la realidad, las expectativas y las exigencias. Sin esfuerzo ni frustración. El único límite es que el propio cuerpo no reviente.

Duele más, si cabe, comprobar que la farmacopea se está infiltrando en las escuelas con la etiqueta de fracaso escolar. Algunos colectivos profesionales alertan ahora de un riesgo, si no real, posible: que se sobrediagnostiquen trastornos de aprendizaje que no lo son o que se recurra al psicofármaco cuando este no sea preciso. La pregunta es si los padres, tantas veces desbordados, no estarán arrastrando a sus hijos hacia ese círculo perverso que les induce a creer que hay una píldora para cada problema que no saben resolver, que todo lo cura (y que tanto enmascara) y que da una felicidad instantánea. Astérix solo se tomaba la pócima de Panorámix cuando tenía que luchar contra los romanos. Cuando no, Astérix era solo Astérix...

Adaptado de http://www.lavanguardia.com/opinion/articulos/20130131/54363283766/la-pastilla-de-la-felicidad-susana-quadrado.html

4 PALABRAS EN EL TIEMPO

>| **1** | Las greguerías son textos muy breves, inventados por Ramón Gómez de la Serna, que el autor define brevemente como *humor + metáfora*. Establece la correspondencia entre la primera parte y la segunda de las siguientes greguerías.

Ejemplos:

– *Los haikus son telegramas poéticos.*

– *Las pasas son uvas octogenarias.*

1. El estornudo..... *
2. El perfume ...... *
3. El pez........... *
4. La ardilla........ *
5. La coliflor .... *
6. La muerte .... *
7. La W............ *
8. Los recuerdos.... *

* a. encogen como las camisetas.
* b. es la M haciendo la plancha.
* c. es la interjección del silencio.
* d. es un cerebro vegetal que nos comemos.
* e. es la cola que se independizó.
* f. está siempre de perfil.
* g. es hereditaria.
* h. es el eco de las flores.

Crea tu propia greguería a partir de las siguientes palabras:

La P es ....

La tinta es ....

El pulpo es ....

La cabeza es ....

El tenedor es ....

>| **2** | Lee el siguiente cuadro y escribe metáforas de tu invención sobre los siguientes elementos.

Una metáfora consiste en usar una palabra o expresión con un cambio de sentido y mediante una comparación implícita.

- Un lugar se identifica con otro lugar que tiene un significado específico:
  - *Hollywood es La Meca del cine.*
- Un objeto se asocia a otro objeto por sus cualidades:
  - *La guitarra es un pozo con viento en vez de agua.*
- Una experiencia se relaciona con una sensación:
  - *Vive un momento amargo.*
- Un hecho se corresponde con una expresión idiomática:
  - *El presidente todavía tiene un as en la manga.*

Internet es ....

Madrid (o Barcelona u otra ciudad) es ....

La lluvia es ....

Un coche es ....

Todo niño es ....

Los zapatos son ....

>| 3 | Aquí tienes una serie de palabras relacionadas con las calificaciones estéticas. Completa con ellas el siguiente texto.

cómico * humorismo * humorístico * patético * ridículo * sublime (2) * sublimidad * trágico

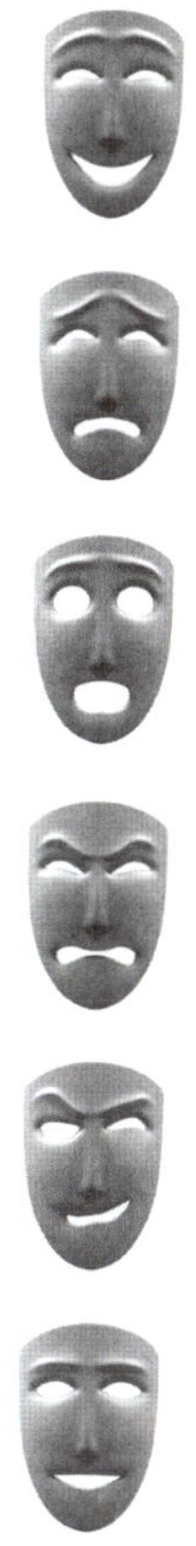

Llamamos **(1)** .... a aquello cuya contemplación o consideración sobrecoge el espíritu, ya porque en ello advirtamos una grandeza desmedida, ya porque entreveamos la presencia de lo infinito. Estéticamente lo **(2)** .... origina placer, pero no un goce sereno, sino acompañado de angustia. Hay **(3)** .... en las visiones deslumbrantes o terribles, de los profetas, en los sorprendentes cielos pintados por el Greco, en los momentos más arrebatados de las sinfonías de Beethoven; análogos sentimientos puede despertar la meditación de la eternidad o infinitud, o la sensación de nuestra pequeñez frente a vastas extensiones y grandiosos fenómenos de la naturaleza.

Variedad de lo sublime es lo **(4)** ...., que resulta de la lucha del hombre contra una adversidad más poderosa que él; provoca en los demás el terror o la compasión, a la vez que una elevación purificadora, originada bien por la grandeza moral del héroe, bien por la expiación de sus culpas. Lo **(5)** .... nace de la contemplación de un dolor humano que nos conmueve profundamente, sin llegar a la grandeza de lo trágico.

Lo **(6)** .... se produce como resultado de una falsa interpretación de palabras o situaciones; los individuos o personajes obran como si ocurriera algo que no sucede, y el contraste entre sus actos y los que serían de esperar dadas las circunstancias reales, despierta el regocijo del que los presencia. Lo **(7)** .... es un género de comicidad acentuada que se origina por una falsa idea de sí mismo, por una desproporción entre los medios utilizados y el objeto perseguido, o por ser totalmente disparatados unos u otro.

Lo **(8)** .... salta con facilidad de la actitud grave a la burla, de la alegría a la tristeza, de lo razonable a lo absurdo, de tal modo que lo realmente serio aparece como bufonada, o por el contrario, la burla toma aspecto de sentenciosa solemnidad. El **(9)** .... es un juego demoledor que quita importancia a lo generalmente reconocido como trascendental, al equipararlo con lo insignificante. Por eso encierra muchas veces una visión amarga y desengañada del mundo, la humanidad o la vida; pero en muchas otras abre paso a nuevos ideales en lucha con los ya ineficaces o desgastados.

Adaptado de "Otras calificaciones estéticas", Rafael Lapesa en *Introducción a los estudios literarios*, Cátedra.

>| 4 | Relaciona las siguientes expresiones con su significado. Define las expresiones sin explicación y, luego, completa las frases con las palabras adecuadas.

1. Ser diferente de su género. .... *
2. Exagerar o mentir. .... *
3. Excesivo o inapropiado. .... *
4. Irse de un lugar. .... *
5. Literalmente. .... *
6. Materialista y sin ideales. .... *

- * a. Montar una escena.
- * b. Al pie de la letra.
- * c. Pasar página.
- * d. Ser un poema.
- * e. Tener mucho cuento.
- * f. Ser un verso suelto.
- * g. Ser (muy) prosaico.
- * h. Hacer mutis por el foro.
- * i. Ser como un libro abierto.
- * j. Tener muchas tablas.

7. ....

8. ....

9. ....

10. ....

CONTINÚA »

1. No podemos estar siempre viviendo de esos recuerdos negativos del pasado. Hay que ....

2. Al presidente lo esperaban en la rueda de prensa, pero ....

3. Alberto .... Con tal de no ir al colegio, hace lo que sea.

4. El hermano pequeño .... en su familia. Es el único que no quiere ser abogado.

5. No creo que tenga problemas para hacer una buena exposición pública: ....

6. ...., solo le interesa el dinero.

7. Hay que ser más flexible: no lo interpretes todo.............................. .

8. Verle bailar ...., no tiene sentido del ritmo y parece un pato mareado.

9. Controla tus emociones: no .... por tus sospechas infundadas de celos.

10. Él no disimula nada sus sentimientos: ....

>| 5 | Indica qué valores del pretérito imperfecto de indicativo se dan en las siguientes frases; puedes ayudarte del resumen que aparece en el cuadro.

- **Valor temporal de pasado.**
- **Cortesía.**
- **Deseo.**
- **Sorpresa.**
- **Ficción.**
- **Confirmar una información.**
- **Acción que no se realizó.**
- **Condicional en la lengua informal.**

1. Tú te llamabas Pelayo, ¿no? → ....

2. Érase una vez una princesa que vivía en un país lejano. → ....

3. Quería un café, por favor. → ....

4. Yo salía cuando llegó una visita. → ....

5. ¿Pero tú no estabas en clase? No esperaba verte aquí. → ....

6. Yo me marchaba de vacaciones mañana. → ....

7. El día del accidente el que conducía era el chófer suplente. → ....

8. Si me lo ofrecieran, yo aceptaba. → ....

9. ¿En qué calle estaba el restaurante? Es que he perdido la tarjeta. → ....

10. Antes iba siempre a pie al trabajo. → ....

>| 6 | Los microrrelatos son muy breves, y sorprenden al lector pues parten de una anécdota casi irrelevante, pero que tiene un significado más profundo. Lee estos microrrelatos. ¿Qué título le pondrías a cada uno?

1. ....

Cruzaba la calle cuando comprendió que no le importaba llegar al otro lado. (Arturo Pérez Reverte)

2. ....

Aquel hombre era invisible, pero nadie se percató de ello. (Gabriel Jiménez Emán)

3. ....

En un lejano país existió hace muchos años una Oveja negra. Fue fusilada. Un siglo después, el rebaño arrepentido le levantó una estatua ecuestre que quedó muy bien en el parque. Así, en lo sucesivo, cada vez que aparecían ovejas negras eran rápidamente pasadas por las armas para que las futuras generaciones

CONTINÚA »

de ovejas comunes y corrientes pudieran ejercitarse también en la escultura. (Augusto Monterroso)

4. ....

...el drama del desencantado que se arrojó a la calle desde el décimo piso y, a medida que caía, iba viendo a través de las ventanas la intimidad de sus vecinos, las pequeñas tragedias domésticas, los amores furtivos, los breves instantes de felicidad, cuyas noticias no habían llegado nunca hasta la escalera común, de modo que, en el instante de reventarse contra el pavimento de la calle, había cambiado por completo su concepción del mundo, y había llegado a la conclusión de que aquella vida que abandonaba para siempre por la puerta falsa valía la pena de ser vivida. (Gabriel García Márquez)

En http://alerce.pntic.mec.es/~mgab0031/15%20microrrelatos.pdf y
Adaptado de http://www.ciudadseva.com/textos/cuentos/esp/ggm/drama.htm

7 **Aquí tienes algunas recomendaciones para crear tus propios microrrelatos. Relaciona cada frase (1-10) con su continuación (A-M). Hay tres finales de más.**

1. ☐ La extensión de un microrrelato debe abarcar como máximo hasta las 150 o 200 palabras.

2. ☐ El texto debe ante todo sugerir, no contar. Para qué regodearte en una imagen literaria... que sea el lector quién llegue al éxtasis por él mismo.

3. ☐ Juega con el doble sentido de las palabras. Suele ser un recurso exitoso porque el lector se verá involucrado en tu juego y deberá tomar parte de él.

4. ☐ Emplea elipsis y fueras de campo (como en el cine), porque si este género destaca por algo, es por obviar las cosas.

5. ☐ El título es crucial porque sirve para economizar el texto que viene después. Aunque, recuerda que el título no sea demasiado explícito, porque puedes cargarte la gracia del microrrelato.

6. ☐ El microrrelato debe contener una historia, una narración de algo.

7. *A* Las palabras que se escojan para escribir un microrrelato deben ser las justas y necesarias.

8. ☐ El final es lo más importante, es ahí donde el lector debe recibir la bofetada.

9. ☐ No hace falta ser totalmente coherente, sino creíble.

10. ☐ Hay que tener en cuenta que el auge del microrrelato está ligado a nuestra realidad actual de fugacidad, rapidez y estrés, en parte provocada por Internet y las nuevas tecnologías que nos dan acceso a un mundo infinito de posibilidades.

En http://www.ociozero.com/13066/decalogo-para-editar-microrrelatos y
http://www.ociozero.com/21122/apuntes-para-una-posible-teoria-del-microrrelato

A. Al verlo terminado, el texto debe parecerse a una fórmula matemática.

B. Dale un suspiro al lector, que no se agobie en la lectura porque si no, pasará a otra cosa. Hay demasiadas cosas que leer y muy poco tiempo.

C. Dicen que una mujer tapada con una blusa de seda es más erótica y sugerente que si nos muestra desnuda todos sus encantos. Que el desnudo no sea integral.

D. Empléalo como si fuera una parte más, pero piensa que es lo que el lector va a leer primero.

E. En los microrrelatos es mucho más complicado. Si apenas tienes espacio para escribir una historia, mucho menos lo tienes para tejer otra por debajo. Sin embargo, muchos lo consiguen.

F. La ironía y el humor también te ayudarán porque, como ocurre con un chiste, hay que pillarlo, no vale con estar ahí sentado de bruces de forma pasiva.

G. Los buenos microrrelatos son de digestión difícil. Nos convierten a todos en rumiantes. Los leemos y después de terminarlos seguimos dándoles vueltas y vueltas.

CONTINÚA »

H. No hacen falta más, si no, es que te estás yendo por las ramas y lo que verdaderamente tienes que tallar es el tronco. Las ramas del árbol son para sujetarse o trepar hacia la esencia, por lo que no hace falta que se vean.

I. Por lo tanto, sitúa al lector y llévalo a tu terreno. Después enséñale el abismo para que sienta vértigo. El lector sabrá que estás ahí para estrecharle la mano. Debe sentir esa complicidad, esa cercanía.

J. Si tomas un texto ya conocido y lo reescribes, se rompe la cadena lógica de planteamiento, nudo, desenlace y el microrrelato ya no corre peligro de convertirse en un silogismo.

K. Ten una idea, escríbela y después edítala como se hace en el cine. Enfócala desde diversos puntos de vista y, luego, elige la toma más adecuada.

L. Un elefante puede volar y ser de color amarillo si su historia está bien contada porque las palabras también connotan, no solo denotan y es ahí donde aparece el bagaje cultural y experimental del lector.

M. Un microrrelato no es un aforismo o una simple ocurrencia. Se pueden obviar algunas partes de la narración, pero la historia debe estar ahí, con su conflicto.

>| **8** | Siguiendo las pautas y los modelos de los ejercicios anteriores, escribe tu propio microrrelato.

ACTIVIDADES POR DESTREZAS

PRUEBA DE USO DE LA LENGUA: COMPRENSIÓN DE LECTURA Y AUDITIVA

>| **9** | Lea el texto y complete los huecos (1-12) con la opción correcta (A, B o C).

Borges perturbó la prosa literaria española de una manera tan profunda como lo hizo, antes, en la poesía, Rubén Darío. La diferencia entre (1) .... es que Darío introdujo unas maneras y unos temas —que importó de Francia, adaptándolos a su idiosincrasia y a su mundo— que de (2) .... modo expresaban los sentimientos (el esnobismo, a veces) de una época y de un medio social. Por eso pudieron ser utilizados por muchos otros sin que por ello los discípulos perdieran su voz. La revolución de Borges es unipersonal; lo representa a él y solo de una manera muy indirecta y (3) .... al ambiente en el que se formó y que ayudó decisivamente a formar (el de la revista *Sur*). En cualquier otro que no sea él, por eso, su estilo suena a (4) ....

Por ello, está claro, no disminuye su importancia ni (5) .... en lo más mínimo el enorme placer que da leer su prosa, una prosa que se puede paladear, palabra a palabra, como un manjar. Lo revolucionario de ella es que en la prosa de Borges hay casi tantas ideas como palabras, pues su precisión y su concisión son absolutas, algo que no es infrecuente en la literatura inglesa e incluso en la francesa, pero que, en cambio, en la lengua española tiene escasos (6) .... [...]. El español, como el italiano y el portugués, es un idioma palabrero, abundante, pirotécnico, de una formidable expresividad emocional, pero, por lo mismo, conceptualmente (7) .... Las obras de nuestros grandes prosistas, empezando por la de Cervantes, aparecen como soberbios fuegos de artificio en los que cada idea desfila precedida y rodeada de una (8) .... corte de mayordomos, galanes y pajes cuya función es decorativa. El color, la temperatura y la música importan tanto en nuestra prosa como las ideas, y en algunos casos más. No hay en los excesos retóricos típicos del español nada de censurable: expresan la idiosincrasia profunda de un pueblo, una manera de ser en la que lo emotivo y lo concreto prevalecen sobre lo intelectual y lo abstracto. Las ideas se formulan y se captan mejor, entre nosotros, (9) .... en sensaciones y emociones, o incorporadas de algún modo a lo concreto, a lo directamente vivido, que en un discurso lógico. Esa es la razón, tal vez, de

CONTINÚA »

que tengamos en español una literatura tan rica y una filosofía tan pobre, y de que el más ilustre pensador moderno del idioma, Ortega y Gasset, sea sobre todo literario.

Dentro de esta tradición, la prosa literaria creada por Borges es una anomalía, una forma que desobedece íntimamente la (10) .... natural de la lengua española hacia el exceso, optando por la más estricta parquedad. Decir que con Borges el español se vuelve "inteligente" puede parecer ofensivo para los demás escritores de la lengua, pero no lo es. Pues lo que trato de decir es que, en sus textos, hay siempre un plano conceptual y lógico que (11) .... sobre todos los otros y del que los demás son siempre servidores. El suyo es un mundo de ideas, descontaminadas y claras —también insólitas— a las que las palabras expresan con una pureza y un rigor extremados, a las que nunca traicionan ni (12) .... al segundo plano. "No hay placer más complejo que el pensamiento y a él nos entregamos", dice el narrador de *El Inmortal*, con frases que retratan a Borges de cuerpo entero. El cuento es una alegoría de su mundo ficticio, en el que lo intelectual devora y deshace siempre lo físico.

Adaptado de Mario Vargas Llosa. *Las ficciones de Borges* en http://calledelorco.com/2012/03/30/vargas-llosa-borges/

Opciones

	a.	b.	c.
1	○ a. ambos	○ b. otros	○ c. dos
2	○ a. algún	○ b. cierto	○ c. un
3	○ a. leve	○ b. suave	○ c. tenue
4	○ a. caricatura	○ b. deformación	○ c. falsedad
5	○ a. ahorra	○ b. rebaja	○ c. recorta
6	○ a. autores	○ b. pasados	○ c. precedentes
7	○ a. impreciso	○ b. impresionante	○ c. imprevisible
8	○ a. misteriosa	○ b. sinuosa	○ c. suntuosa
9	○ a. encarnadas	○ b. encerradas	○ c. encontradas
10	○ a. predisposición	○ b. preocupación	○ c. pretensión
11	○ a. presupone	○ b. prevalece	○ c. previene
12	○ a. redireccionan	○ b. relegan	○ c. retrotraen

> 10 |8| Usted va a escuchar un fragmento de un programa de radio sobre la situación internacional del español como lengua de cultura. Entre las doce opciones que aparecen debajo (A- L) usted deberá elegir las cinco que lo resumen. Escuchará la audición dos veces.

- A ☐ Los hispanistas se han dedicado a estudiar la lengua científica y técnica.
- B ☐ Los hispanistas se reúnen habitualmente en la Biblioteca Nacional de España.
- C ☐ Hay todavía mucha riqueza documental sobre el español que no está en la Biblioteca Nacional.
- D ☐ La Biblioteca Nacional ha sido esencial para el desarrollo del hispanismo.
- E ☐ El hispanismo está muy desarrollado en casi todos los países del mundo.
- F ☐ El hispanismo nació siempre del interés por la lengua como herramienta de comunicación.
- G ☐ Hay muchos hispanistas de primera fila en países con larga tradición de estudio de esta especialidad.
- H ☐ Quienes se interesan más por la vertiente práctica sobre el idioma pueden terminar estudiando también la literatura desde un punto de vista académico.
- I ☐ El número de hispanistas de origen americano es minoritario.
- J ☐ En Brasil se demanda mucho el español por ser la segunda lengua del Bachillerato.
- K ☐ La enseñanza del español como segunda lengua es muy antigua.
- L ☐ Cuando el español sea lengua de investigación científica, crecerá más su importancia.

PRUEBA DE DESTREZAS INTEGRADAS: COMPRENSIÓN AUDITIVA Y DE LECTURA Y EXPRESIÓN E INTERACCIÓN ESCRITAS

> **11** |9| La Asociación de Madres y Padres de un colegio público le ha pedido que escriba un informe sobre los jóvenes y la lectura en España. Para documentarse, ha escuchado una audición sobre las dificultades que tienen los adolescentes con la lectura y ha leído, además, un artículo sobre el mismo tema.

Primero, escuchará la entrevista dos veces. Tome notas y después utilice todas las fuentes proporcionadas, seleccionando únicamente la información que considere relevante. A continuación, ponga las ideas en orden y redacte el informe.

Entre 400 y 450 palabras.

¿Qué leen los jóvenes?

Suele decirse que la juventud actual no lee; sin embargo, los estudios arrojan cifras en sentido contrario. Lo que ocurre es que lo hace en nuevos formatos, como Internet.

"Lee y conducirás, no leas y serás conducido", y esta preocupación que se desprende de las palabras de Santa Teresa a mediados del siglo XVI es la misma que persigue a muchos padres y madres en la actualidad cuando comprueban el escaso tiempo que sus hijos dedican a la lectura: del ordenador a la PlayStation y de esta al televisor o al móvil, parece que lo audiovisual hubiera sustituido la literatura juvenil de antaño; esa tan útil para interpretar el mundo, saber de las cosas de la vida y, sobre todo, soñar.

El profesor Ramón Sarmiento, catedrático de Lengua de la Universidad Rey Juan Carlos, coincide sobre la dificultad para que los estudiantes lean, acostumbrados a obtener la información a través de soportes audiovisuales. "Leer conlleva un proceso mental más costoso que visualizar imágenes, porque estas pueden almacenarse pero no requieren de procesamiento y reflexión; por eso, la máxima *Una imagen vale más que mil palabras* es incierta; porque una imagen por sí misma es información ambigua, que no significa nada, ni requiere del pensamiento".

Por otra parte, los grupos de referencia actuales (deportistas y famosos) no se caracterizan por ser gente leída, y la popularidad entre chicas y chicos tampoco se consigue con la lectura, sino más bien por todo lo contrario: con una imagen cuidada y pericia en el empleo de tecnologías. En cambio, quienes leen pueden ser considerados aburridos o sumisos. Ser amante de los libros puede ser en la adolescencia un problema más espinoso que cuando ciertas lecturas juveniles eran un asunto prohibido.

Juana Vázquez, escritora, crítica literaria de un conocido diario y madre, comenta: "Hoy en día hay tanta variedad y facilidad para acceder al libro, que los adolescentes a quienes les gusta leer van de flor en flor, pero con una condición: que el libro no sea muy extenso, que tenga mucha acción y nada o casi nada de introspección, que era lo que atraía en mi época". Podría decirse entonces que la generación @ prefiere un estilo más visual, menos trascendente, presidido por la inmediatez. Ana Rincón, licenciada en Magisterio y madre de una adolescente señala: "Ahora creo que no tienen esos libros prohibidos de nuestra generación, todo es más *light*. Los chicos de ahora no son tan de cambiar las cosas como éramos nosotros. ¿Para qué, si lo tienen todo y todo está permitido? A veces me he planteado si no se lo ponemos demasiado fácil y por eso no saben valorar cosas importantes como los libros". Sin embargo, de estudios de opinión propios, realizados recientemente para el Ministerio de Educación (CIDE) y el Instituto de la Mujer sobre las revistas juveniles, se desprende que la juventud lee más de lo que a primera vista pudiera pensarse. Y no solo eso, sino que además cuenta con un juicio crítico mayor incluso que algunas publicaciones que se dirigen de forma poco edificante a la juventud.

Así el 50 por ciento de las chicas de 10 a 15 años afirmaron que las revistas les sirven para aprender

CONTINÚA »

sobre la vida (el 34 por ciento de los chicos), a pesar de incluir dentro de las juveniles algunas consideradas no aptas, que dicen haber leído el 57 por ciento, el 52 por ciento de los chicos en el caso de las masculinas. Ahora bien, más de la mitad (el 52 por ciento) afirman estar en desacuerdo con seguir las pautas indicadas en sus relaciones y puntualizan cómo les gustaría que fuesen dichas publicaciones. Ellas preferirían una mayor adecuación a los temas de su edad y una información más fiable: que se tenga más en cuenta las relaciones personales y los sentimientos. En cuanto al resto de los temas, optarían por ampliar los conocimientos de materias diversas (psicología, naturaleza, música, arte, etcétera), un mayor protagonismo y menos cotilleo cruel. A los chicos les gustaría contar con información sobre los temas que les preocupan, como las habilidades sociales para relacionarse con las chicas, productos accesibles a su economía y menos publicidad. Según el Estudio General de Medios, las personas de 14 a 19 años son quienes más revistas leen, un 66 por ciento, así como periódicos y suplementos en una proporción cercana a las personas adultas de 24 a 54 años. Estos datos, a pesar de sus opiniones negativas, son prueba de que las revistas juveniles son un objeto de culto en la adolescencia; porque la posibilidad de poder ensayar la opinión y valores a través de contenidos con los que a veces no se está de acuerdo es una buena práctica para la conformación de la identidad.

En lo concerniente a la literatura, desde hace algunos años el grupo de 10 a 13 años es el que más libros lee en España, con una tasa del 82 por ciento (MCU); pasando de los 15 a 16 años a repartir más sus lecturas entre el estudio, los cómics y sobre todo las revistas y periódicos. A esta edad, sus preferencias literarias se centran en los libros de terror, amor y misterio en el caso de las chicas (75 por ciento, 66 por ciento, 62 por ciento, respectivamente), y los de aventuras, humor y terror en el de los chicos (72 por ciento, 66 por ciento y 65 por ciento). El grupo de 14 a 19 años es el que más utiliza la Red (el 50 por ciento, diariamente), seguido del de los jóvenes de 20 a 24 años. No obstante, Internet y libros son considerados cada día más una herramienta de información, y los chicos prefieren para divertirse salir con los amigos y otras actividades de contenido más activo y audiovisual, como hacer deporte, escuchar música o ir al cine.

No puede decirse, por tanto, que Internet esté retrotrayendo los hábitos de lectura, sino más bien que los está cambiando, cumpliendo algunas funciones que en otro tiempo desempeñaba la literatura, como es poder tantear la vida desde la barrera: las modas, opiniones, las relaciones personales... La red se está perfilando como una oportunidad sin precedentes para el conocimiento y desde edades muy tempranas, y sus peligros no se ciernen sobre el uso que de forma habitual hace la juventud, sino más bien surgen de la vacuidad de productos fabricados por adultos. Es como si en todos los medios se dispusiera de un solo canal (de acción y morbo), y ya lo decía Santo Tomás de Aquino, en este caso en el siglo XIII: "Teme al hombre (y a la mujer) de un solo libro". La cuestión no se encuentra en que la juventud no lea, sino en que se les ayude a observar el mundo desde su profundidad y pluralidad de puntos de vista, a discriminar la consistencia de las fuentes. No es lo mismo una información sobre dietética o filosofía en un blog anónimo, que en una publicación especializada de una universidad.

Claro que, como ocurría en el mito de la caverna de Platón, mirar la luz ignorando las cadenas (que bien podría tener hoy la forma de videojuegos o pornografía) puede producir una especie de iluminación cegadora que avergüenza ante los iguales. Cadenas del mundo de las sombras que son las mismas que describió Aldoux Huxley en 1930, en su obra futurista *Un mundo feliz*, hechas de automatización y de felicidad estupidizada (el soma), que terminaría desterrando el pensamiento y artes como la literatura. El problema puede ser encontrarnos en una época en la que es posible hablar, leer, visualizar de todo, excepto aquello que supone ir más allá, transcender, cuando es precisamente ese respeto por la obra humana y el conocimiento la que consigue que la juventud mantenga el criterio. El modo de conseguir que navegar en Internet, leer revistas juveniles o entrar en la aventura literaria sea un ejercicio seguro y de aprendizaje muy divertido.

Adaptado de http://www.lavanguardia.com/cultura/noticias/20090411/53681200409/que-leen-los-jovenes.html

5 ¡NO TE LO VAS A CREER!

>| **1** | Lee las siguientes preguntas retóricas y relaciónalas con su significado.

1. ¿Y dónde iba a dejar el coche sino en el garaje? .... *
2. ¿Y a mí qué me cuentas? .... *
3. ¡Puaf! ¿Y tú sabías hacer empanadillas? .... *
4. ¿Por qué no me avisaste de que no venías a cenar? *
5. ¿Por qué no te callas? .... *
6. ¿No sería mejor consultar a un psiquiatra? ...... *
7. ¿Qué habrá querido decir? .... *
8. ¿Podrías acercarme el vaso? .... *
9. ¿No es España una gran potencia turística? ..... *
10. ¿Cómo iba a saber que era sordo? .... *
11. ¿Tomamos un café? .... *

* a. Duda.
* b. Énfasis de una parte de la frase.
* c. Indiferencia, escepticismo.
* d. Invitación.
* e. Ironía.
* f. Negar una afirmación previa.
* g. Orden.
* h. Petición de cortesía.
* i. Reforzar el valor de verdad de una aserción.
* j. Reproche.
* k. Sugerencia.

>| **2** | Reformula las oraciones anteriores para expresar la misma idea en oraciones no interrogativas.

1. *El garaje era el único sitio donde podía dejar el coche.*
2. ....
3. ....
4. ....
5. ....
6. ....
7. ....
8. ....
9. ....
10. ....
11. ....

>| **3** | Lee el siguiente titular de la revista *Muy Interesante* y escribe tus opiniones personales al respecto, continuando las oraciones de la página siguiente de forma adecuada.

MUY INTERESANTE > Todos > **Artículos** > Imágenes

Viviremos cien años

Más de **la mitad de los bebés** que nacen hoy en los países ricos del mundo **vivirán cien años**.

En http://www.muyinteresante.es/salud/articulo/viviremos-cien-anos

CONTINÚA »

1. Hace unos años la gente no creía que ....
2. Es probable que en un futuro ....
3. Es evidente que ....
4. No me puedo creer que en el futuro ....
5. Poníamos en duda que ....
6. Tengo la absoluta certeza de que ....
7. Es imposible predecir si ....
8. Nadie habría asegurado nunca que ....

>| 4 | **Lee la definición que da el DRAE (Diccionario de la Real Academia Española) de *prejuicio* y escribe un pequeño texto en el que describas los prejuicios que tiene la sociedad en torno a los temas que te sugieran las siguientes imágenes.**

prejuicio. m. Opinión previa y tenaz, por lo general desfavorable, acerca de algo que se conoce mal. (DRAE)

1.

....

2.

....

3.

....

>| 5 | **Vas a leer siete noticias que pueden parecer increíbles. Cinco son verdaderas y dos son falsas. ¿Cuáles son reales y cuáles inventadas? Argumenta tu respuesta.**

1. La policía suiza distribuyó este miércoles tabletas de chocolate a los automovilistas que, durante los controles de carretera, no habían cometido ninguna infracción. La iniciativa, bautizada *Gracias*, responde a la disminución de las infracciones en carretera desde inicios de año en este cantón del oeste de Suiza. .... V ...... F
2. Un estudio de una universidad norteamericana ha demostrado que las personas que ven la televisión durante menos de una hora y media al día son mucho más felices que las que sobrepasan esa cantidad. .... V ...... F
3. Un hombre de 43 años a punto de divorciarse de su mujer, decidió hacer una división de bienes por "mano propia": cortó con un serrucho la mitad de su casa y se la llevó con un camión montacargas. .... V ...... F

CONTINÚA

4. Un niño de tan solo cuatro años mató a 443 pollos en un pueblo de Jiangsu, provincia oriental de China, utilizando únicamente su potente voz. .... V ...... F

5. Un residente en Madrid se ha tatuado el plano del metro en su brazo para poder consultarlo cómodamente en sus desplazamientos por la ciudad. .... V ...... F

6. Un tribunal sueco ordenó a una ciudadana delimitar una zona de no fumadores en su propio jardín, tras la queja de un vecino abogado que aseguraba no poder soportar el humo que llegaba hasta su casa y que lo obligaba a veces a llevar una máscara. .... V ...... F

7. Unas 40 000 personas protagonizaron la tradicional fiesta de la Tomatina, en la localidad española de Buñol, donde se arrojaron 115 toneladas de esa verdura en una batalla campal entre vecinos, visitantes y curiosos. .... V ...... F

>| 6 | |10| Escucha y di si esta información es verdadera o falsa. Después de una segunda audición, rectifica la falsa. Por último, da tu propia definición de *gafe*.

1. Los gafes ejercen una influencia negativa en los demás. .... V ...... F

2. La energía negativa de los gafes depende de su voluntad. .... V ...... F

3. Los gafes buscan en los demás la seguridad que les falta. .... V ...... F

4. Los gafes tienen tendencia a la depresión. .... V ...... F

5. Al gafe hay que contarle solo noticias positivas. .... V ...... F

6. Es mejor estar con un gafe en un espacio abierto que cerrado. .... V ...... F

7. El poder de la mente del gafe es muy grande. .... V ...... F

....

....

....

....

>| 7 | Lee las siguientes expresiones idiomáticas relacionadas con la suerte y explica su significado. Luego, completa las frases con la expresión más adecuada.

1. Tener la suerte de cara ➔ ....

2. Nacer con estrella ➔ ....

3. Mirarle a uno un tuerto ➔ ....

4. Jugárselo todo a una carta ➔ ....

5. Dejar a alguien a su suerte ➔ ....

6. Echar algo a suertes ➔ ....

7. Jugar bien las cartas de uno ➔ ....

a. A él todo le ha salido bien en la vida. Se puede decir que ....

b. Hoy el equipo ha sufrido la lesión de un jugador, le han expulsado a otro: no ....

c. No tenía mucho dinero cuando empezó en los negocios, pero .... y se enriqueció.

d. Prefiero invertir en varias compañías que cotizan en bolsa y no ....

e. Parece como si .... : solo hemos sufrido desgracias esta temporada.

f. ¿Quién empieza la partida de ajedrez? Lo decidimos con una moneda, ...

g. Durante la guerra, la compañía se retiró y a los soldados que quedaban en el frente ....

8 Las siguientes palabras proceden todas de la misma raíz (*cred-*), relacionada con el verbo *creer*, pero presentan variedad de significados. Relaciona cada una de ellas con la definición léxica adecuada. Luego, escribe una frase para cada palabra que contextualice su significado.

1. acreedor .... *
2. acreditar .... *
3. credencial .... *
4. credo .... *
5. crédulo .... *
6. creído .... *
7. desacreditar ..... *
8. descreído........ *
9. incrédulo........ *

* a. Conjunto de doctrinas comunes a una colectividad.
* b. Disminuir la reputación o el valor de alguien.
* c. Documento que sirve a un empleado para que se le reconozca un empleo o situación.
* d. Persona sin creencia, porque ha dejado de tenerla.
* e. Probar la certeza de un hecho o la validez de un documento.
* f. Que tiene derecho a que se le satisfaga una deuda o quien merece algo.
* g. Quien cree fácilmente todo lo que se le dice.
* h. Quien no cree, especialmente en asuntos religiosos.
* i. Vanidoso, orgulloso y con una fuerte autoestima.

....

....

....

....

....

....

....

....

....

ACTIVIDADES POR DESTREZAS

PRUEBA DE USO DE LA LENGUA: COMPRENSIÓN DE LECTURA Y AUDITIVA

9 Lea el siguiente texto, del que se han extraído seis párrafos. A continuación lea los siete fragmentos propuestos (A-G) y decida en qué lugar del texto (1-6) hay que colocar cada uno de ellos. Hay un fragmento que no tiene que elegir.

La filosofía no puede ser solamente un catálogo de opiniones prestigiosas. Más bien lo contrario, si atendemos por esta vez a la opinión "prestigiosa" de Ortega y Gasset: "La filosofía es idealmente lo contrario de la noticia, de la erudición". Desde luego, la filosofía es un estudio, no un puñado de ocurrencias de tertulia y, por tanto, requiere aprendizaje y preparación. Pero pensar filosóficamente no es repetir pensamientos ajenos, por mucho que nuestras propias reflexiones estén apoyadas en ellos y sean conscientes de esta deuda necesaria. Ciertas introducciones a la filosofía son como tratados de ciclismo que se limitasen a rememorar los nombres y las gestas de los vencedores del Tour de Francia. Me propongo intentar aquí enseñar a montar en bicicleta y hasta dar ejemplo pedaleando yo mismo, por lejos que estén mis capacidades de las de Eddy Merckx o Miguel Induráin.

Pero el lector tiene que intentar pedalear también conmigo o incluso contra mí.

(1) .... Al final de cada capítulo se propone un memorándum de cuestiones para que el lector repita por sí mismo la indagación que acaba de leer, lo que quizá le llevará a conclusiones opuestas. Nada más necesario que este ejercicio, porque la filosofía no es la revelación hecha por quien lo sabe todo al ignorante, sino el diálogo entre iguales que se hacen cómplices en su mutuo sometimiento a la fuerza de la razón y no a la razón de la fuerza.

CONTINÚA

(2) .... Pero ¿no son precisamente esas lecciones lo que cuadra dar en el bachillerato? Y, ¿acaso no es un gran atrevimiento creer que uno puede guardar el tono accesible del que pretende ser comprendido por adolescentes sin dejar por ello de tratarles como iguales y sin renunciar tampoco a ser útil a otros lectores no menos neófitos pero adultos? Pues tal es mi atrevida pretensión, en efecto. Me reconforto recordando que, según el poeta surrealista René Crevel, "ningún atrevimiento es fatal".

¿Tiene sentido empeñarse hoy, a finales del siglo XX o comienzos del XXI, en mantener la filosofía como una asignatura más del bachillerato? ¿Se trata de una mera supervivencia del pasado, que los conservadores ensalzan por su prestigio tradicional pero que los progresistas y las personas prácticas deben mirar con justificada impaciencia? ¿Pueden los jóvenes, adolescentes más bien, niños incluso, sacar algo en limpio de lo que a su edad debe de resultarles un galimatías? ¿No se limitarán en el mejor de los casos a memorizar unas cuantas fórmulas pedantes que luego repetirán como papagayos? (3) .... Entonces, ¿por qué imponérsela a todos en la educación secundaria? ¿No es una pérdida de tiempo caprichosa y reaccionaria, dado lo sobrecargado de los programas actuales de bachillerato?

Lo curioso es que los primeros adversarios de la filosofía le reprochaban precisamente ser "cosa de niños", adecuada como pasatiempo formativo en los primeros años pero impropia de adultos hechos y derechos. Por ejemplo, Calicles, que pretende rebatir la opinión de Sócrates de que "es mejor padecer una injusticia que causarla". Según Calicles, lo verdaderamente justo, digan lo que quieran las leyes, es que los más fuertes se impongan a los débiles, los que valen más a los que valen menos y los capaces a los incapaces. La ley dirá que es peor cometer una injusticia que sufrirla, pero lo natural es considerar peor sufrirla que cometerla. Lo demás son tiquismiquis filosóficos, para los que guarda el ya adulto Calicles todo su desprecio:

"La filosofía es, ciertamente, amigo Sócrates, una ocupación grata, si uno se dedica a ella con mesura en los años juveniles, pero cuando se atiende a ella más tiempo del debido es la ruina de los hombres". Calicles no ve nada de malo aparentemente en enseñar filosofía a los jóvenes, aunque considera el vicio de filosofar un pecado ruinoso cuando ya se ha crecido. Digo "aparentemente" porque no podemos olvidar que Sócrates fue condenado a beber la cicuta acusado de corromper a los jóvenes seduciéndoles con su pensamiento y su palabra. A fin de cuentas, si la filosofía desapareciese del todo, para chicos y grandes, el enérgico Calicles —partidario de la razón del más fuerte— no se llevaría gran disgusto...

(4) .... Los filósofos se empeñan en saber más que nadie de todo lo imaginable aunque en realidad no son más que charlatanes amigos de la vacua palabrería. Y entonces, ¿quién sabe de verdad lo que hay que saber sobre el mundo y la sociedad? Pues los científicos, los técnicos, los especialistas, los que son capaces de dar informaciones válidas sobre la realidad. En el fondo, los filósofos se empeñan en hablar de lo que no saben: el propio Sócrates lo reconocía así, cuando dijo "Solo sé que no sé nada". Si no sabe nada, ¿para qué vamos a escucharle, seamos jóvenes o maduros? Lo que tenemos que hacer es aprender de los que saben, no de los que no saben. Sobre todo hoy en día, cuando las ciencias han adelantado tanto y ya sabemos cómo funcionan la mayoría de las cosas y cómo hacer funcionar otras, inventadas por científicos aplicados.

(5) .... La única respuesta que nos resignaremos a dar es la que hubiera probablemente ofrecido el propio Sócrates: ninguna. Nos informan las ciencias de la naturaleza, los técnicos, los periódicos, algunos programas de televisión... pero no hay información "filosófica". Según señaló Ortega, antes citado, la filosofía es incompatible con las noticias y la información está hecha de noticias. Muy bien, pero, ¿es información lo único que buscamos para entendernos mejor a nosotros mismos y lo que nos rodea?

Supongamos que recibimos una noticia cualquiera, esta, por ejemplo: un número X de personas muere diariamente de hambre en todo el mundo. Y nosotros, recibida la información, preguntamos (o nos preguntamos) qué debemos pensar de tal suceso. Recabaremos opiniones, algunas de las cuales nos dirán que tales muertes se deben a desajustes en el ciclo macroeconómico global, otras hablarán de la superpoblación del planeta, algunos clamarán contra el injusto reparto de los bienes entre posesores y desposeídos, o invocarán la voluntad de Dios, o la fatalidad del destino... Y no faltará alguna persona sencilla y cándida, nuestro portero o el quiosquero que nos vende la prensa, para comentar: "¡En qué mundo vivimos!". Entonces, nosotros, como un eco pero cambiando la exclamación por la interrogación, nos preguntaremos: "Eso: ¿en qué mundo vivimos?".

No hay respuesta científica para esta última pregunta, porque evidentemente no nos conformaremos con respuestas como "Vivimos en el planeta Tierra", "Vivimos precisamente en un mundo en el que X personas mueren diariamente de hambre", ni siquiera con que se nos diga que "Vivimos en un mundo muy injusto" o

CONTINÚA »

"Un mundo maldito por Dios a causa de los pecados de los humanos" (¿por qué es injusto lo que pasa?, ¿en qué consiste la maldición divina y quién la certifica?, etc.). En una palabra, no queremos más información sobre lo que pasa sino saber qué significa la información que tenemos, cómo debemos interpretarla y relacionarla con otras informaciones anteriores o simultáneas, qué supone todo ello en la consideración general de la realidad en que vivimos, cómo podemos o debemos comportarnos en la situación así establecida. (6) ....

Fernando Savater, fragmento de *Las preguntas de la vida*. Círculo de lectores, Barcelona, Ariel, 1999.

Fragmentos

A En una palabra, léase lo que sigue como una invitación a filosofar y no como un repertorio de lecciones de filosofía.

B Estas son precisamente las preguntas a las que atiende lo que vamos a llamar filosofía.

C La filosofía y la ciencia tienen una relación diferente con el conocimiento, pero son dos saberes que no son contradictorios.

D Si se quieren resumir todos los reproches contra la filosofía en cuatro palabras, bastan estas: no sirve para nada.

E Así pues, en la época actual, la de los grandes descubrimientos técnicos, en el mundo del microchip y del acelerador de partículas, en el reino de Internet y la televisión digital, ¿qué información podemos recibir de la filosofía?

F Quizá la filosofía interese a unos pocos, a los que tienen vocación filosófica, si es que tal cosa aún existe, pero esos ya tendrán en cualquier caso tiempo de descubrirla más adelante.

G En estas páginas no se ofrece una guía concluyente de pensamientos necesariamente válidos, sino un itinerario personal de búsqueda y tanteo.

> 10 11 A continuación escuchará una conversación en la que un hombre y una mujer hablan sobre las creencias relacionadas con la suerte. Después deberá marcar qué ideas expresa el hombre (H), cuáles la mujer (M) y cuáles ninguno de los dos (N). Escuchará la audición dos veces. Marque las opciones elegidas.

Ahora dispone de 30 segundos para leer las frases.

	H	M	N
1 Nuestro destino está predeterminado.	☐	☐	☐
2 Las personas tienen en la vida lo que les ha dado el destino.	☐	☐	☐
3 La pura suerte es estadísticamente improbable.	☐	☐	☐
4 Ciertas relaciones entre dos sucesos son creencias irracionales.	☐	☐	☐
5 La suerte es un mito social.	☐	☐	☐
6 La buena suerte está ligada al optimismo.	☐	☐	☐
7 La actitud ante la vida influye, pero no es lo mismo que la suerte.	☐	☐	☐
8 Tener suerte siempre es imposible.	☐	☐	☐
9 El futuro no siempre lo podemos predecir.	☐	☐	☐
10 Los hechos que determinan la vida no son racionales.	☐	☐	☐
11 Con la voluntad podemos cambiar muchas cosas.	☐	☐	☐
12 La mala salud depende siempre de la suerte.	☐	☐	☐
13 Creer en la suerte es una excusa para no hacernos responsables de nuestros actos.	☐	☐	☐
14 Tener trabajo depende fundamentalmente del talento y de la constancia.	☐	☐	☐
15 Si te formas convenientemente, la posibilidad de colocarte es mayor.	☐	☐	☐

PRUEBA DE DESTREZAS INTEGRADAS: COMPRENSIÓN AUDITIVA Y DE LECTURA Y EXPRESIÓN E INTERACCIÓN ESCRITAS

> **11** Usted colabora con la revista de la escuela en la que estudia y participa en la sección de opinión. Un colaborador de la sección le ha enviado este texto sobre creencias y prejuicios. Usted ahora debe corregirlo, adaptándolo al lenguaje escrito y al registro necesario. Para ello, utilice todos los recursos que considere necesarios: estructúrelo de manera coherente, puntúelo de manera adecuada, corrija los errores, elimine redundancias o repeticiones, sustituya palabras por otras más precisas o más adecuadas al registro, etc.

¿Que fuerza interior o exterior nos empuja continuamente a creer en algo? ¿Porque esa necesidad de creer en algo? Parece ser que siempre nos gusta elegir el camino más fácil, el camino más recto... pero, el que nos trae grandes problemas. Con la esperanza de hacer realidad nuestros sueños, deseos, creemos en las cosas que mejor se adapta a nuestros propósitos...

Alejandro Dumas, decía: "Creemos, sobre todo, porque es más fácil creer que dudar, y además porque la fe es la hermana de la esperanza y de la caridad".

Y parece ser que es cierto, no nos gusta dudar... ¿A quien le gusta? Si dudas, directamente tienes un problema, no confías. Y si no confías debes ser precavido, y si eres precavido adiós a la paz (a la balsa de aceite). Así que preferimos creer en cosas imposibles a la vista... elegimos ese camino "fácil" y nos armamos de esperanza y de muy poca paciencia.

Me pregunto porque ahora mismo, no me parece tan raras las personas supersticiosas, o las que se arruinas solo por ver que dicen las cartas...

¿Los seres humanos, somos supersticiosos en general? ¿Hasta que punto somos supersticiosos? ¿En que supersticiones, nos es fácil creer? Son preguntas de las cuales, casi siempre, nos gusta escabullirnos. Por ejemplo, nos gusta decir que no nos consideramos *supersticiosos*, pero tenemos con nosotros siempre el amuleto de la suerte.

En que nos afecta las supersticiones de los demás, o propias... a esa pregunta tampoco nos gusta contestar, ni siquiera pensar; porque de alguna manera no queremos sentirnos en lo más mínimo supersticiosos. En nuestra cabeza (inconscientemente) la palabra supersticioso es sinónimo de ignorante, tonto, imbécil, desafortunado, loco, etc. Y claro, no nos gusta el sabor que nos deja esas palabras; pero también ignoramos los verdaderos sinónimos de la palabra supersticioso, que son: fetichista, crédulo, agorero. Algunos pensarán seguro: "¡pues tontos, también!"...

En fin, como decía Groucho Marx, ja, ja, ja, "¿A quién va usted a creer, a mí o a sus propios ojos?". Claro, a algunos de nosotros nos encanta decir: "No me lo creo hasta que no lo veo", ¡porque nuestra vista no nos puede engañar!... Porque la realidad siempre tiene una cara: lo que mis ojos ven, los que mis oídos oyen, lo que mi cuerpo siente, etc....ja, ja, ja.

Adaptado de http://intentodecomprenderlavida.blogspot.com.es/2009/02/en-que-creer-en-el-dia-de-hoy.html

PRUEBA DE DESTREZAS INTEGRADAS: COMPRENSIÓN DE LECTURA Y EXPRESIÓN E INTERACCIÓN ORALES

> **12** Lea los siguientes titulares de prensa sobre creencias. A continuación inicie una conversación de tono informal con el entrevistador: coméntele su opinión sobre los hechos que se exponen en ellos y justifíquela.

Nueve de cada diez españoles cree que el sistema de impuestos es injusto

Dos terceras partes de los ciudadanos están convencidos de que pagan muchos impuestos.

EL PAÍS - 23 OCT- 13:54

AGENCIAS Madrid

Casi nueve de cada diez españoles (88%) creen que los impuestos no se cobran con justicia, porque consideran que no pagan más quienes más tienen, en tanto que dos terceras partes de la ciudadanía (66,3%) están convencidas de que pagan muchos impuestos. Además, el 64,6% cree que recibe del Estado menos de lo que paga en impuestos y cotizaciones en servicios sanitarios, Seguridad Social, enseñanza o carreteras, entre otros.

CONTINÚA

Los españoles creen que los bancos son los primeros responsables de la crisis

Los españoles sitúan a los bancos como los primeros responsables de la crisis española, por delante de la situación económica internacional, el Banco de España o el Gobierno.

CINCO DÍAS

Según el barómetro del Centro de Investigaciones Sociológicas (CIS) de diciembre, el 70,4 % de los españoles considera que la crisis económica todavía va a empeorar más, frente a un 21,9 % que piensa que ya ha pasado la peor parte y que se empieza a salir de ella.

En una escala de responsabilidad que va del 1 al 10, los encuestados dan la máxima puntuación a los bancos (8,68), seguidos de la situación económica internacional (7,88), el Banco de España (7,82), el Gobierno español (7,80), el Banco Central Europeo (7,73), La Unión Europea (7,41), los gobiernos autonómicos (7,32) y el euro (6,94).

Más de la mitad de los profesores cree que los alumnos de ahora son peores que hace años

EL MUNDO. Actualizado jueves 09/10 (CET)

EFE MADRID.- Más de la mitad de los profesores españoles considera que los alumnos actuales son peores que los de hace unos años, aunque esta dificultad no les impide manifestarse mayoritariamente satisfechos con su labor docente.

Estas son algunas de las conclusiones del estudio *La situación de los profesores noveles*, que da a conocer la opinión del profesorado sobre la situación de los nuevos docentes y respecto a las iniciativas que consideran más idóneas para mejorar su situación profesional.

CIENCIA

Estudio de la Fundación BBVA sobre actitudes ante la ciencia. El 47% de los españoles cree que la ética no debería poner límites a los avances científicos

La anestesia, la lavadora, los medios de transporte y la energía eléctrica producida por el sol, los inventos más valorados.

ABC - Día 23/07- 17:36h

FÉLIX ORDÓÑEZ.- Un 47% de españoles cree que la ética no debería poner límites a los avances científicos, un porcentaje que se eleva hasta el 80% en el caso de la religión. Estos son algunos de los datos de la segunda parte del vasto estudio de la Fundación BBVA sobre las actitudes hacia la ciencia, realizado en diez países europeos y Estados Unidos y según el cual la anestesia, la lavadora, los medios de transporte y la energía solar se sitúan entre los inventos más valorados de la era moderna.

BARÓMETRO DEL CIS

La familia y la salud, motivos de los españoles para una vida feliz

Más de 60% auguran que en 5 años habrá más desigualdades sociales.

EL PERIÓDICO 20.3

Tener una buena salud y llevarse bien con la familia son los principales motivos citados por los españoles para llegar a tener una vida feliz, según refleja el último barómetro del Centro de Investigaciones Sociológicas (CIS).

En concreto, un 49,3 por ciento de los encuestados hace alusión a la salud mientras que un 13,0 por ciento menciona el hecho de llevarse bien con la familia. Otras razones destacadas son el sentirse útil para los demás (7,5%) o tener una relación de pareja (6,7%).

A la hora de valorar aquellos aspectos con los que están más satisfechos, el 8,47 por ciento de los ciudadanos destaca las relaciones familiares y el 8,06 por ciento las relaciones con los amigos.

6 NI CONTIGO... NI SIN TI

1 Relaciona las palabras de las dos columnas para construir algunas colocaciones frecuentes en español. Puede haber varias posibilidades.

1. amor .... *	* a. amoroso/a
2. aventura ..... *	* b. de oro
3. compañero/a.. *	* c. desenfrenado/a
4. esposo/a...... *	* d. ejemplar
5. matrimonio... *	* e. empedernido/a
6. pasión........ *	* f. extramatrimonial
7. relación ...... *	* g. fiel
8. ruptura....... *	* h. platónico/a
9. soltero/a...... *	* i. sentimental
10. triángulo ..... *	* j. tormentoso/a

2 En cada serie de palabras, todas se combinan con un mismo sufijo peyorativo menos una. Decide cuál es el sufijo adecuado, tacha el intruso y escribe las palabras derivadas, como en el ejemplo.

-ajo/a * -ales * -arraco/a * -astro/a * -ato/a * -ucho/a * -uelo/a

Sufijo				
– *ajo/a*	hierba *hierbajo*	hato	enano *✗*	pequeño
–	feo	gordo	animal	papel
–	fiesta	plaza	tonto	ladrón
–	pájaro	bicho	insecto	tipo
–	cama	hermana	poeta	villa
–	rubio	fresco	débil	viejo
–	caliente	ciego	nuevo	niño

>| 3 | En algunos casos, es necesario introducir un elemento entre la palabra y el sufijo peyorativo en español o hacer ciertas transformaciones. Teniendo esto en cuenta, escribe las formas resultantes de las siguientes combinaciones.

1. espuma + [ajo] → *espumarajo*
2. río + [uelo] → ....
3. calle + [uela] → ....
4. largo + [ucho] → ....
5. rey + [uelo] → ....
6. viejo + [orio] → ....

>| 4 | Completa las expresiones con los verbos que faltan y relaciónalas con las imágenes. ¿Qué crees que expresan cada uno de estos gestos?

1. ☐ → T _ _ _ _ _ el gesto indica ....
2. ☐ → F _ _ _ _ _ _ el ceño indica ....
3. ☐ → E _ _ _ _ _ _ _ _ de hombros indica ....
4. ☐ → M _ S _ _ _ _ la barba indica ....
5. ☐ → H _ _ _ _ _ _ _ de rodillas indica ....

A

B

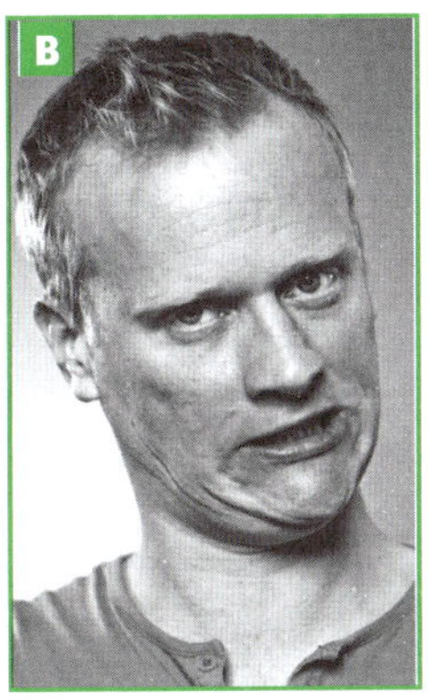

C

D

E

>| 5 | Aquí tienes algunas expresiones referidas a gestos y a partes del cuerpo. Completa los enunciados con la más adecuada, haciendo las adaptaciones necesarias (pronombres, persona, tiempo, modo, etc.).

(no) dar el brazo a torcer * andar con pies de plomo * hincar los codos
meter el dedo en la llaga * tener dos dedos de frente * traer de cabeza (a alguien)

1. Es que ya no sé qué hacer con mi hijo Álex; desde que empezó el instituto .... ¡Estoy desesperado!
2. Eso de conceder una hipoteca sin nadie que te avale no lo hace un banquero que .... Pero bueno, de Ruimán cabe esperarse cualquier cosa.
3. A ti lo que te gusta es .... y reprocharme una y otra vez que no tuviera el valor de romper con Eduardo...
4. Es un tozudo; así que si ha decidido que sigue adelante con lo del divorcio, dudo mucho que ....
5. Aprobar una oposición no es solo cuestión de .... Es importante también tener experiencia y demostrar lo válido que eres ante el tribunal.
6. Ten mucho cuidado con lo que haces o lo que dices si estás pensando en separarte... Tienes que .... o puedes verte en muy mala situación.

> 6 Escucha los diálogos y marca si la interpretación que aparece en la tabla es correcta (C) o incorrecta (I).

|12|

	C	I
1. La chica no está enfadada con su novio.	◯	◯
2. Lluís paga siempre sus cervezas.	◯	◯
3. La persona conoce bien los problemas de la pareja.	◯	◯
4. El chico va a conseguir lo que le pide a su padre.	◯	◯
5. La exposición es mala.	◯	◯
6. Sonia quiere arreglar las cosas con su novio.	◯	◯

> 7 Lee los siguientes enunciados y elige la reacción más adecuada en cada caso. En algunas ocasiones puedes utilizar las dos.

1. ¿Y dices que fue María Luisa la que pidió el divorcio? ¡No me lo creo!
   - a. ◯ Sí, sí fue ella.
   - b. ◯ Sí, sí fue.
2. Parece que Mario dejó su trabajo porque le surgió una buena oportunidad.
   - a. ◯ ¿Ah, sí? ¿Y dónde está él ahora?
   - b. ◯ ¿Ah, sí? ¿Y dónde está ahora?
3. Me han contado que David y Paula lo dejaron el verano pasado porque no se entendían muy bien...
   - a. ◯ ¡Qué lástima! ¿Sabes si están saliendo ellos con alguien?
   - b. ◯ ¡Qué lástima! ¿Sabes si están saliendo con alguien?
4. Este verano estaría bien ir a algún sitio más tranquilo... Tal vez a Sanabria o a los Picos de Europa...
   - a. ◯ Pues yo quiero ir a Gandía, como todos los veranos.
   - b. ◯ Pues quiero ir a Gandía como todos los veranos.
5. ¿Y te contó que había conocido a otro chico? ¡Qué fuerte!
   - a. ◯ Sí, pero al llegar, cambiamos rápido de conversación y no sé mucho más.
   - b. ◯ Sí, pero al llegar él, cambiamos rápido de conversación y no sé mucho más.
6. No sé si deberíamos contárselo a papá y a mamá... Creo que se lo van a tomar francamente mal.
   - a. ◯ ¡Tú déjame que ya hablo yo!
   - b. ◯ ¡Déjame que hablo!
7. ...y entonces ni os imagináis lo que me pasó: llega, me coge la mano y me dice...
   - a. ◯ ¡Shhhh! ¡Calla tú, que viene él!
   - b. ◯ ¡Shhhh! ¡Calla, que viene!

> 8 Divide las palabras en sílabas.

Columna 1 del texto

cuatro → ....
despachaba → ....
Joaquín → ....
apertura → ....
escenario → ....
vivían → ....
especial → ....
bienvenida → ....
desplazaron → ....
recuerdan → ....
atreví → ....
arropados → ....
fueron → ....
arrimabas → ....
pabellón → ....
tendrán → ....

CONTINÚA »

Columna 2 del texto

habían ➔		transformó ➔	
espectáculo ➔		escaso ➔	
mostraba ➔		actuar ➔	
enamorada ➔		treintena ➔	
folclórica ➔		aunque ➔	
cincuenta ➔		viviéramos ➔	

9 Completa el siguiente texto con las palabras de la actividad anterior (fíjate que están divididas según la columna en que aparecen). Ten en cuenta las reglas de división de palabras al final de línea para elegir la mejor opción.

Los vecinos de Híjar (Teruel) celebran San Valentín con rosas y poemas

Miércoles, 20 de febrero ■ Ana Corbatón

San Valentín tiene una celebración muy **(1)** .... en la capital del Bajo Martín. Es una fecha que se conmemora, como no puede ser de otra manera, con mucho amor.

La cita este año tuvo lugar el sábado en el **(2)** .... de festejos del pueblo. Hasta allí se **(3)** .... las más de veinte parejas que este año cumplen sus Bodas de Plata y de Oro.

No fueron solos, porque estuvieron **(4)** .... por más de un centenar de vecinos que no quisieron perdérselo. Puntuales, a las **(5)** .... de la tarde dio comienzo el acto.

El encargado de ofrecer el discurso de **(6)** .... fue el alcalde del pueblo, cuyas palabras **(7)** .... dirigidas a elogiar los años que llevaban juntos los matrimonios y los ratos buenos y no tan buenos que han tenido y que **(8)** .... que pasar como pareja. Dando así la **(9)** .... a los asistentes comenzó una tarde amenizada hasta casi la hora de cenar. Tras el turno del alcalde, los siguientes en subir al **(10)** .... fueron los protagonistas de la cita.

Amor incondicional

Echando la vista atrás, los más mayores **(11)** .... cómo y cuándo conocieron a su pareja. **(12)** .... aseguró no poder olvidar cómo fue su primer encuentro con su mujer Pilar. "Yo estaba trabajando en Gabá (Barcelona) y ella aquí en el pueblo. La primera vez no me **(13)** .... a hablarla. Entonces, si ibas de paseo te **(14)** .... a la mujer y si te concedía ir a su lado bien, pero si no le gustabas, te **(15)** .... y decíamos que te habían dado calabazas".

Por aquel entonces las relaciones, según nos contaron algunos de los presentes, se **(16)** .... mucho más rápido y enseguida te casabas.

En el caso de Joaquín aunque el romance fue breve, el amor les ha llevado a estar juntos toda una vida. "Estuvimos de novios un año **(17)** .... , nos casamos y así hemos estado hasta ahora, siempre tan felices. Cien años que **(18)** .... , cien años que estaríamos juntos. ¿A quién iba a pillar mejor, si es la más guapa del mundo?".

La alegría por haber logrado cumplir **(19)** .... años de casados era palpable en todos ellos. Y es que según contaron, cuando ellos mismos celebraron sus Bodas de Plata estaban treinta parejas pero el sábado de esa **(20)** .... quedaban diez. Casi ninguno de los que **(21)** .... cumplido medio siglo casados había tenido otra pareja. María, por ejemplo, contó que llevaba toda su vida al lado de Antonio. **(22)** .... actualmente viven en Barcelona, los dos son de Híjar, el lugar donde se vieron por primera vez. Durante el festejo de homenaje se **(23)** .... así de feliz por cumplir años a su lado. "Estoy muy contenta. Conocí a mi marido con trece años y llevamos siete de novios, lo que hace un total de cincuenta y siete. Estoy feliz y **(24)** .... Si pudiera volver a casarme sin duda sería con él".

Al terminar el acto de homenaje a las parejas, el escenario en que recibieron los galardones se **(25)** ... . y allí actuó el grupo de teatro local, que deleitó a todos los presentes con un **(26)** .... de variedades con el que hicieron reír a todos los presentes. Los siguientes en **(27)** .... fueron los integrantes del grupo Aires del Martín, que ofrecieron una actuación **(28)** .... durante algo más de una hora. El broche de la tarde lo puso la misa baturra que tuvo lugar en el mismo pabellón pasadas las siete de la tarde.

Adaptado de http://www.lacomarca.net/index.php

ACTIVIDADES POR DESTREZAS

PRUEBA DE USO DE LA LENGUA: COMPRENSIÓN DE LECTURA Y AUDITIVA

10 A continuación tiene seis textos (A-F) y ocho enunciados. Léalos y elija el texto que corresponde a cada enunciado. Recuerde que hay textos que deben ser elegidos más de una vez.

A ***Emociones tóxicas.*** **Stamateas, B.**

La ansiedad, la angustia, la insatisfacción crónica, el apego, la envidia, el miedo, la culpa, el rechazo, los celos... Son algunas de las *emociones tóxicas* que Stamateas nos ayudará a identificar y gestionar para alcanzar la paz interior. "Nuestras emociones están allí para ser sentidas, pero no para dominar nuestra vida, porque, de hacerlo, se volverán tóxicas".

Sanar nuestras emociones implica prepararnos para liberarnos de las emociones negativas y tóxicas que, en definitiva, no nos ayudan a encontrar una solución.

La propuesta de este libro es otorgarle a cada emoción el verdadero significado que tiene. Las emociones no pueden ser controladas desde fuera, sino que deben serlo desde dentro de nuestra vida. Vivir significa conocerse, y ese conocimiento es el que nos permite relacionarnos con el otro y con nosotros mismos.

Emociones tóxicas te ayudará a descubrir herramientas para salir de la frustración, el enfado, el apego, la culpa, el rechazo, y alcanzarás, así, la paz interior que anhelas.

En http://www.edicionesb.com/index.php

B ***Psicoerotismo masculino y femenino.*** **Sanz, F.**

He aquí un libro original e innovador que llega en el momento más oportuno. Un libro sobre psicosexualidad que habla desde un nuevo paradigma y desde un nuevo concepto de feminismo. Un feminismo que ya no se define por oposición al varón, sino por la recuperación de los llamados valores femeninos por parte de toda la sociedad. Se invita a los hombres a recuperar/revalorizar su parte femenina, y a las mujeres a hacer lo mismo con su parte masculina. Se obtienen así unas relaciones a la vez más justas y autónomas. Se apoya la autora en los datos obtenidos de su experiencia como terapeuta, proponiendo ejercicios de autoconocimiento y autoayuda que permitan un mayor equilibrio interior entre los sexos. El lenguaje es claro y directo, a menudo osado, pero siempre lleno de tacto. El resultado es un conjunto magistral, un ensayo dirigido a un público de ambos sexos, un libro orientado al autoconocimiento. Un libro que también es un manual, no solo para profesionales de la salud —en especial de sexología y psicoterapia—, sino para grupos de autoayuda, o para cualquier persona interesada en su crecimiento erótico y humano.

En http://www.holistika.com/

C ***La adicción al amor.*** **Mellody, P.**

La adicción al amor es un comportamiento dolorosamente compulsivo que afecta tanto a hombres como a mujeres que aman demasiado a sus parejas. En este libro se examinan las características de la adicción al amor y se desvela la intrincada y debilitadora dinámica de las relaciones coadictivas. Los adictos al amor tienen dificultades para amarse a sí mismos, para establecer límites con las demás personas y para asumir su propia realidad. La autora comparte su experiencia personal y casos reales que esclarecen las distinciones entre *codependencia* (cómo fracasa la relación con nosotros mismos) y *coadicción* (cómo las relaciones con los demás se convierten en embrollos poco saludables); describe cómo el "amor a primera vista" puede constituir el primer paso en el ciclo adictivo de la atracción, la fantasía, la negación y la obsesión; y detalla cómo los adictivos hacen salir a luz "lo peor del otro".

La nueva perspectiva y los métodos expuestos actúan para consolar y motivar a todos aquellos que tratan de establecer relaciones saludables y felices.

Adaptado de http://www.casadellibro.com/

D ***El viaje al amor.*** **Punset, E.**

Con su habitual maestría y saber, que lo han convertido en un fenómeno de la divulgación científica, Eduardo Punset desgrana las claves para comprender el amor: el más primordial de los instintos para sobrevivir; sus canales de expresión en la belleza, la química y la imaginación; por qué tiene sexo el cerebro; las razones evolutivas de la vida en pareja; el componente genético, el deseo sexual, la elección de pareja, el compromiso parental, el desamor... El capítulo final propone la fórmula del amor y brinda, por vez primera, un cuestionario para descubrir nuestra capacidad de amar, herramienta indispensable en una vida plena y feliz.

Adaptado de http://www.elviajealamor.com/principal.php

CONTINÚA »

E ***Mujer creciente, hombre menguante.* Urra, J.**

¿Es cierto que los avances de ellas en todos los ámbitos de la vida han supuesto para ellos un retroceso que les ha desorientado? ¿Saben cuál es en la actualidad su papel o se sienten perdidos? ¿Están los padres más ausentes que nunca y las madres superadas de cubrir tantos frentes? ¿Son las mujeres hoy el sexo *fuerte*?

A estas cuestiones y algunas otras relacionadas con un asunto cuando menos interesante y muchas veces espinoso da respuesta el psicólogo clínico y forense Javier Urra, sin inclinar la balanza hacia ninguno de los dos lados. No estamos, pues, ante un libro feminista —aunque tampoco deja de serlo— ni por supuesto *machista*, sino ante la mirada de un observador minucioso de la realidad.

Una obra pensada para leer y conversar en pareja, para detenerse en las discrepancias y los problemas cotidianos de los que habla. Y, sin duda, un debate servido que nos hará reflexionar.

Adaptado de http://www.esferalibros.com

F ***Libro del mal amor.* Wasaki, F.**

Si yo hubiera nacido en esta era de Internet, webcam y redes sociales, jamás habría escrito *Libro del mal amor*, porque cuando uno era joven solo era posible ligar en directo y ahora las nuevas tecnologías te permiten ligar en karaoke, diferido, play-back o videoclip. Las chicas de mi época se horrorizaban nada más enterarse de que me gustaban, mientras que a las chicas de hoy les encanta que les estampen un "me gusta" debajo de cada foto del muro de su Facebook. Ahora hasta los tímidos, tartamudos y vergonzosos lo tienen más sencillo, porque les basta con enviar a través del móvil o del email un emoticono colorado, un emoticono sonriente o un emoticono picarón. Si yo le hubiera mandado una lenteja guiñando un ojo a cualquier chica de los 70, seguro se habría quitado un pesado de encima negándome el saludo.

En www.casadellibro.com

Opciones

1 ☐ El libro aborda al detalle la reasignación de los roles de género en nuestra sociedad.

2 ☐ El libro ofrece claves y testimonios para prevenir y sanar posibles desequilibrios afectivos.

3 ☐ El libro se centra en la importancia de redimensionar el alcance de lo que sentimos.

4 ☐ Se trata de un ensayo que aborda el tema amoroso aportando evidencias científicas.

5 ☐ Un buen libro para reconstruir nuestra propia imagen y fundar relaciones sanas.

6 ☐ Un libro para derribar barreras culturales en el terreno emocional.

7 ☐ Una herramienta de terapia muy recomendable para expertos y profanos.

8 ☐ Una lectura de ficción que nos tendrá entretenidos.

> 11 |13| **Usted va a escuchar una entrevista. Después debe contestar a las preguntas (1-6). Seleccione la opción correcta (A, B o C). Escuchará la entrevista dos veces.**

1 La entrevistada comenta que los rasgos de la comunicación no verbal...
- ○ **a.** solo son analizables en intercambios cara a cara.
- ○ **b.** se perciben también a través de la voz o del habla.
- ○ **c.** siempre están subordinados a lo que comunicamos con palabras.

2 En opinión de la experta, para interpretar las señales no verbales...
- ○ **a.** es necesario ser parte de la misma comunidad o grupo de hablantes.
- ○ **b.** hay que conocer bien las tendencias o las modas.
- ○ **c.** lo importante es lo que sabemos de las personas y las situaciones.

3 La entrevistada asegura que la belleza y el buen aspecto físico...
- ○ **a.** se relacionan erróneamente como factores de éxito.
- ○ **b.** son rasgos inconfundibles de quienes triunfan.
- ○ **c.** son esenciales en nuestra sociedad para lograr el éxito profesional.

CONTINÚA »

4 Comenta la persona entrevistada que, para seducir a una persona,...

- ○ **a.** es necesario mostrarnos empáticos con nuestros gestos.
- ○ **b.** hay que elogiarla sistemáticamente mientras habla.
- ○ **c.** juegan un papel importante la mirada y las manos.

5 Las estrategias de seducción de hombres y mujeres, según la doctora Baró,...

- ○ **a.** conocen una amplia variación cultural.
- ○ **b.** se asientan en prácticas sociales bien establecidas.
- ○ **c.** tienen un fundamento de base natural.

6 La entrevistada explica que el juego de las miradas durante el cortejo...

- ○ **a.** lo lidera indiscutiblemente el hombre que quiere seducir.
- ○ **b.** debe respetar unas reglas de turno e intensidad precisos.
- ○ **c.** tiene unos límites que pueden contabilizarse.

PRUEBA DE DESTREZAS INTEGRADAS: COMPRENSIÓN AUDITIVA Y DE LECTURA Y EXPRESIÓN E INTERACCIÓN ORALES

>|12| Las relaciones de pareja juegan un papel fundamental en nuestra vida personal y social, y dedicamos buena parte de ella a establecer y mantener dichas relaciones. Prepare una presentación de 6-7 minutos en la que explique al entrevistador entre otras cuestiones:

- la situación de las parejas en el pasado y en la actualidad;
- las posibles causas de los cambios en el modo en que se viven las relaciones sentimentales;
- factores positivos y factores negativos en la nueva realidad social.

Para preparar su intervención cuenta con los siguientes materiales de apoyo. Utilícelos todos, seleccionando de cada uno de ellos la información que considere oportuna.

1. Texto 1: Emancipación y formación de la familia.
2. Texto 2: ¿Cuánto dura una pareja que se conoce por Internet?
3. Gráficos 1 y 2.

TEXTO 1: EMANCIPACIÓN Y FORMACIÓN DE LA FAMILIA

La emancipación forma parte de los proyectos vitales de los jóvenes, pero una emancipación tardía, que desean en torno a los 27 años (a pesar de que se casan entre los 31 y 34 años) y que pasa por irse a vivir previamente con su pareja. Solo un 10% de jóvenes entre 21 y 24 años se encuentra en esta situación, cifra aún muy lejana de las existentes en el centro y norte de Europa.

En cuanto a las razones para emanciparse y dejar el hogar de origen, el primer factor es conseguir un trabajo. La segunda razón más esgrimida es la de terminar los estudios, que en esta oleada supera al hecho de conseguir una vivienda apropiada. Pierde peso también la razón de ir a vivir con su pareja, que es señalada en la misma proporción que buscar independencia, y aparece por primera vez mencionada la opción de "ser más mayor".

Los jóvenes prefieren la formalización de las relaciones a la hora de elegir una forma de convivencia. A pesar de que uno de cada cinco no tiene aún decidido el tipo de unión por la que optará, más de la mitad elegirá el matrimonio (civil o religioso).

Cada vez se toleran más comportamientos como el divorcio o los emparejamientos entre homosexuales; sin embargo, los jóvenes siguen dando mucha importancia a las infidelidades.

Todas las formas familiares son válidas si con ello se consigue la felicidad: esta es la convicción más importante sobre todo entre los jóvenes urbanos, universitarios y con menor grado de religiosidad.

En la búsqueda de esta felicidad sigue apareciendo la idea de tener hijos que no se plantean los jóvenes a corto y medio plazo, a pesar de adelantar su edad de emancipación. La decisión de tener hijos es cada vez más planificada.

Adaptado de Fundación SM, *Informe Jóvenes españoles 2010* (dosier de prensa: http://prensa.grupo-sm.com/2010/11/casi-la-mitad-de-los-j%C3%B3venes-espa%C3%B1oles-declara-su-falta-de-confianza-en-un-futuro-prometedor-para-el.html)

TEXTO 2: ¿CUÁNTO DURA UNA PAREJA QUE SE CONOCE POR INTERNET?

Un estudio afirma que la manera principal en que se encuentran las nuevas parejas en EE. UU. es mediante Internet (aproximadamente la mitad de las nuevas parejas). La red se ha convertido en un utensilio esencial para cualquiera al que le cueste encontrar compañero. Quien tiene Internet en casa aumenta sensiblemente sus posibilidades. Y lo que es más llamativo: las parejas que se forman de este modo son igual de estables (o más) que cualquier otra.

Reuben Thomas, coautor del estudio, puntualiza: "Nuestros dos años de seguimiento nos han proporcionado pruebas de que las parejas que se conocen por amigos son, en realidad, las menos estables de todas (suelen romperse en unos dos años) mientras que las que se conocen en Internet son tan estables como cualquier otra. Mucha gente es cautelosa sobre las conexiones a través de la Red, como lo son sobre cualquier conexión hecha en un lugar público sin la presentación de un amigo, pero cuando esos encuentros funcionan y conducen a una relación larga, no hay diferencia alguna".

En cuanto a la influencia de este hecho sobre la estructura y el funcionamiento familiar, apunta que el alejamiento del modelo típico de pareja empezó hace mucho. Primero fue el círculo de amigos y ahora la Red está sustituyendo a ambos. El retraso del matrimonio a la edad madura y el crecimiento de la independencia de los varones jóvenes y solteros de sus familias son responsables de esto.

Otro de los cambios importantes que apunta su estudio es que, cuando se busca pareja por Internet, la gente se preocupa más por sus preferencias personales que por el "qué dirán". "Es mucho más difícil que las parejas que se conocen a través de la familia sean interraciales o interreligiosas. Sorprendentemente, las parejas que se conocen en la Red no tienen más tendencia a ser interraciales que las que se conocen por amigos. Tenemos todavía mucho que aprender sobre las implicaciones de las citas *on-line* y sobre cómo cambian las relaciones y expectativas de la gente".

Adaptado de http://www.elconfidencial.com/alma-corazon-vida/2012/03/05/cuanto-dura-una-pareja-que-te-echas-por-internet-93645/

GRÁFICOS 1 Y 2

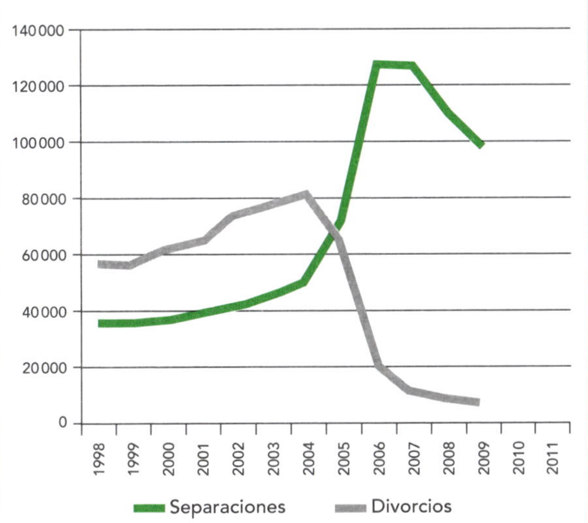

http://www.elparadigmadelaverdad.com/sociedad/evolucion-de-separaciones-divorcios-y-nulidades-matrimoniales-en-espana

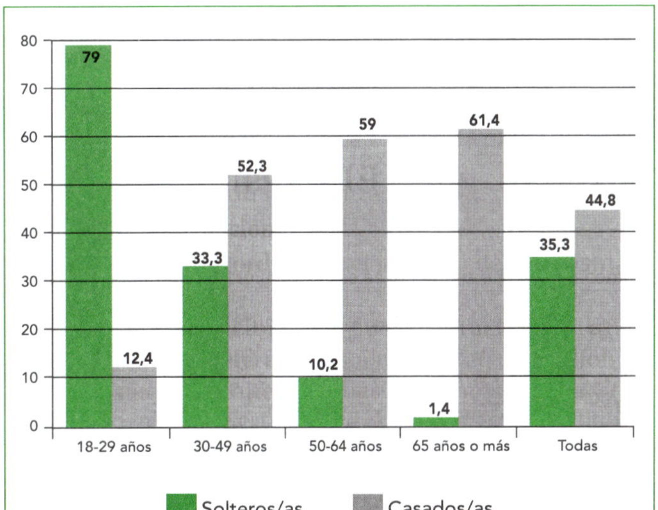

http://www.usosculturalesuniversidadesandaluzas.es/Usos%20POBLACIONES/Malaga%20POB%20frame.html

> 13 Conteste a las siguientes preguntas del entrevistador en relación con la presentación anterior.

- En su opinión, ¿por qué cree que se ha incrementado tanto el número de solteros y divorciados en los últimos años?
- ¿Cómo cree que evolucionará la situación en los próximos años?
- ¿Cuáles son, según su parecer, las claves para que una relación tenga éxito?
- ¿Qué situaciones son las que ponen en mayor peligro una relación de pareja?
- En caso de que sufriera una crisis sentimental, ¿cómo intentaría resolverla?
- ¿Qué opina usted de las webs de contactos? ¿Son un medio fiable para encontrar pareja? ¿Conoce algún ejemplo? ¿Cómo fue la experiencia?

7 LOCOS POR LA CIENCIA

>| **1** | Lee el texto y completa con los nombres de los prefijos y de las unidades que aparecen en el recuadro.

*** decena * millar * billón * m * kilo-** (2) *** billones * giga- * deca- * trillón**
*** unidad * mega-** (2) *** c * millardo * micro- * d * centena * nano- * hecto-**

Los prefijos decimales

Es tedioso y difícil escribir repetidamente cantidades muy grandes y muy pequeñas como se dan en las ciencias, en las matemáticas y en la tecnología, por lo que en el sistema decimal se ha acordado utilizar prefijos que representan la base del sistema (10) elevada a un número (^{n}) positivo o negativo. Ese número *n*, si es positivo, indica la cantidad de ceros que siguen al uno de la base; y si es negativo, la cantidad de lugares que siguen a la coma decimal inicial.

Prefijo	Símbolo	10^n	Escala	Decimal
exa-	E	10^{18}	**(a)** ___________	1$_3$000 000$_2$000 000$_1$000 000
peta-	P	10^{15}	**(b)** Mil ___________	1 000$_2$000 000$_1$000 000
tera-	T	10^{12}	**(c)** ___________	1$_2$000 000$_1$000 000
giga-	G	10^9	**(d)** Mil millones/___________	1 000$_1$000 000
(e) ________-	M	10^6	Millón	1$_1$000 000
(f) ________-	k	10^3	**(g)** Mil/___________	1000
(h) ________-	h	10^2	**(i)** Cien/___________	100
(j) ________-	da	10^1	**(k)** Diez/___________	10
		10^0	**(l)** Uno/___________	1
deci-	**(m)** ___	10^{-1}	Décimo	0,1
centi-	**(n)** ___	10^{-2}	Centésimo	0,01
mili-	**(ñ)** ___	10^{-3}	Milésimo	0,001
(o) ________-	μ	10^{-6}	Millonésimo	0,000 001
(p) ________-	n	10^{-9}	Milmillonésimo	0,000 000 001

Los prefijos binarios

Algo similar ocurre en el sistema binario, usado en las computadoras, principalmente cuando se hace referencia a las medidas de almacenamiento, en *bytes* u octetos.

Los mismos prefijos utilizados en el sistema decimal son utilizados en el sistema binario, solo que con diferentes valores puesto que se utiliza la base dos (2) elevada a un número positivo. Si hablamos de hercios o bytes, tenemos que un **(q)** .... byte son 1,024 bytes (2^{10}); un **(r)** .... byte 1$_1$048 576 bytes (2^{20}) y un **(s)** .... hercio 1 073$_1$741 824 hercios (2^{30}), por ejemplo.

Adaptado de http://tecnociencia-tecnopedia.blogspot.com.es/2011/11/prefijos-en-matematicas-ciencias.html

>| **2** | Elige cinco prefijos de los anteriores (o relacionados con ellos) y busca tres ejemplos de palabras en español en que se utilicen.

hec(t)-					
hecatombe	....	....	....	....	....
hectárea	....	....	....	....	....
hectómetro	....	....	....	....	....

>| 3 | ¿Cuál es la palabra que admite las siguientes combinaciones? Completa con las letras que faltan.

1. → P ___ ___ ___ Ó ___ ___ ___ C ___ → leve/reservado/grave
2. → ___ R ___ ___ ___ A ___ ___ S ___ ___ → craneoencefálico/torácico/abdominal
3. → ___ Í ___ → oral/intravenosa/intramuscular/tópica
4. → ___ ___ E ___ C ___ A → exacta/experimental/avanzada/aplicada
5. → R ___ B ___ ___ ___ R → una teoría/una hipótesis
6. → ___ ___ S ___ C ___ → cuántica/nuclear
7. → F ___ ___ ___ Z ___ → centrífuga/centrípeta
8. → ___ ___ RR ___ → de inicio/de tareas
9. → ___ ___ ___ J ___ T ___ → gráfica/de sonido/de memoria

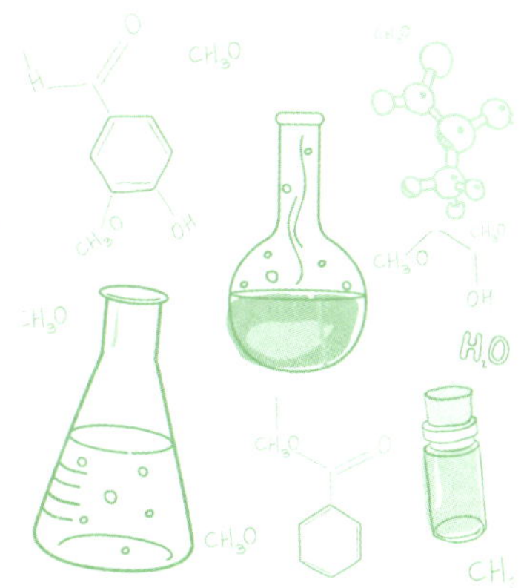

>| 4 | Completa los siguientes textos con las combinaciones de la actividad anterior.

- Científicos británicos **(1)**................ .... de que la erupción que se produjo hace 7000 años en Toba (Indonesia) alterara el clima. (www.elmundo.es)

- El diccionario de la RAE define la **(2)**................ .... como aquella que tiende a alejarse del centro. Su intensidad es directamente proporcional a la **(3)**................ .... que intenta atraerla a su eje. Si tomamos estas dos fuerzas contrapuestas en toda su crudeza, llegamos a la conclusión de que tarde o temprano acabarán colisionando. (www.abc.es)

- El herido fue trasladado inmediatamente al Hospital Universitario Doctor Negrín de Las Palmas, donde permanece ingresado con **(4)**................ .... Los médicos temen por su vida.

- La **(5)**................ .... , también conocida como mecánica ondulatoria, estudia el comportamiento de la materia cuando las dimensiones de esta son tan pequeñas que empiezan a notarse efectos como la imposibilidad de conocer con exactitud la posición de una partícula, o su energía, o conocer simultáneamente su posición y velocidad, sin afectar a la propia partícula. (http://www.cienciapopular.com/)

- La administración por **(6)**................ .... consiste en suministrar medicamentos en forma de pomada, crema o loción a través de la piel y de mucosas. Es fácil, económica y no es dolorosa. (http://www.buenastareas.com/)

- Seguro que en algún momento has necesitado o necesitarás comprar una **(7)**................ ...., ya sea porque tienes una cámara nueva o porque vas a hacer un viaje y necesitas más capacidad para almacenar tus fotos. En esta web queremos darte unos consejos de compra para que hagas tu mejor elección. (http://www.dzoom.org.es/)

- Si no ves la **(8)**................ .... , mueve el ratón hacia abajo hasta que desaparezca de la pantalla. Seguramente te aparecerá en el momento en que el puntero del ratón se oculte. (http://www.juntadeandalucia.es/averroes)

- Si quisiéramos definir las **(9)**................ .... , bastaría decir que son aquellas que solo admiten principios, consecuencias y hechos demostrables por medio de sistemas matemáticos aplicados en experimentación, cuantificación repetible o deducciones calculables. (http://algarabia.com/)

- Un hombre de unos 70 años ha sufrido este viernes un **(10)**................ .... severo tras ser atropellado en Las Palmas de Gran Canaria e impactar con la cabeza contra un árbol. (http://www.canarias7.es)

5 | 14 | Vas a escuchar una entrevista a un doctor en Filosofía sobre el lenguaje que usan los jóvenes. Relaciona las preguntas del periodista, que están desordenadas, con las respuestas que da el entrevistado.

PREGUNTA	FRAGMENTO
A. ¿Eso quiere decir que, si bien utilizan poco más de 240 palabras, tienen nuevas palabras, y además las utilizan de forma diferente?	☐
B. ¿Entonces el mensaje sería que no hay que preocuparse por esta diversidad?	☐
C. Un reciente informe revela que los jóvenes utilizan un cuarto de las palabras que emplean los adultos cotidianamente. ¿Cuál es tu punto de vista al respecto?	☐
D. O sea que se abre más esa brecha. ¿Pero por qué se da este cambio, esta renovación del lenguaje? ¿Tiene que ver con la tecnología, la forma en que se lee?	☐
E. ¿Esto es debido a que la escritura no está viva, como sí lo está el lenguaje hablado de todos los días?	☐
F. Me puedo imaginar que esto trae algunos conflictos en la comunicación intergeneracional, porque me imagino como un diagrama de Venn donde tenemos el lenguaje de los jóvenes, el de los adultos y solo un fragmento que es el que se comparte entre ambas generaciones...	☐

En http://www.youtube.com/watch?v=dtrqbl4EW3g

6 | Demuestra lo que sabes de tecnología completando el crucigrama.

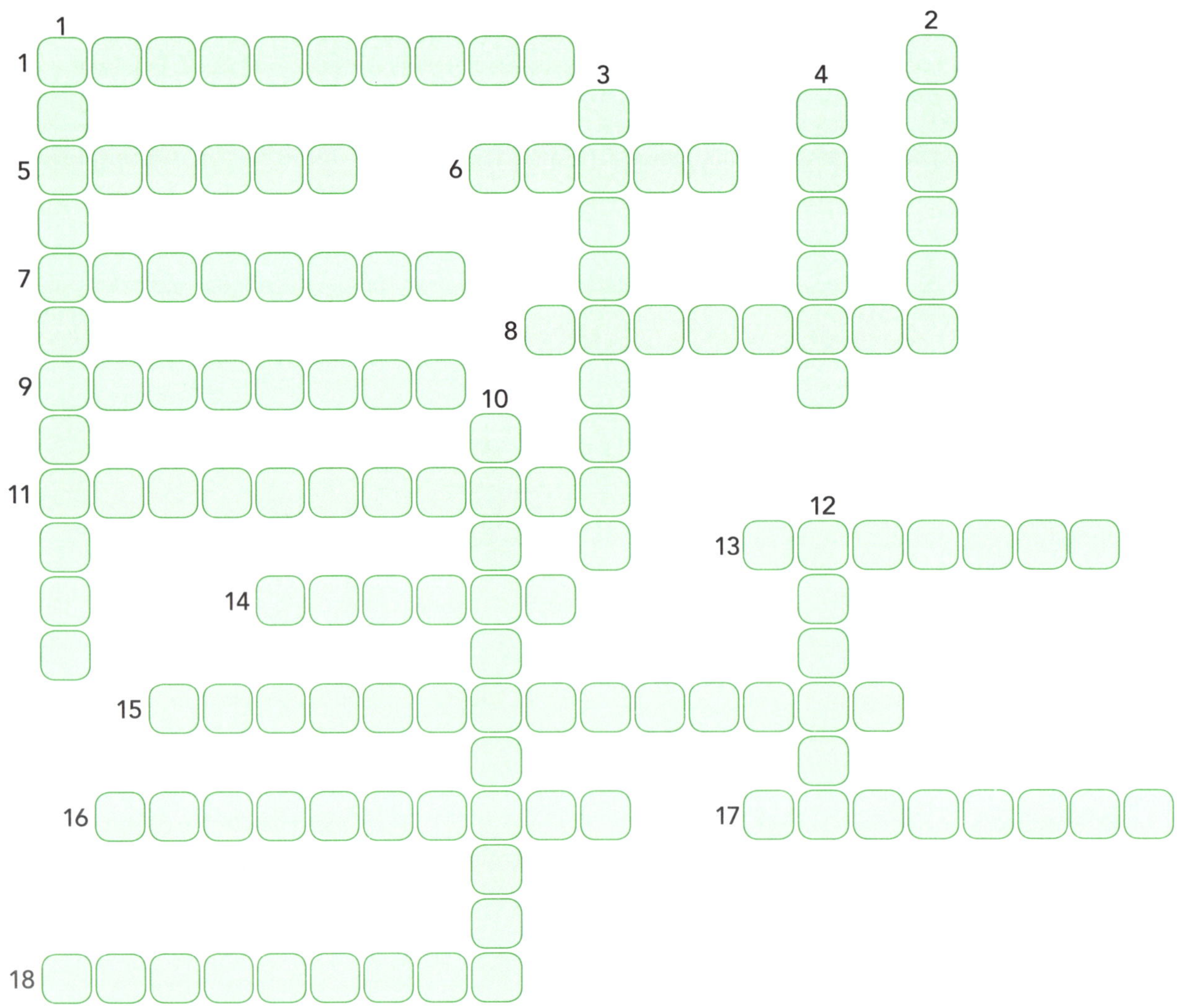

HORIZONTALES

1. Texto que contiene elementos a partir de los cuales se puede acceder a otra información.
5. Sitio web que sirve de punto de partida para navegar por Internet.
6. Representación gráfica esquemática utilizada para identificar funciones o programas.
7. Técnica que aplica la informática al diseño y empleo de aparatos que, en sustitución de personas, realizan operaciones o trabajos, por lo general en instalaciones industriales.
8. Signo de escritura o de imprenta.
9. Conexión física y funcional entre dos aparatos o sistemas independientes.
11. Estudio de las analogías entre los sistemas de control y comunicación de los seres vivos y los de las máquinas; y en particular, el de las aplicaciones de los mecanismos de regulación biológica a la tecnología.
13. Elemento que se encuentra en las interfaces gráficas, que permite cambiar entre distintos documentos o secciones de forma rápida. Generalmente constan de un campo de texto dentro de un cuadro rectangular y se ubican una al lado de la otra en fila.
14. Unidad de frecuencia electromagnética. Cada unidad equivale a un ciclo por segundo.
15. Imagen que se activa de manera automática en una computadora encendida cuando no está siendo utilizada.
16. Programa preparado para una utilización específica, como el pago de nóminas, formación de un banco de términos léxicos, etc.
17. Genéricamente, dispositivo de un sistema que resuelve las peticiones de otros elementos del sistema, denominados clientes.
18. Reducir el tamaño de una aplicación o de un conjunto de datos.

VERTICALES

1. Referencia en un documento de hipertexto a otro documento o recurso.
2. Marca movible, por lo común luminosa, en forma de circulito, flecha o signo semejante, que sirve como indicador en la pantalla de diversos aparatos, por ejemplo, de un computador.
3. Dar un formato o presentación a una tabla numérica o a un documento.
4. Interfaz por la cual pueden enviarse o recibirse datos. Esa interfaz puede ser física o de *software*.
10. Expresar datos en forma digital.
12. Palabra, frase o gráfico de un hipertexto que conecta con otra información.

Fuentes de las definiciones: http://www.lawebdelprogramador.com/diccionario/, http://www.rae.es y http://www.alegsa.com.ar/

ACTIVIDADES POR DESTREZAS

PRUEBA DE USO DE LA LENGUA: COMPRENSIÓN DE LECTURA Y AUDITIVA

7 Lea el texto y complete los huecos (1-12) con la opción correcta (A, B o C).

¿Qué es la tecnología?

Responder a la pregunta sobre qué es la tecnología no resulta sencillo. Al intentar definir su significado sucede igual que con otras palabras como *lenguaje*, *ser humano* o *vida*, en las que es casi imposible pensar sobre ellas sin pensar desde ellas. Para definir el lenguaje hay que utilizarlo. Solo los seres humanos se pueden plantear el problema de la definición de lo humano. Y, que se (1) ...., es necesario estar vivo para poder preguntarse en qué consiste esto de la vida. Con la tecnología sucede algo parecido: lo técnico o lo tecnológico (por ahora no distinguiremos entre (2) ....conceptos) está tan presente en la vida de los seres humanos que apenas podemos hablar de ello con la distancia suficiente para reconocer con claridad sus (3) .... definitorios.

CONTINÚA

Nuestro entorno natural ha sido radicalmente transformado por la técnica. Todo el proceso que ha llevado a que estas líneas puedan ser leídas supone el encadenamiento de diversos actos técnicos. Desde la escritura del (4) ...., hasta la edición, impresión y encuadernación del libro, hay un conjunto de procedimientos sucesivos que pueden ser considerados (5) .... propiedad como técnicos. Esto por el lado de la producción de este escrito. Pero seguramente también el entorno del lector estará (6) .... tecnificado. Probablemente quien lee este libro (un artefacto no natural) lo hace sobre una mesa (también artificial) ubicada en un edificio (construido técnicamente) situado en un pueblo o ciudad (un entorno urbanizado). (7) .... en el improbable caso de que el lector estuviera en un parque natural sin el menor atisbo de producto técnico a su alrededor, seguiría siendo cierto que tal lugar conservaría (8) .... sus características naturales precisamente porque los seres humanos han decidido declararlo como una zona de excepción a la habitual transformación técnica del medio. En nuestros tiempos, la propia conservación de la naturaleza para preservarla de los efectos del desarrollo técnico es una decisión que se adopta de forma consciente. Tal es la omnipresencia de la técnica a nuestro alrededor que hay quien afirma, incluso, que la propia realidad es, en cierto sentido, una (9) .... técnica.

El ser humano, que dispone de la técnica y la utiliza, puede considerarse también como un producto de la técnica. Los antropólogos han discutido mucho sobre los (10) .... del proceso de hominización, es decir, sobre el tipo de factores que provocaron que hace varios millones de años algunos primates (11) .... la vida en los árboles iniciando unos cambios de los que somos fruto los seres humanos actuales. Dichos factores servirían para entender, además, qué es lo que separa a estos de los demás animales, es decir, en qué consiste la naturaleza humana más allá de su condición animal. Aunque los antropólogos no han llegado a acuerdos definitivos sobre la importancia y el orden de esos determinantes, sí parece estar claro que la sociabilidad, la capacidad lingüística y las habilidades técnicas fueron fundamentales en el proceso que (12) .... del mono al hombre.

Fuente: www.oei.es/salactsi/argo02.htm

Opciones

1	○ a. diga	○ b. estime	○ c. sepa	○ d. cuente
2	○ a. tantos	○ b. cuantos	○ c. tales	○ d. cuales
3	○ a. perfiles	○ b. entornos	○ c. contextos	○ d. márgenes
4	○ a. boceto	○ b. borrador	○ c. trazado	○ d. editorial
5	○ a. con	○ b. en	○ c. por	○ d. de
6	○ a. banalmente	○ b. toscamente	○ c. gravemente	○ d. altamente
7	○ a. Aparte	○ b. Salvo	○ c. Solo	○ d. Aun
8	○ a. innatas	○ b. intactas	○ c. intocables	○ d. integradas
9	○ a. teoría	○ b. especulación	○ c. construcción	○ d. amalgama
10	○ a. determinantes	○ b. invariantes	○ c. exponentes	○ d. constituyentes
11	○ a. sacrificaran	○ b. abandonaran	○ c. asumieran	○ d. renunciaran
12	○ a. guio	○ b. desembocó	○ c. condujo	○ d. arrancó

>| **8** | |15| Usted va a escuchar un fragmento de una conferencia sobre mujeres y ciencia en la que se tomaron las siguientes anotaciones. Entre las doce opciones que aparecen debajo (A- L) usted deberá elegir las cinco que resumen la conferencia. Escuchará la audición dos veces.

- A ☐ Es patente la preferencia de las mujeres por unos tipos de estudios u otros.
- B ☐ Las mujeres llegan en mayor número a los estudios de posgrado por sus buenas calificaciones.
- C ☐ A las mujeres se les inculca ya en la infancia que hay estudios más apropiados para ellas.
- D ☐ Los estereotipos relativos a la capacidad de las mujeres se derrumbaron en los años sesenta.
- E ☐ A pesar de sus mejores notas, la tasa de abandono es mayor entre estas.
- F ☐ La mayor diferencia entre hombres y mujeres se da en los estudios de posgrado.

CONTINÚA »

- **G** ☐ Las científicas españolas ocupan en la Universidad los puestos que no quieren los hombres.
- **H** ☐ Solo en los últimos años se ha configurado un grupo nutrido de investigadoras y científicas.
- **I** ☐ La mayor preparación de las mujeres no repercute en una mayor presencia en las instituciones y en los cargos de poder.
- **J** ☐ Los empresarios estarían dispuestos a contratar a más mujeres ingenieras si estas se decantaran por estos estudios.
- **K** ☐ La producción científica es uno de los parámetros que revela esa brecha en la investigación entre los dos sexos.
- **L** ☐ Si bien acceden más mujeres que hombres a la universidad, son los varones los que alcanzan los niveles educativos más altos.

PRUEBA DE DESTREZAS INTEGRADAS: COMPRENSIÓN AUDITIVA Y DE LECTURA Y EXPRESIÓN E INTERACCIÓN ESCRITAS

>| **9** | [16] En los medios de comunicación se debate con frecuencia sobre el uso que hacen los mismos de la lengua, así como sobre qué se entiende por hablar y escribir el español correctamente. En los últimos días ha leído varios artículos de prensa y ha escuchado en la radio algunas opiniones al respecto. Por eso, ha decidido escribir una carta al director de un célebre diario en español para expresar su opinión sobre los medios de comunicación y el buen uso de la lengua.

Para informarse, dispone de una entrevista a un académico de la lengua en un programa de televisión, y de las opiniones escritas de dos lingüistas que expresan posturas enfrentadas sobre esta cuestión.

Primero escuchará la entrevista dos veces. Tome notas y, después, utilice todas las fuentes proporcionadas, seleccionando únicamente la información que considere oportuna. Escriba después la carta al director, organizando sus ideas.

Entre 400 y 450 palabras.

TEXTO 1. Blog. ¿Hablamos cada vez peor?

¿HABLAMOS CADA VEZ PEOR?

Comentarios

Opinión escrita el 22 mayo

No. La respuesta es así de simple. Y contundente. No hablamos peor. Hablamos de otras cosas. Hablamos de otro modo. Eso es todo.

El mundo cambia y también lo hace el lenguaje con el que hablamos de él. Las generaciones se suceden y cada una trae su modo de hablar, igual que trae su modo de vestir, de hacer arte o de hacer política. ¿Verdad que hoy sería ridículo vestirse como Unamuno? Pues también lo sería hablar como él. Incluso dentro de la vida de una misma persona va cambiando con los años el lenguaje. ¿O nos expresamos de la misma manera con sesenta años que con veinte?

Si la lengua fuera a peor, llegaría un momento en que no nos entenderíamos; pero eso no sucede y no puede suceder. ¿Conoces algún caso? ¿Tienes noticia de algún sitio donde hayan empezado a enredar con el idioma y al final se lo hayan cargado? Imagínate que en Suecia empezaran a hacer experimentos con el sueco hasta que lo estropearan y se tuvieran que pasar —qué sé yo— al italiano para volver a entenderse. Esto, que es inconcebible con las lenguas, no lo es tanto con otras construcciones colectivas, como la economía, sin ir más lejos. Todos podemos citar países donde han empezado a hurgar en el sistema económico hasta que ha dejado de funcionar. El resultado es miseria, hambre, despoblación... En ningún rincón del mundo, en ningún momento de la historia ha

CONTINÚA

habido una penuria lingüística que nos haya dejado en ayunas de palabras. Por ese lado podemos estar tranquilos.

Para acercarnos al problema, tenemos que saber que existe un fenómeno que se llama cambio lingüístico y que este es universal. Hay toda una rama de la lingüística que se ocupa de estudiarlo. Todas las lenguas cambian y todas han cambiado. No pueden no cambiar. Esto en sí no es ni bueno ni malo. Es. Punto. Otra cosa es que los resultados nos gusten más o menos; pero eso ya es cuestión de gustos y sobre gustos...

La lengua no la hacen los catedráticos, ni los académicos, ni los políticos... ¡Por suerte! Siempre la han hecho los hablantes de a pie, la gente normal y corriente: el niño que juega con sus amigos en el patio del colegio, el dependiente de la pollería que despacha cuarto y mitad de mollejas, la señora que merienda con sus amigas en la cafetería, los enamorados que se susurran al oído. Por eso la lengua es sensata y funciona. La comunidad de hablantes en conjunto es sabia (aunque algunos de sus individuos no lo sean tanto).

De unos siglos a esta parte, vienen metiendo cuchara también, con mayor o menor fortuna, gramáticos, gobernantes, lexicógrafos, periodistas, etc., pero eso no invalida lo anterior. Me entran temblores de pensar en lo que pasaría si la lengua dependiera de una comisión de profesores, representantes del Ministerio de Educación, autores de libros de estilo, dueños de editoriales... y escritores de blogs sobre lengua, que son, con diferencia, los más dañinos.

Me gusta

En http://blog.lengua-e.com/2008/hablamos-cada-vez-peor/

TEXTO 2. Entrevista a Manuel Casado. Catedrático de Lengua española

¿Tanto maltratan los medios el lenguaje?
Los profesionales de los medios tienen conciencia de que son profesores de lengua para el gran público, y hay una intención de expresarse con calidad, aunque no siempre se consiga. Y no se logra, sobre todo, cuando hay precipitación, como puede ser el caso de la radio y a veces, también, de la televisión. Pero yo no diría que los medios maltratan el lenguaje.

Entonces, ¿por qué tienen tan mala fama?
Primero, porque las personas que están todo el día con un micrófono son más visibles. Por otra parte, en ocasiones se atribuye a los periodistas lo que son defectos o claudicaciones lingüísticas de las personas a las que se les pone el micrófono, y que muchas veces no son profesionales de los medios sino jueces, políticos o deportistas. Hay que distinguir lo uno de lo otro.

¿Se pueden observar errores comunes en cómo utilizan el lenguaje, por ejemplo, los periódicos?
Sí, hay algunas tendencias que se observan en todos los medios. Primero, pecan de cierto gusto por la redundancia: lo que se dice en veinte palabras quizás se podía haber dicho con quince o con diez. Otro error que suele darse es no distinguir palabras parecidas como *infringir* e *infligir*, *bimensual* y *bimestral*, o *bianual* y *bienal*. Y una tercera tendencia es la de empobrecer el lenguaje. En español podemos decir *empezar*, *comenzar*, *iniciar*, *principiar*, *inaugurar*, etc. Los medios a, veces, se centran en una y prescinden de todas las demás, bien por influencia de otros idiomas (especialmente del inglés), por pereza o por traducciones apresuradas.

¿Estos errores se trasladan al lenguaje de la calle o la repercusión de los medios no es tan inmediata?
La influencia de los medios en la manera de hablar es muy grande. Son verdaderos maestros del idioma. La mayor parte de la gente ha oído hablar a un locutor de televisión o de radio, pero no a un académico o al autor de una gran gramática. Una manera de influir positivamente es la autoexigencia de los trabajadores de la comunicación, que deben aspirar constantemente a una expresión de calidad.

¿El ciudadano de a pie de hoy habla peor que el de hace 50 años?
Pienso que sí. El ciudadano de a pie habla peor porque se reflexiona menos, se conversa menos y se escucha más. Somos más pasivos, y vamos por ahí siempre con prisa. Con los teléfonos móviles, los mp3, los correos electrónicos, y los centenares de cadenas de televisión y radio tenemos menos tiempo para pensar. Y la calidad del idioma está en relación directa con la reflexión previa de un hablante.

CONTINÚA

El último informe PISA pone de relevancia que a los escolares españoles cada vez les cuesta más comprender lo que leen. ¿A qué lo atribuye usted?
Existe un déficit en formaciones y en competencias lingüísticas básicas. El uso de artilugios electrónicos está teniendo un efecto perverso para la lengua: el tiempo que antes se dedicaba a la lectura y a la reflexión ahora se lo llevan las pantallas, con la PlayStation a la cabeza. Leer es básico para la expresión y la comprensión. Y, lógicamente, también falla la escritura.

¿No cree que el sistema educativo español no favorece las habilidades de expresión oral de sus alumnos?
Efectivamente, en otros sistemas educativos como el italiano, el alemán o el británico, a los estudiantes se les da opción de expresarse de palabra desde los niveles más bajos, y se les corrige. El sistema español es más pasivo.

¿Se puede pensar bien si no se habla bien?
No, porque no podemos pensar sin el lenguaje. Hasta que no explicitamos lo que queremos decir, no sabemos bien lo que pensamos. Además, para pensar nos tenemos que apoyar en lo que ya hemos dicho antes.

Fragmentos de http://www.diariodenavarra.es/diario2/noticia.asp?not=2007121802325788&dia=20071218&seccion=culturaysociedad&seccion2=culturaysociedad&chnl=40

>**10** La revista de la Universidad de Almería le ha pedido que redacte un breve artículo en el que resuma y valore los datos obtenidos en una encuesta sobre los hábitos televisivos de las personas que trabajan en ella (personal docente, administrativo y de servicios).

Entre 200 y 250 palabras.

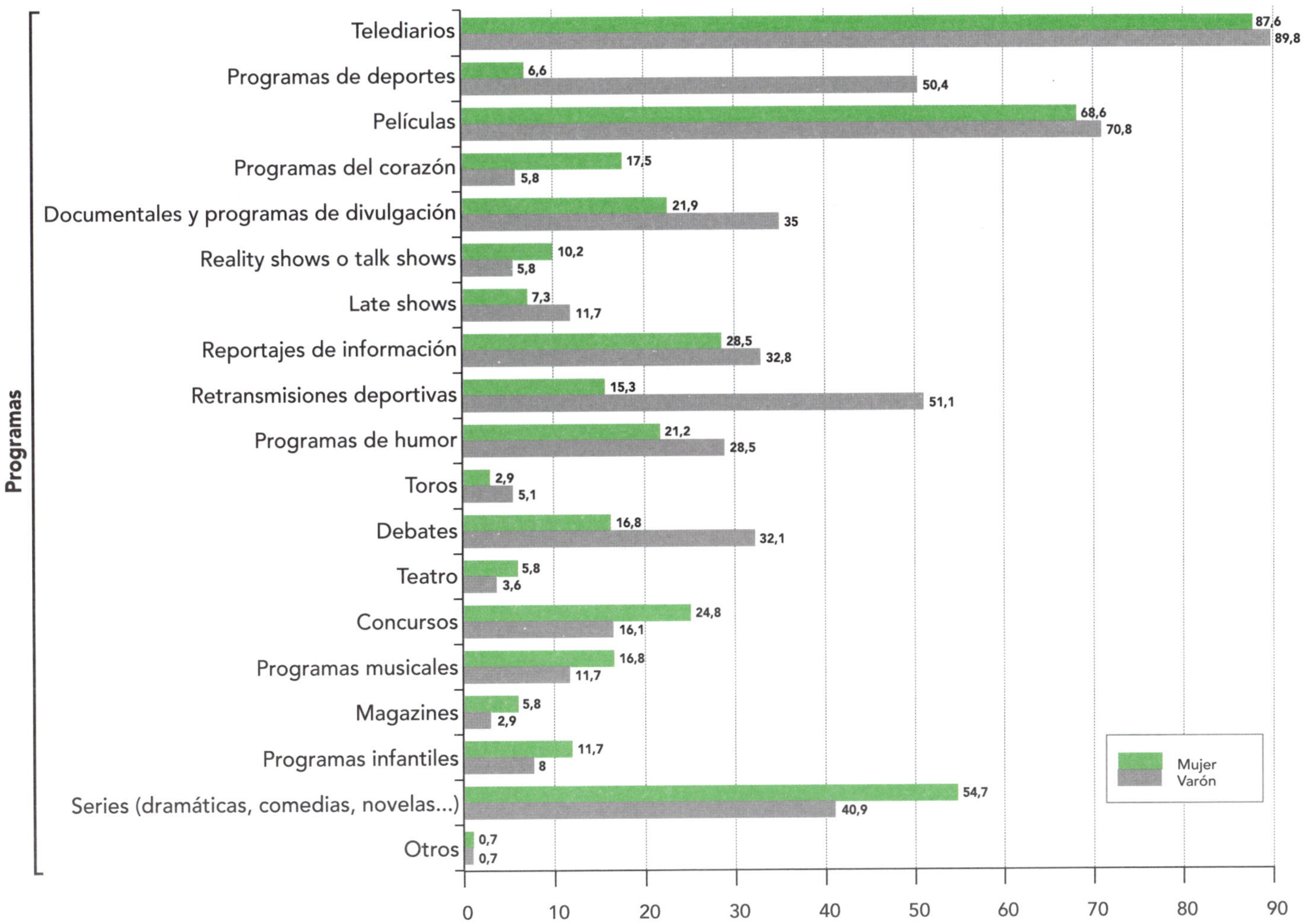

8 LEY Y ORDEN

>| **1** | En el epígrafe *Tanto monta* de esta unidad has estudiado vocabulario relacionado con política y gobierno. Completa las siguientes frases con la palabra más adecuada de las que aparecen a continuación. Hay tres palabras que no vas a necesitar.

trono * restauración * constitución * régimen * corona * coloniales * cortes * oposición * soberanía * nacionalista

1. Hoy nuestro sistema se basa en la división de poderes, en la .... popular y en el respeto a los derechos humanos.
2. Guatemala es el único país centroamericano cuya .... garantiza a sus ciudadanos el derecho de llevar armas.
3. La crisis económica coincidió con el fin de un .... político y la transición a otro muy diferente.
4. Aquella etapa coincidió con el auge del capitalismo y el surgimiento de poderosos imperios ...., que dominaron las tierras y los mares del planeta durante siglos.
5. En 1821, los revolucionarios mexicanos se hicieron con Ciudad de México y rompieron todos los vínculos con la .... española.
6. Antes de las elecciones de 1952, el gobierno tomó medidas contra la ...., prohibió los periódicos, despidió a funcionarios del gobierno, encarceló a numerosos estudiantes y exilió a otros.
7. Patricio Aguirre de Tejada acompañó desde Francia al rey Alfonso XII en su regreso para ocupar el .... y en 1896 fue designado por la reina para encargarse de la educación de Alfonso XIII. En 1902, Alfonso XIII consiguió la mayoría de edad y lo nombró secretario particular.

>| **2** | Observa estas colocaciones léxicas relacionadas con las instituciones políticas y órganos de gobierno. Tacha la palabra o palabras que no tienen que ver con las demás. En algún caso, todas son correctas.

1. **Jurar / abolir / acatar / ejercer / reformar** la constitución.
2. **Institución / cuerpo / tránsfuga / ente** público o privado.
3. **Afiliar / izar / honrar / jurar / ondear** la bandera.
4. **Formar / izar / presidir / constituir** un gobierno.
5. **Obtener / ser / ejercer / legalizar** el liderazgo.
6. Estado **de derecho / democrático / federal / autonómico**.
7. Presidente **electo / en funciones / honorífico / soborno**.

>| **3** | Escribe una frase con una colocación léxica por palabra de la actividad anterior.

....

....

....

....

....

....

....

4 | Relaciona estas frases en las que aparecen metonimias con el término al que se refieren.

METONIMIA	Término o concepto al que hace referencia
1. Carecer de **pan**.	a. Un vino de Jerez de la Frontera.
2. Los niños son la **alegría** de la casa.	b. No tener trabajo.
3. Tomar una **copa**.	c. Al país.
4. Jurar lealtad a la **bandera**.	d. Un cuadro de Picasso.
5. Pídeme un **jerez**.	e. Habitantes.
6. Es un **picasso**.	f. Escritor.
7. Una ciudad de diez mil **almas**.	g. Causan felicidad.
8. El balón se introduce en la **red**.	h. Tomarse el contenido de una copa.
9. Lavar el **coche**.	i. Un cuadro.
10. Un **lienzo**.	j. La carrocería.
11. Es la mejor **pluma** de la literatura universal.	k. Portería.

5 | Existen distintos tipos de metonimia. ¿Puedes clasificar las metonimias de la actividad anterior en esta tipología?

1. Causa por efecto: *Carecer de pan (carecer de trabajo).*
2. La materia por el objeto: ....
3. Lugar por lo que en él se produce: ....
4. Efecto por causa: ....
5. El instrumento por el artista: ....
6. La parte por el todo: ....
7. Símbolo por cosa simbolizada: ....
8. Autor por obra: ....
9. Continente por contenido: ....
10. El todo por la parte: ....

6 | Une las palabras de la columna de la izquierda con las de la columna de la derecha para formar expresiones relacionadas con la ley y la justicia.

1. Presunto	a. una demanda/una querella.
2. Juzgado	b. bajo fianza.
3. Sentencia	c. absolutoria/condenatoria.
4. Salir	d. asesino.
5. Infringir	e. de primera instancia.
6. Presentar/interponer	f. una sentencia.
7. Dictar/fallar	g. de guante blanco.
8. Ladrón	h. la ley.
9. Asesino	i. un delito/una ley.
10. Prescribir	j. en serie/a sueldo.

>| **7** | [17] ¿Conoces estas expresiones idiomáticas relacionadas con la justicia? Escucha los textos a continuación y complétalos con la frase adecuada. Hay una frase que no corresponde con ningún texto.

Tomarse la justicia por su (propia) mano * Ojo por ojo y diente por diente * Hecha la ley, hecha la trampa * Quien roba a un ladrón tiene cien años de perdón

1. ....
2. ....
3. ....

>| **8** | Relaciona las siguientes expresiones en las que aparece la palabra *ley* con su definición.

Ley de vida * De mala ley * Ley del embudo * Ley seca * Ley de la selva * Ley de Murphy * Ley del silencio * Fuera de la ley

1. Norma de conducta basada exclusivamente en la conveniencia personal, sin respeto a los derechos ajenos. → ....
2. Norma de conducta muy favorable o tolerante para uno mismo pero estricta para los demás. → ....
3. Actitud colectiva, motivada por compromiso contraído por miedo a represalias, de negarse a informar a la policía acerca de un delito o de un delincuente. → ....
4. De mala calidad. Frecuentemente referido a personas ponderando su calidad moral. → ....
5. De manera ilegal o contraria a la ley. → ....
6. Principio según el cual, si algo puede ir mal o peor, lo hará. → ....
7. Regla invariable de la vida humana. Generalmente usada como comentario de determinados sucesos, especialmente la muerte o la separación de una persona. → ....
8. Prohibición oficial de tráfico y consumo de bebidas alcohólicas. → ....

>| **9** | Revisa la actividad 1.1. del epígrafe *¿Hay derecho?* y sustituye las palabras en negrita por otras más adecuadas.

1. Los trabajadores autónomos quedarán exentos de **pagar** a la Seguridad Social por incapacidad temporal y por contingencias profesionales.
2. Condenada por **ofensas** a su ex por una camiseta: Una mujer de Madrid, condenada por vestir una camiseta con el lema "Mi exmarido es gilipollas" y colgar dos fotos con ella en Facebook.
3. Un padre tiene derecho a participar en la vida de su hijo. Un padre tiene derecho a solicitar el **cuidado** y **vigilancia** de su hijo.
4. El Cuco estuvo de *botellón* con varios amigos desde las 19:45 hasta las 20:30 y desde las 22:00 hasta las 24:00 del día del crimen. No obstante, el joven se queda sin **excusa** entre las 20:30 y las 22:00 horas, cuando ninguno de los citados lo sitúa con ellos.
5. Para **registrarse en el Padrón Municipal** es necesario acreditar la vivienda habitual en el Ayuntamiento. Esto se puede hacer mediante un contrato de alquiler o una factura de teléfono.
6. ¿Los bancos ofrecen hipotecas para jóvenes sin **que otra persona se responsabilice de su pago en caso de no efectuarlo**? Tengo 10 000€ ahorrados y la hipoteca sería de unos 58 000€. No quiero responsabilizar a un familiar, por eso necesito firmar yo solo el préstamo.

>10 ¿Recuerdas las partes en las que se distribuye el contenido de una sentencia judicial? Lee estos fragmentos e identifica cada uno de ellos.

ES COPIA

Sentencia T.S. 317/2011, (Sala 1) de 12 de mayo

1. ____________________

Por la parte actora se formuló demanda arreglada a las prescripciones legales, en la cual solicitaba, previa alegación de los hechos y fundamentos de derecho, que se dictara "... Sentencia que declare: 1.º- Que procede aplicar el porcentaje del 100% de la renta actualizada, de la vivienda alquilada, sita en la CALLE000 n.º NÚM000, NÚM001 y NÚM002 (EDIFICIO000), de Santa María de Guía.- 2.º- Que, por consiguiente, la renta actualizada a abonar por el inquilino demandado a partir del mes de febrero de 2005 (inclusive), asciende a 234,46 euros mensuales.- 3.º- Que en virtud de lo establecido en la cláusula segunda del contrato de arrendamiento, la citada cantidad de 234,46 euros mensuales, se ha de incrementar un 10% por los gastos de comunidad, esto es, otros 23,44 euros mensuales.- 4.º- Que, en definitiva, la renta mensual actualizada total que viene obligado a pagar el demandado al actor desde el mes de febrero de 2005, asciende a 257,90 euros mensuales.- 5.º- Que siendo la renta actualizada mensual exigible a partir del 1 de febrero de 2005 la de 257,90 euros, el demandado viene obligado a pagar al actor la diferencia existente entre la cantidad pagada a partir de dicha fecha y la que debió satisfacer (257,90 euros).- 6.ª Con condena en costas a la parte demandada".

2. ____________________

Don Cesáreo interpuso demanda de juicio ordinario contra su inquilino don Argimiro en ejercicio de acción de actualización de renta referida al arrendamiento contratado en fecha 1 de febrero de 1971 sobre la vivienda sita en Santa María de Guía, CALLE000 n.º NÚM000, NÚM001 y NÚM002 (EDIFICIO000), con fundamento en la Disposición Transitoria Segunda, apartado D) 11, de la Ley 29/1994, de 24 de noviembre, de Arrendamientos Urbanos.

3. ____________________

Que debemos declarar y declaramos no haber lugar al recurso de casación[1] interpuesto por la representación procesal de don Argimiro contra la sentencia de fecha veintiocho de febrero de dos mil siete dictada por la Audiencia Provincial de Las Palmas [...] a instancia de don Cesáreo contra el hoy recurrente, la que confirmamos.

[1] El recurso de casación es un recurso extraordinario que tiene por objeto anular una sentencia judicial que contiene una incorrecta interpretación o aplicación de la ley o que ha sido dictada en un procedimiento que no ha cumplido las solemnidades legales.

Adaptado de http://portaljuridico.lexnova.es/jurisprudencia/JURIDICO/79123/sentencia-ts-317-2011-sala-1-de-12-de-mayo-arrendamientos-urbanos-rentas-actualizacion

>11 Vuelve a leer la sentencia judicial anterior y explica con tus propias palabras qué ha pasado y cuál es la resolución del juez.

....

....

....

....

....

> 12 Eres el presidente de una comunidad de vecinos un tanto peculiar. Todos vienen a darte las quejas, y tú, como buen presidente, deberás escucharlos y defender tu postura con buenos argumentos al tiempo que les mostrarás tu compromiso para futuras soluciones. Escribe tus respuestas.

✻ No te falta razón, sin embargo... ✻
✻ Yo no te digo que no, pero... ✻
✻ Te garantizo que... ✻
✻ Me comprometo firmemente... ✻
✻ Te doy mi palabra de honor de que.... ✻

1. Presidente, mi consulta es la siguiente: tenemos en la escalera unos vecinos que no nos dejan abrir las ventanas de su planta. Con ello, se crea humedad y malos olores. Mi pregunta es la siguiente: ¿podríamos el resto de los vecinos abrir las ventanas de esa planta o solo podemos abrir las de nuestra planta? Ellos aseguran que usted les dijo que solo podían abrirlas ellos, ¿es cierto eso?

2. Las luces del patio llevan fundidas varias semanas. Se lo comuniqué para que mandara reponerlas y siguen fundidas. No hay derecho, presidente.

3. En la última junta de vecinos, a la que muchos no pudimos asistir, se aprobó, entre los pocos vecinos asistentes, la contratación de un conserje. Como la vivienda no está preparada, tenemos que instalar una caseta. Los vecinos quieren instalar la caseta en la entrada de garajes y yo me niego en redondo. Pido que se vuelva a hacer una votación. ¿Cómo permitió usted tal cosa si faltaban más de la mitad de los vecinos?

4. Un vecino, propietario de un primer piso, ha abierto una salida a través de la galería de su piso al patio de luces; él entiende esta salida como ampliación del ventanal, cuando lo que ha hecho ha sido quitar parte de la pared de la galería que da acceso al patio de luces. Resulta que no se solicitó la modificación, por tanto no se autorizó en junta, y usted no ha hecho nada para prohibírselo, ¿por qué?

ACTIVIDADES POR DESTREZAS

PRUEBA DE USO DE LA LENGUA: COMPRENSIÓN DE LECTURA Y AUDITIVA

> 13 Lea el siguiente texto, del que se han extraído seis párrafos. A continuación lea los siete fragmentos propuestos (A-G) y decida en qué lugar del texto (1-6) hay que colocar cada uno de ellos. Hay un fragmento que no tiene que elegir.

EL COLAPSO DE LOS JUZGADOS FOMENTA UNA JUSTICIA DE PAGO

Miguel Ayuso - 05/02/2012 (06:00h)

De nuevo asistimos al resurgir de un debate de largo recorrido en el mundo del derecho sobre la desjudicialización de la justicia. La cuestión a priori es sencilla. ¿Qué asuntos se pueden resolver sin la necesidad de que intervenga un juez? (1) ....

El ministro de Justicia ha anunciado la preparación de una nueva ley que permitirá a los notarios tramitar bodas civiles y conceder divorcios de mutuo acuerdo. La medida ha sido relativamente bien acogida en el mundo del Derecho, pero ha vuelto a plantear la gran pregunta: ¿estamos asistiendo a una privatización de la justicia?

CONTINÚA »

Hay algo en lo que coinciden todos los actores del mundo del Derecho: la justicia española está colapsada. En nuestros juzgados se tramitan en torno a nueve millones de procedimientos al año, frente a los seis que se dirimen, por ejemplo, en Francia, un país un tercio más poblado que el nuestro. El abogado Antonio Hierro cree que en nuestro país hay "una enorme litigiosidad" y es partidario de tomar "medidas valientes" para descolapsar nuestro sistema judicial. En ese sentido, cree que la desjudicialización "es clave" y se trata de un fenómeno mundial.

¿Qué procesos pueden retirarse del ámbito de actuación de los jueces? Según Hierro, "lo lógico es que se les reserve para juzgar y hacer cumplir lo juzgado; el resto de actuaciones tendrían que encomendarse a otros funcionarios públicos como los notarios, los secretarios judiciales o los registradores de la propiedad". (2) ....

El anuncio del ministro ha sido muy bien acogido por los notarios, que ya habían expresado su deseo de adquirir más competencias. El presidente del Consejo General del Notariado considera que es un reconocimiento a su papel, y no cree que la nueva ley pueda interpretarse como un peldaño más en la creación de una justicia para los que puedan pagar y otra para los que no. En ese sentido, recuerda que tenemos sanidad y educación privada y no generan ninguna polémica.

Distinta visión tiene el colectivo de los secretarios judiciales, quienes están de acuerdo con retirar competencias a los jueces, pero creen que deberían ser ellos los encargados de tramitarlas. En este sentido el Portavoz del Sindicato de Secretarios Judiciales apunta que los notarios cobran un arancel y ellos lo harían gratis. (3) .... En cualquier caso, cree que la retirada de competencias a los jueces no va a solucionar por sí misma el problema del colapso de la justicia, y que lo más importante es incidir en su modernización.

Más allá de los procesos de mutuo acuerdo, muchos litigios se resuelven por mediación o arbitraje. Ambos procedimientos están creciendo en España y cada vez son más utilizados, aunque en un nivel muy distinto.

La mediación –un proceso mediante el cual un especialista del derecho aconseja a las partes para que lleguen a un acuerdo sin necesidad de ir a juicio– se está impulsando para evitar la proliferación de litigios. (4) .... El tema genera gran controversia. Manuel Valero, abogado, asegura que desde hace un tiempo estamos asistiendo a la creación de una justicia para ricos y otra para pobres. Aunque está a favor de impulsar la mediación para que las partes lleguen a acuerdos sin necesidad de ir a juicio, está en contra de la ley de agilización procesal que, precisamente para imponer la mediación, ha restringido el derecho de apelación. (5) .... Valero cree que la ley crea una justicia de dos velocidades, pues los ciudadanos con pocos recursos pierden el derecho a la apelación.

Y si hay confrontación, y la mediación no resuelve el problema, ¿es del todo necesario acudir al juez? (6) .... Mediante este proceso las dos partes enfrentadas aceptan la mediación de un tribunal compuesto por especialistas del derecho, que emite una sentencia–conocida como *laudo*– que es vinculante para los contendientes. Hay más de cien tribunales de arbitraje en España, algunos independientes, la mayoría en colegios de abogados y cámaras de comercio. Estos tribunales cobran en función de la cuantía que esté en juego y, por ahora, solo acuden a ellos las grandes empresas para solucionar sus conflictos, pues se soluciona todo mucho más rápido que acudiendo a la justicia ordinaria.

Fragmentos

A "No tiene ningún sentido llevar las bodas al notario, ya se tramitan en los ayuntamientos, que son más accesibles".

B Dicha norma, aprobada por el anterior Gobierno, sitúa la limitación del recurso de apelación para las sentencias sobre asuntos cuya cuantía exceda de 30 000 € y el recurso de casación para las sentencias que excedan de 600 000 €.

C En definitiva, todos los actos de jurisdicción voluntaria, es decir, aquellos en que las partes estén de acuerdo.

D En España un 95% de las apelaciones confirman lo resuelto en la primera instancia y, según muchos juristas, los ciudadanos no tienen por qué pagar las apelaciones de otros.

E Ni mucho menos. Para asuntos civiles y mercantiles se puede acudir al arbitraje, un servicio cada vez más común en España.

F Según los expertos, el gran problema de los tribunales de arbitraje es que la ciudadanía desconoce su existencia, y ni se lo plantea como una alternativa a los juzgados.

G Si los magistrados son los encargados de solucionar conflictos parece lógico que aquellas cuestiones que no generen ninguna confrontación, y en las que las partes estén en todo de acuerdo, puedan resolverse fuera de los juzgados.

>|14| |18| A continuación escuchará a una abogada y un psicólogo que intervienen en un debate televisivo sobre la custodia compartida de los menores en caso de separación o divorcio. Después deberá marcar, de las 15 frases que se le dan qué ideas expresa el hombre (H), cuáles la mujer (M) y cuáles ninguno de los dos (N). Escuchará la conversación dos veces. Marque las opciones elegidas.

Ahora dispone de 30 segundos para leer las frases.

		H	M	N
1	Hay que entender la custodia compartida como un derecho de los hijos, y no de los padres.	☐	☐	☐
2	La custodia monoparental discrimina a parte de la familia del menor.	☐	☐	☐
3	Es posible que los padres se turnen en el domicilio donde residen los hijos.	☐	☐	☐
4	Debería primar el derecho de tutela efectiva sobre la patria potestad.	☐	☐	☐
5	La excepción en los acuerdos de divorcio es solicitar la custodia compartida.	☐	☐	☐
6	Es muy difícil llegar a un acuerdo cuando hay en juego otros intereses.	☐	☐	☐
7	Ha aumentado el número de hombres que consiguen la custodia.	☐	☐	☐
8	Se tiende a que los tiempos que pasan los menores con cada uno de sus padres sean estrictamente iguales.	☐	☐	☐
9	La patria potestad queda vacía si no es posible ejercitar la custodia.	☐	☐	☐
10	Debería atenderse también al criterio del menor para determinar con quién quiere dormir o desayunar.	☐	☐	☐
11	En el fondo, la falta de acuerdo es consecuencia de la mala regulación de la medida.	☐	☐	☐
12	La única base que sustenta la custodia compartida es el pacto entre los padres.	☐	☐	☐
13	La norma es que los padres compartan valores sobre su función y sus tareas.	☐	☐	☐
14	La sentencia debe tender a proteger al cónyuge que queda en situación más débil.	☐	☐	☐
15	Un juez no debería establecer la custodia compartida en contra de la voluntad de los padres.	☐	☐	☐

PRUEBA DE DESTREZAS INTEGRADAS: COMPRENSIÓN AUDITIVA Y DE LECTURA Y EXPRESIÓN E INTERACCIÓN ESCRITAS

>|15| A continuación puede ver una denuncia escrita por un candidato. Le han pedido que corrija la versión final del texto y lo envíe a comisaría, estructurándolo de manera coherente, puntuándolo de forma adecuada, corrigiendo los errores, eliminando redundancias o repeticiones, y sustituyendo palabras por otras más precisas o adecuadas al registro necesario.

Entre 250 y 275 palabras.

D. Eduardo Esteban Erice
DNI 26847539S
C/ General Besasola 42, bloque 1, 6A
45098 TOLEDO

jueves 24 de febrero

DENUNCIA

Que estaba yo esta noche, serían las once u once y media de la noche, tranquilamente en mi casa cuando el vecino del 7A puso la música a todo trapo en su casa y claro, yo aguanté un rato a ver, pero no la bajaba el tío y no se podía estar así que subí a su casa, llamé dos o tres veces al timbre y a la puerta y al final salio y me dijo que que quería, y yo que bajaba la música que era muy tarde y madrugo mañana, y él que en su casa hacia lo que quería. Y ya vino otro vecino que este de la música siempre anda de jaleos y nos oyó chillar y nada se lio, y empezó a decirnos que nos iba a hacer esto que nos iba a hacer lo otro, y claro empezamos a gritar y me agarra y le digo que me suelte y nada, y empezamos a golpes, y ya vino la policía que la llamó el otro y hemos ido al hospital a que nos vea el medico que me ha hecho un moreton en un ojo y me ha partido la boca que tengo puntos y todo, y ahora pues lo voy a denunciar a ver si vamos a juicio o qué pasa.

PRUEBA DE DESTREZAS INTEGRADAS: COMPRENSIÓN DE LECTURA Y EXPRESIÓN E INTERACCIÓN ORALES

> 16 Lea los siguientes titulares de prensa sobre la situación en España de los sistemas político y judicial en los últimos años. A continuación, inicie una conversación de tono informal con el entrevistador: coméntele qué le parecen dichos titulares, qué reflejan y cuál es la valoración de los españoles con relación a estos temas.

Expertos reclaman reformar la Constitución para acercarla a los ciudadanos

Ical - domingo, 27 de enero

Los catedráticos Juan María Bilbao y Ricardo coincidieron en señalar la necesidad de aparcar tabús y de reformar la Constitución, 35 años después de su nacimiento, para adaptarla a la realidad de la sociedad española y mejorar la calidad democrática.

Enumeraron una serie de materias en las que la Constitución debe ponerse al día, como son el Senado, la participación de los ciudadanos, la circunscripción provincial, el reforzamiento del derecho a la salud, las cuestiones territoriales o las materias relacionadas con Europa y las nuevas tecnologías.

En http://www.diariopalentino.es/

Los jóvenes españoles tienen una opinión "deplorable" sobre la política y la Iglesia

La mejor valoración es para las organizaciones de voluntariado, el sistema de enseñanza, la Seguridad Social, la policía, la ONU y la Unión Europea.

JUAN G. BEDOYA | Madrid 24 NOV - 15:30 CET

Iglesia, grandes empresas, sindicatos, corona y parlamento del Estado son, por este orden, las instituciones que merecen menos confianza. La mejor valoración, en cambio, es para las organizaciones de voluntariado, el sistema de enseñanza, la Seguridad Social, la policía, la ONU y la Unión Europea, por este orden.

En http://elpais.com/

El pasado año bate un récord de manifestaciones: 3419

16-01- MDO/ Agencias

El pasado año el número de manifestaciones batió un récord. Baste recordar que el número de las mismas en el año precedente fue de 1963.

La delegada del gobierno en Madrid considera que las críticas que ha recibido por sus declaraciones al afirmar que abogaba por "modular" el derecho de manifestación, hacían referencia a la necesidad de "racionalizar el uso del espacio público, para que no coincidan demasiadas manifestaciones en un mismo día y en un mismo espacio".

En este sentido, ha destacado que el pasado año hubo una media de diez manifestaciones diarias, con días récord en los cuales se contabilizaron 58 manifestaciones y concentraciones.

En http://www.madridiario.es

Los juicios duran cada vez más en España

El plazo medio para resolver una demanda ante un tribunal de primera instancia fue de 296 días, solo superado por Portugal e Italia.

25.10- 02:43 - EFE | ESTRASBURGO

El Consejo de Europa advierte de que cada vez se acumulan más casos ante los tribunales españoles y el plazo para resolverlos también aumenta. En un informe señala que el plazo medio para resolver una demanda ante un tribunal español de primera instancia fue ese año de 296 días, solo superado por Portugal (430) e Italia (533).

España tiene, además, con 81,7 puntos, el índice más bajo de casos resueltos, sustancialmente por debajo del teórico nivel 100 de equilibrio, lejos de Francia (94,3), Italia (94,8), Portugal (99,1) y sobre todo de Noruega (105,1), que obtiene la mejor nota.

En http://www.hoy.es

9 DARLE A LA LENGUA

>| 1 | **Identifica los procedimientos de cortesía en las siguientes frases y explícalos. Para ello, recuerda los mecanismos que conoces para ser cortés en español.**

1. Anda, tráeme una cerveza.
   ....
2. ¿Podrías pedirme una cervecita?
   ....
3. No es que sea mentiroso, es que tiene una visión muy subjetiva de los hechos.
   ....
4. Es un chico difícil, por decirlo así. ....
5. ¿Eres tonto o qué? ¡Que te he dicho que yo invito!
   ....
6. Un café, por favor. ....
7. ¿Tienes un momentito? ....
8. ¿Tienes un poco de sal? ....

>| 2 | |19| **Escucha este fragmento de un programa de radio sobre el origen de las palabras. Aquí aparecen algunas anotaciones incompletas que tomó un alumno sobre el origen de la palabra *corazón*. Completa cada anotación con la palabra o expresión correcta entre las doce que aparecen debajo.**

1. *Corazón* era .... un aumentativo.
2. A pesar de que hoy en día ha perdido su significado aumentativo, desde la antigüedad se ha vinculado el corazón con los afectos y la bravura lo que probablemente dio lugar a su forma de .... aumentativo.
3. *Corazonada*, ..., significa *intuición*.
4. En la palabra *coraje*, que procede del francés, encontramos dos ....: una, en su sentido original de *valor* y otra, como *irritación*.
5. Si añadimos al segmento *cor* una –d final observamos en castellano .... como *concordar*, *discordia* o *acordarse* y *recordar*.
6. El .... *cordial* significa *afectuoso, de corazón*.

Opciones

A. derivado	**D.** raíces	**G.** sufijo	**J.** acepciones
B. vocablos	**E.** prefijo	**H.** recientemente	**K.** en sentido figurado
C. remotamente	**F.** vulgarismo	**I.** en sentido literal	**L.** cultismo

>| 3 | **Ahora, escribe una frase con cada una de estas palabras: *corazonada, coraje, concordar, discordia* y *cordial*.**

....
....
....
....
....

4 Te presentamos cuatro aspectos relacionados con las variaciones lingüísticas. Relaciona cada fragmento con el tipo de variedad al que hace referencia. Hay una que sobra, escribe tú su definición.

Variaciones sociales * Variaciones geográficas * Variaciones estilísticas * Variaciones temporales

A. ______

Dependen del nivel cultural del hablante o de la pertenencia a un determinado grupo profesional. Algunos factores que la determinan son el sexo, la edad, la formación, la profesión, la procedencia y el grupo social.

B. ______

Están relacionadas con el distinto uso que los hablantes hacen de la lengua según la situación en que se encuentran. El hablante adecua las particularidades lingüísticas para adaptarse a la situación. Como se sabe, no hablamos igual en una fiesta con amigos que en una actividad religiosa. Desde este punto de vista, lo que provoca el cambio es el grado de formalidad de las circunstancias.

C. ______

Constituyen realizaciones de la lengua que caracterizan una determinada etapa de su historia. En la historia de la lengua española, se distingue entre el español arcaico (ss. X-XII), el español medieval (ss. XIII-XV), el español clásico o del Siglo de Oro (ss. XVI-XVII), el español moderno (ss. XVIII-XIX) y el español actual.

D. ______

....

....

....

....

5 Relaciona los siguientes ejemplos de variaciones lingüísticas con el tipo de variedad del que se trate: variación geográfica (G), variación social (S), variación estilística (E) o variación temporal (T).

1. Ceceo. ....

2. Tuteo. ....

3. Coloquial. ....

4. Neutralización de *l-* y *r-*. ....

5. *Enfermóse y murióse.* ....

6. Cultismo. ....

7. Jerga. ....

8. *Pedro ha dos fijas.* ....

9. Argot. ....

10. Formal. ....

11. Vulgarismo. ....

12. *Acceptare > acetar > aceptar.* ....

13. Registro. ....

14. Aspiración del sonido *j*. ....

15. Frecuencia de sufijos diminutivos, especialmente *-ino* e *-ina*. ....

6 Rosa es una persona muy contundente y a todo lo que dice le gusta darle mucha fuerza y énfasis. Te ofrecemos algunas ideas para que imagines cómo las diría Rosa. Utiliza las estructuras de énfasis que ya conoces.

1. Eres demasiado listo como para preocuparte por tonterías.

Ejemplo: ***Con lo*** *listo que eres no deberías preocuparte por tonterías.*

2. Luis habla chino peor que María.

María hablará regular chino ....

CONTINUA

3. Lo que menos me gusta es ir de compras.

Si algo ....

4. Juan me contó que su casa era muy grande y bonita.

Juan me contó lo ....

5. Sigo sin comprender por qué se divorciaron.

Algo que ....

6. No he visto al novio en toda la boda.

.... **quien** .... **es** ....

> 7 | **A continuación verás un esquema de los puntos principales que suele seguir una presentación pública. Primero, relaciona estas frases con cada momento de la presentación. Hay dos momentos que no tienen ejemplo. Escríbelo tú.**

1. ¿Desean ustedes plantear alguna pregunta? ....
2. Como decía, en primer lugar, vamos a hablar de... *Presentación de contenidos* ....
3. Antes de empezar, me gustaría recordar las palabras del Dr. X... ....
4. En otras palabras, en mi opinión, si bien es cierto que... no olvidemos que... ....
5. Quisiera comenzar agradeciendo a la audiencia... ....
6. ¿Me oyen bien todos ustedes? ....
7. Como ustedes saben, el tema que vamos a tratar hoy es... ....
8. Empezaremos con....; a continuación hablaremos de...y, finalmente, veremos... ....
9. Finalmente quisiera sintetizar diciendo que... ....
10. Ha sido un placer compartir esta tarde con ustedes. ....
11. Hoy tenemos el placer de contar con... ....
12. ....
13. ....

1. Sección previa a la presentación de contenidos

a. Formalidades:

- Saludo.
- Presentación a cargo de otra persona o presentación personal.
- Agradecimientos.
- Control de la comunicación.
- Comentarios generales sobre la comunicación. Duración.

b. Acercamiento a la audiencia:

- Atracción del interés de la audiencia: ejemplos, citas, hechos de interés, afirmación sorprendente, etc.

2. Sección de introducción

- Contextualización del tema.
- Sumario del desarrollo de la presentación.

3. Sección de desarrollo

- Presentación de contenidos: exposición-descripción.
- Argumentación.

4. Sección de conclusión

- Síntesis de la presentación.
- Planteamiento de un turno de preguntas.
- Agradecimientos y despedidas.

8 | A continuación encontrarás una serie de preguntas que te harán reflexionar sobre tu grado de competencia al hablar en español. Antes de contestar a las preguntas, coloca los aspectos que aparecen a continuación en el lugar correcto.

contenido * organización * corrección * entonación * fluidez * comprensibilidad * variedad * pronunciación

1. ¿Mis interlocutores me entiende cuando hablo? ¿Consigo transmitir o comunicar el mensaje? .... |______|
2. ¿Mi pronunciación es lo suficientemente clara para no impedir la comprensión pese a la influencia de mi lengua materna? .... |______|
3. ¿Mi ritmo al hablar es en general adecuado, sin bloqueos continuos, sin pararme siempre a buscar la palabra, sin terminar las frases, etc.? .... |______|
4. ¿Hago un esfuerzo por imitar la entonación o el "soniquete" de los hablantes nativos?...... |______|
5. ¿Lo que cuento es suficientemente relevante? ¿Es demasiado pobre o superficial?........ |______|
6. ¿Cuento de modo mínimamente organizado y estructurado lo que quiero decir?........ |______|
7. ¿Utilizo frases, construcciones y vocabulario correcto en general? .... |______|
8. ¿Dichas frases, construcciones o vocabulario son variados y suficientemente adecuados a mi nivel o me conformo con cosas demasiado fáciles?........ |______|

ACTIVIDADES POR DESTREZAS

PRUEBA DE USO DE LA LENGUA: COMPRENSIÓN DE LECTURA Y AUDITIVA

9 | A continuación tiene seis textos (A-F) y ocho enunciados (1-8). Léalos y elija el texto que corresponde a cada enunciado. Recuerde que hay textos que deben ser elegidos más de una vez.

A La comunicación intercultural

Al hablar de pluriculturalidad o de interculturalidad, necesariamente, hemos de ir a la raíz del tema. En primer lugar, hay que decir que el ser humano es un ser básicamente cultural y que la cultura es una construcción del ser humano. La persona interioriza unas maneras de pensar, de sentir y de actuar. A partir de esta interiorización no solo comprende el mundo de su comunidad, sino que este se va a convertir en su mundo, a ayudar a su transmisión, su conservación y su transformación. Puede parecer contradictorio, pero téngase en cuenta que una cultura es dinámica y cambiante. Por ello, algunas de sus manifestaciones se conservan, otras cambian y otras desaparecen. Todo esto sucede por la acción que se ejerce entre dos agentes que comunican (interacción comunicativa), que se produce en el seno de cualquier comunidad de vida.

Adaptado de http://www.educacion.navarra.es/portal/digitalAssets/2/2011_comintercultural.pdf

B Acerca de las competencias interculturales

Comprender las relaciones interculturales en una situación práctica supone comprender la cultura de los dos mundos en contacto. Por tanto, la comunicación intercultural se realiza donde hay contacto entre dos o más de esos entramados de significados y sentidos, y cuando un grupo comienza a entender, en el sentido de asumir, el significado y el valor de las cosas y objetos para los otros. Así, la comunicación se torna eficaz, logrando un grado de comprensión aceptable para los interlocutores en la medida en que comparten suficientemente las significaciones de lo que dicen. La búsqueda de la eficacia intercultural conduce a crear competencia comunicativa y esta a establecer pautas asertivas que orientan la experiencia comunicativa hacia una experiencia "compartida". En este sentido, comprendemos a la competencia comunicativa intercultural no tanto como un conjunto de saberes y conocimientos, sino

CONTINÚA

más bien como un conjunto de habilidades y disposiciones hacia la tolerancia, respeto, convivencia y comprensión de lo otro, de lo ajeno.

Adaptado de http://www.monografias.com/trabajos68/investigacion-comunicacion-intercultural/investigacion-comunicacion-intercultural2.shtml

C **Interculturalidad. Diccionario de términos clave ELE. Centro Virtual Cervantes.**

En el ámbito general de la enseñanza, la actitud intercultural propugna el desarrollo de valores sociales. La interculturalidad se ha introducido de manera explícita en el currículo de diversas instituciones como parte integrante de los contenidos referidos a los procedimientos y a las actitudes, los valores y las normas. En el ámbito de la enseñanza de lenguas, la interculturalidad se materializa en un enfoque cultural que promueve el interés por entender al *otro* en su lengua y su cultura. Al mismo tiempo concede a cada parte implicada la facultad de aprender a pensar de nuevo y contribuir con su aportación particular. Los aprendientes construyen sus conocimientos de otras culturas mediante prácticas discursivas en las que van creando conjuntamente significados. En ese discurso todas las culturas presentes en el aula se valoran por igual y mediante un aprendizaje cooperativo se favorece la estima de la diversidad.

En http://cvc.cervantes.es/ensenanza/biblioteca_ele/diccio_ele/diccionario/interculturalidad.htm

D **La comunicación intercultural como base para una comunicación efectiva en las relaciones comerciales.**

La comunicación intercultural es la base para la comunicación efectiva en el mundo actual. Tal aseveración se sustenta en la compleja realidad que vivimos desde principios del siglo XXI, cuando los encuentros entre pueblos de diferentes culturas son mucho más comunes que en épocas anteriores y hacen necesario conocer las distintas concepciones del mundo que afectan la comunicación y el entendimiento entre seres humanos heteroculturales. El creciente reconocimiento de la comunicación intercultural ha conducido a que cada vez sean más las compañías privadas, empresas e instituciones que capaciten a ejecutivos y empleados en habilidades de comunicación intercultural para poder enfrentar las relaciones comerciales, sociales y políticas con efectividad. Para nuestro país, interesado en integrarse cada vez más en la economía mundial, las relaciones comerciales con países y organizaciones empresariales de diferentes latitudes y culturas se convierte en un reto, a la vez que la interacción intercultural efectiva se ha convertido en una exigencia para lograr sus propósitos.

Adaptado de http://www.elpsitio.com/comunicacion-intercultural-relaciones-comerciales/

E **Ensayo sobre la comunicación intercultural**

La historia nos enseña que la cultura siempre cambia por influencias internas y externas. La comunicación entre diferentes culturas es el mayor tema a tratar entre los comunicólogos hoy en día, ya que ambos, la comunicación y la cultura, han evolucionado considerablemente y se han vuelto independientes el uno del otro. La comunicación intercultural es un proceso simbólico, interpretativo, transaccional y contextual en el cual el grado de diferencia entre la gente es grande y lo suficientemente importante para crear interpretaciones y expectativas distintas acerca de lo que se considera como comportamientos competentes que se deberían utilizar para crear significados compartidos, en otras palabras, la comunicación intercultural lleva ciertos márgenes de error de comprensión. Existen tres cuestiones principales en torno al problema de la comunicación intercultural: las barreras del lenguaje, la diversidad cultural y el etnocentrismo. Además de las barreras del lenguaje y diversidades culturales, el etnocentrismo puede ser causa de conflicto en la comunicación intercultural.

Adaptado de http://www.buenastareas.com/ensayos/Ensayo-Sobre-La-Comunicación-Intercultural/830757.html

F **Comunicación intercultural y sociolingüística**

La sociolingüística intercultural tiene como objetivo la observación y el análisis del comportamiento lingüístico en situaciones interculturales. El mero hecho de contrastar el comportamiento lingüístico de dos o más lenguas o culturas no basta para calificar un estudio de "intercultural". Los análisis contrastivos son un requisito indispensable para alcanzar importantes conocimientos en el ámbito de la comunicación intercultural. No obstante, en este ensayo argumentaré que existe una diferencia decisiva entre la comparación transcultural del comportamiento interpersonal en situaciones comunicativas monoculturales y el análisis del comportamiento interpersonal en situaciones comunicativas biculturales o multiculturales.

La diferencia decisiva reside en que los hablantes en situaciones comunicativas monoculturales no solo pueden hacer uso de una lengua común, sino también de normas y valores compartidos. En situaciones comunicativas interculturales, por regla general, es necesario recurrir a una *lingua franca*, que en la mayoría de los casos resulta ser un idioma extranjero para uno de los comunicantes.

Adaptado de http://www.scielo.org.ve/scielo.php?pid=S0798-97842006000100005&script=sci_arttext

Opciones

1. ☐ El autor avisa de que no se pueden evitar ciertos malentendidos culturales.
2. ☐ En este fragmento el autor no propone fundir las identidades de las culturas involucradas en una identidad única, sino que pretende reforzarlas y enriquecerlas creativa y solidariamente.
3. ☐ El autor del artículo se basa en un concepto interaccionista para explicar la naturaleza y funcionamiento de la cultura.
4. ☐ El autor nos aclara que no se puede entender la interculturalidad sin comparar los sistemas de dos lenguas con vistas a describir sus diferencias, esto no es suficiente.
5. ☐ En este texto el autor aboga por desarrollar una actitud, una sensibilidad y una empatía especiales hacia las diferencias culturales para tener habilidades interculturales.
6. ☐ El autor nos advierte de la necesidad de conocer las distintas técnicas que ofrecen la posibilidad de ver el mundo desde diferentes puntos de vista.
7. ☐ El autor del artículo señala el peligro de la tendencia emocional que hace de la cultura propia el criterio exclusivo para interpretar los comportamientos de otros grupos.
8. ☐ El autor dice que en los planes de estudio de los centros educativos se trabaja el concepto de interculturalidad.

PRUEBA DE DESTREZAS INTEGRADAS: COMPRENSIÓN AUDITIVA Y DE LECTURA Y EXPRESIÓN E INTERACCIÓN ESCRITAS

> 10 En su escuela de idiomas se va a desarrollar un programa para dar directrices de actuación al profesorado. Con tal fin, se ha realizado una encuesta para valorar el nivel de satisfacción de los alumnos.

Usted, como representante de los alumnos, debe elaborar un informe en el que recoja la información relevante de los gráficos y haga una valoración de la misma. Asimismo, basándose en su experiencia como estudiante de nivel superior, proponga una línea a seguir para los profesores.

Entre 200 y 250 palabras.

GRÁFICOS 1 Y 2

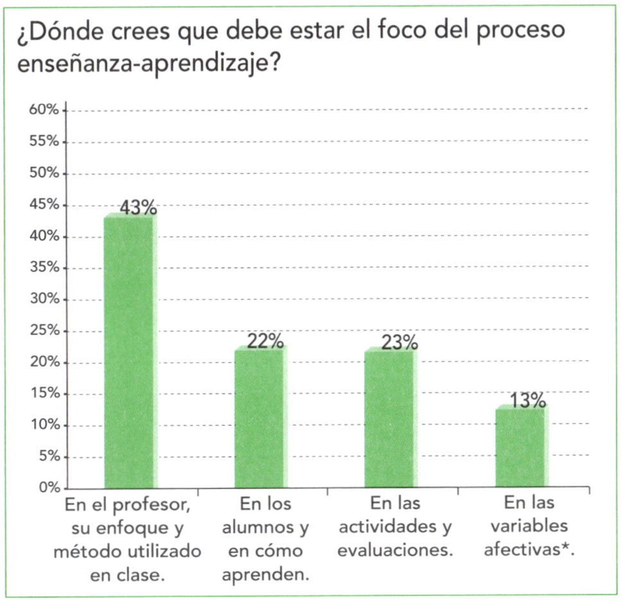

* Autoestima, empatía, ansiedad, etc.

Adaptado de http://www.scielo.cl/scielo.php?pid=S0718-48832010000100004&script=sci_arttext

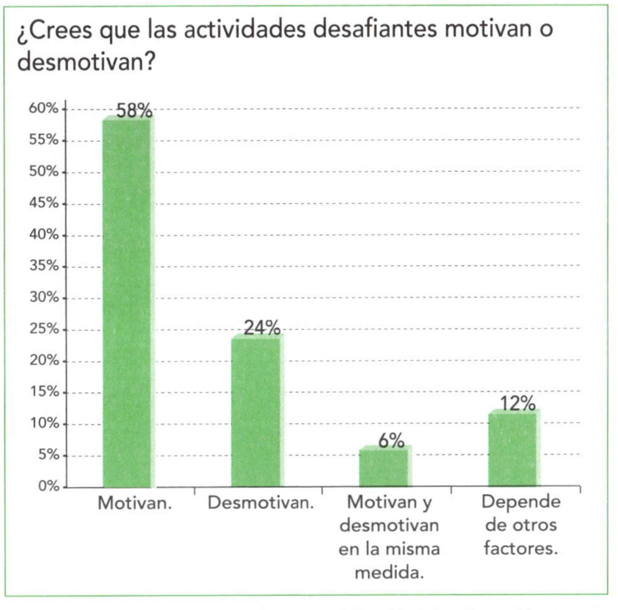

Adaptado de http://www.scielo.cl/scielo.php?pid=S0718-48832010000100004&script=sci_arttext

PRUEBA DE DESTREZAS INTEGRADAS: COMPRENSIÓN DE LECTURA Y EXPRESIÓN E INTERACCIÓN ORALES

> **11** Usted colabora como ponente en un taller para aprender a hablar en público. Uno de los asistentes le cuenta su caso:

Necesito aprender a hablar en público. Cuando estoy enfrente de un grupo de personas me petrifico, comienzo a sentir miedo, se me paraliza la lengua, me sudan las manos y olvido lo que iba a decir. Siempre termino haciendo el ridículo, sin atinar a decir algo coherente. Otras veces, lo paso mal, pero acabo lanzándome a hablar. Cuando no lo logro, me siento culpable por no haber sido capaz.

Como especialista en el tema, dele una respuesta para solucionar sus problemas.

Prepare una presentación de 6-7 minutos. Para su respuesta puede tener en cuenta los siguientes puntos:

- muestre sensibilidad y comprensión ante el problema que le plantea;
- explíquele lo que le sucede;
- dele pautas para superar sus miedos y llegar a ser un buen comunicador.

Para preparar su intervención cuenta con los siguientes materiales de apoyo. Utilícelos todos, seleccionando de cada uno de ellos la información que considere oportuna.

1. Texto 1: ¿Qué es la fobia social?
2. Texto 2: Taller de oratoria: *Cómo hablar sin temor en público y convencer.*
3. Gráficos 1 y 2.

TEXTO 1: ¿QUÉ ES LA FOBIA SOCIAL?

La Fobia social o Trastorno de Ansiedad Social, es un trastorno psicológico del espectro de los trastornos de ansiedad caracterizado por un miedo intenso en situaciones sociales que causa una considerable angustia y deterioro en la capacidad de funcionamiento en distintas áreas de la vida diaria. El diagnóstico del trastorno de ansiedad social puede ser específico (Fobia Social Específica), en las que solo se teme a algunas situaciones particulares, o generalizada (Fobia Social Generalizada).

La Fobia Social (FS) es un problema que presenta entre el 3 y el 13% de la población aunque es probable que estas cifras sean más elevadas ya que se trata de un problema por el que las personas no suelen acudir a la consulta de un psicólogo. Consiste en un miedo persistente y acusado (que la persona reconoce como irracional o inapropiado) a situaciones sociales o actuaciones en público por temor a que resulten embarazosas. Cuando la persona con FS se encuentra en las situaciones sociales temidas, experimenta una preocupación constante y teme que los demás la vean como una persona ansiosa, débil, rara o tonta. Además, estas personas pueden tener miedo a realizar cualquier tipo de actividad ante los demás (por ejemplo, hablar en público, escribir, comer, beber, o incluso cruzar una sala) porque creen que estos se darán cuenta de su nerviosismo (por ejemplo, que les tiemblan la voz o las manos), y/o porque harán algo tonto o inapropiado (como equivocarse al hablar, tropezarse, o no saber qué decir).

En muchas ocasiones, el temor es tan intenso que las personas evitan completamente las situaciones sociales que temen. En otras, las soportan pero con considerable angustia y malestar. En cualquier caso, tanto el miedo como la evitación limitan las posibilidades de desarrollo personal y afectan a la calidad de vida en general, al interferir en las distintas áreas (laboral, ocio, relaciones con los demás, rendimiento académico, etc.) del funcionamiento cotidiano de la persona.

Se suele desarrollar en la juventud, después de la adolescencia. Su aparición es mucho más común de lo que se piensa popularmente, y no hay que considerar esta fobia como extraña. Aceptarlo abiertamente en público es el mejor modo de comenzar a superarlo, para poder intentar sentirse mejor comprendido y de ese modo, aminorar la angustia.

Los síntomas pueden presentarse al inicio de la adolescencia y pueden continuar durante toda la vida, lo que tiene graves consecuencias negativas en la vida social, laboral y afectiva. A menudo las personas cercanas suelen confundir erróneamente la fobia social con la timidez, pero una persona que padezca fobia social no tiene por qué ser necesariamente tímida.

La fobia social suele presentar una buena respuesta a la terapia cognitivo-conductual (TCC), en sus variantes individual y grupal. Es fundamental que las mismas sean llevadas a cabo por personal altamente entrenado. En gran parte de los casos está indicado también el tratamiento psicofarmacológico, que suele lograr respuestas donde la TCC sola no lo logra, además de acortar los tiempos de evolución.

Adaptado de http://es.wikipedia.org/wiki/Fobia_social

TEXTO 2

TALLER ORATORIA

CÓMO HABLAR SIN TEMOR EN PÚBLICO Y CONVENCER

Director: Dr. Cayetano Ruiz Fernández • Facilitadores: Dr. Germán Torroglosa • Lic. Vicente García

Objetivos generales

- Dominar el miedo escénico e inspirar confianza.
- Descubrir los secretos psicológicos de la comunicación.
- Aprender a convencer y negociar con éxito.
- Aprender a preparar un buen discurso.
- Aprender a improvisar en situaciones especiales.

Dirigido a:

Toda persona que necesite convencer a un colectivo social, influyendo en las decisiones y actitudes de las personas.

Beneficios para los participantes

- Vocalización, facilidad de palabra, lucidez de exposición y, sobre todo, una gran habilidad para comunicar cualquier mensaje de forma oral.
- Mayor capacidad de persuasión y argumentación de ideas frente a cualquier tipo de auditorio.
- Comprensión y modificación de conductas personales.
- Diseño y aplicación de la metodología para el cambio y mejoramiento de la imagen personal.

Bloques temáticos

- El desarrollo personal y la comunicación persuasiva: cómo ser convincente. La confianza en sí mismo. Dominio del miedo de hablar en público.
- Reglas de oro para el orador: técnicas de construcción del discurso. Pronunciación del discurso: técnicas de dicción, entonación y modulación de la voz. La postura y el gesto.

Duración: 9 horas
Mas información en
www.talleroratoria.es

GRÁFICOS 1 Y 2

SÍNTOMAS: HABLAR EN PÚBLICO

Nivel cognitivo	Nivel fisiológico	Nivel conductual
Fallas de memoria. Expectativas de fracaso. Exageración de errores.	Respiración acelerada. Sudoración copiosa. Urgencia urinaria.	Tartamudeo. Bajo volumen de voz. Uso de estimulantes.
Confusión de ideas. Fallas de concentración. Autoexigencia.	Escalofríos. Manos heladas. Malestar estomacal.	Silencios frecuentes. Parpadeo de ojos. Rapidez al hablar.

IMPACTO COMUNICACIONAL

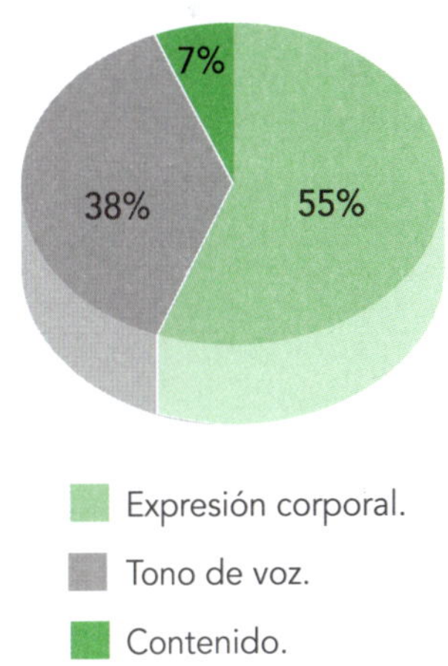

12 Entable una conversación con el entrevistador sobre las siguientes cuestiones.

- En su opinión, ¿cuáles cree que pueden ser las posibles causas de la fobia social?
- ¿Qué limitaciones puede sufrir una persona con fobia social?
- ¿Ha sufrido alguna vez alguno de los síntomas descritos anteriormente al hablar en público? Cuente su experiencia.
- ¿Asistiría a un curso para aprender a hablar en público? ¿Por qué? ¿Qué aspectos de los que se suelen trabajar en este tipo de cursos le parecen más útiles?
- ¿Por qué cree que el lenguaje corporal es tan importante en la comunicación? Ponga algún ejemplo.
- Para usted, ¿que cualidades debe tener un buen orador?

10 PRINCIPIOS

>| 1 | Relaciona las definiciones con las palabras a las que se refieren.

1. Persona que es enviada a un país en el que sea necesaria su ayuda profesional. . . . . *
2. Una forma de solidaridad o cooperación, generalmente destinada a las poblaciones pobres, o a las que han sufrido una catástrofe natural o una guerra. . . . . *
3. Préstamo realizado a personas humildes sin acceso a los préstamos concedidos por los bancos tradicionales. . . . . *
4. Patrocinar, proteger. . . . . *
5. Conjunto de las personas que se ofrecen para realizar algo. . . . . *
6. Traspasar graciosamente a otra algo o el derecho que sobre ello tiene. . . . . *
7. Una forma alternativa de negocio basado en la ecuanimidad entre productores y consumidores. . . . . *
8. Vender al mejor postor bienes o alhajas. . . . . *
9. Reunir bienes mediante la solicitud de donaciones. . . . . *
10. Sin sacar ganancia o provecho de algo. . . . . *

- * a. subastar
- * b. cooperante
- * c. comercio justo
- * d. voluntariado
- * e. sin ánimo de lucro
- * f. apadrinar
- * g. donar
- * h. recaudar fondos
- * i. microcrédito
- * j. ayuda humanitaria

>| 2 | Completa las frases con las palabras anteriores. En algunos casos, las palabras no aparecen en la misma categoría de palabra (sustantivo, verbo, adjetivo, etc.) que en la actividad anterior. Haz los cambios cuando sea necesario.

1. Alrededor de 2300 españoles realizan labores de . . . . en todo el mundo. Sin embargo, las ONG han comenzado a sustituir a los profesionales desplazados en algunas regiones de alto riesgo por personas originarias del propio país.
2. Organizaciones internacionales dedicadas a la . . . . han comenzado a movilizarse, luego del terrible terremoto de 7,3 grados que estremeció a Haití.
3. Los . . . . hacen posible, especialmente en países en vías de desarrollo, que muchas familias sin recursos puedan financiar pequeños proyectos laborales autónomos que les permiten generar ingresos.
4. En un mundo donde la riqueza está muy mal repartida, el . . . . de un niño puede ser un acto de gran generosidad.
5. El premio especial al . . . . se lo llevó sor Josefina Castro, que atiende, de forma altruista, desde su juventud, a pacientes infartados en el Hospital Clínico de Granada.
6. La Fundación Amancio Ortega ha realizado una . . . . de 66 millones de euros a proyectos sociales este año.
7. Las fiestas son una excelente forma para que la . . . . sea más divertida. Una vez que establezcas el lugar y la fecha, podrás determinar cuánto cobrar a fin de obtener ganancias. Otra idea es incorporar una rifa a la fiesta.
8. Uno de los objetos estrella de la . . . . benéfica que se realizó en el marco de la cena fue la corbata que Pep Guardiola llevó cuando el Barça ganó su primer mundial de clubes.
9. Los Juegos Olímpicos de Londres sirvieron café, té, chocolate, azúcar, plátanos, vino y naranjas procedentes del . . . . en todas las sedes olímpicas.
10. La Rioja Sin Barreras es una asociación . . . . que trabaja por la integración del colectivo de personas con discapacidad física.

>| 3 | Este es el tablón de anuncios de tu escuela. Imagina que tienes que pedir estos favores a tus compañeros de clase. Escribe de nuevo las peticiones de manera cortés.

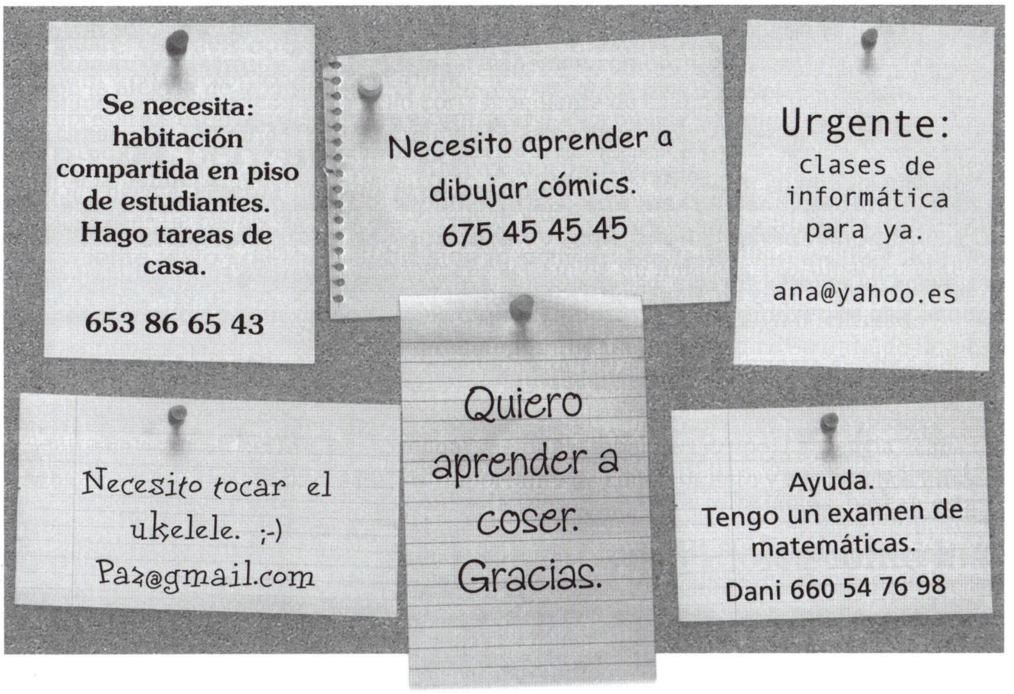

1. ....
2. ....
3. ....
4. ....
5. ....
6. ....

>| 4 | Contesta afirmativa o negativamente a todas las peticiones de manera cortés.

1. ....
2. ....
3. ....
4. ....
5. ....
6. ....

>| 5 | Ahora imagina que esas peticiones te las hacen amigos con los que tienes muchísima confianza y con los que estás siempre de broma. Responde negativamente a sus favores. Sé tajante.

1. ....
2. ....
3. ....
4. ....
5. ....
6. ....

> **6** | La Real Academia Española reconoce la denominación tanto en masculino como en femenino de títulos oficiales y algunas profesiones. Fíjate en el listado que aparece a continuación y escribe su correspondiente femenino. Atención, no en todos hay cambios y algunos funcionan como comunes en cuanto al género (*el/la sargento*).

1. actor → ....
2. bachiller → ....
3. alcalde → ....
4. alguacil → ....
5. asistente → ....
6. bedel → ....
7. canciller → ....
8. comediante → ....
9. técnico deportivo superior → ....
10. empresario → ....
11. guía → ....
12. ingeniero técnico → ....
13. militar → ....
14. operador → ....
15. operario → ....
16. profesor especializado → ....
17. poeta → ....
18. licenciado → ....
19. modista → ....
20. violín → ....
21. ventrílocuo → ....
22. soldado → ....
23. capitán → ....
24. diplomado → ....

> **7** | Hay que tener en cuenta que algunos términos pueden presentar asimetría (si se usan en masculino o en femenino) en su uso y significado y que, algunos de ellos, según el contexto en el que aparezcan, pueden resultar ofensivos o discriminatorios. Observa estas frases y deduce qué significan las palabras en negrita en masculino y en femenino.

1. Menuda **individua**, una muestra más de la ralea política que nos toca tragar.
   Un **individuo** armado perpetró el atraco a la entidad bancaria.
2. El delantero madrileño marcó dos goles ante el Cádiz. "Estás hecho un **tigre**", bromearon sus compañeros.
   Creo que toda mujer es una **tigresa** en el fondo, o le gustaría serlo. ¿A qué mujer no le gusta seducir?
3. Ana es una **verdulera** y ordinaria, siempre está chillando en medio de clase.
   Pregúntale al **verdulero**, verás como te recomienda las mejores zanahorias.
4. El muy **zorro** siempre se sale con la suya. Lo tiene todo muy bien pensando.
   Es una **zorra**, y todo lo que tiene se lo debe a los hombres.
5. Se comporta como un **señorito**, no da palo al agua.
   Señorita Ruiz, la llaman por teléfono.
6. Por favor, dígale a mi **asistente** que le dé cita para la semana que viene.
   La asistenta limpia los **cristales** de maravilla y es muy eficaz.

> **8** | Relaciona estas siglas de organizaciones sobre acciones humanitarias y cooperación al desarrollo con sus nombres y con su cometido.

ACNUR * UNESCO * UNRISD * UNICEF

1. Instituto de Investigación de las Naciones Unidas para el Desarrollo Social. → ....
2. Alto Comisionado de las Naciones Unidas para los Refugiados. → ....
3. Fondo de Naciones Unidas para la Infancia. → ....
4. Organización de las Naciones Unidas para la Educación, la Ciencia y la Cultura. → ....

CONTINÚA

A. .... tiene el mandato de luchar por la protección de los derechos de los niños.

B. El principal cometido de .... es fomentar el conocimiento y el entendimiento mutuo entre los pueblos y las personas.

C. .... tiene el mandato de proporcionar protección internacional a los refugiados en el mundo.

D. La tarea del .... consiste en proporcionar a los gobiernos, agencias de desarrollo, organizaciones de base y académicos, una mejor comprensión de los problemas sociales contemporáneos que inciden sobre el desarrollo.

ACTIVIDADES POR DESTREZAS

PRUEBA DE USO DE LA LENGUA: COMPRENSIÓN DE LECTURA Y AUDITIVA

9 | Lea el texto y complete los huecos (1-12) con la opción correcta (A, B o C).

SEXISMO LINGÜÍSTICO Y VISIBILIDAD DE LA MUJER

Ignacio Bosque, de la Real Academia Española, catedrático de Lengua Española de la Universidad Complutense de Madrid y ponente de la *Nueva gramática de la lengua española*.

En los últimos años se han publicado en España numerosas guías de lenguaje no sexista. Han sido (1) .... por universidades, comunidades autónomas, sindicatos, ayuntamientos y otras instituciones.

La mayor parte de estas guías han sido escritas sin la participación de los lingüistas. (2) .... pensar que los responsables o los impulsores de las guías entienden que no corresponde a los lingüistas determinar si los usos verbales de los hispanohablantes son o no sexistas. Aunque se analizan en ellas no pocos aspectos del léxico, la morfología o la sintaxis, sus autores parecen entender que las decisiones sobre todas estas cuestiones deben tomarse sin la intervención de los profesionales del lenguaje, de forma que el criterio para decidir si existe o no sexismo lingüístico será la (3) .... social de las mujeres o, simplemente, de los ciudadanos contrarios a la discriminación.

Se ha señalado en varias ocasiones que las guías contienen recomendaciones que contravienen no solo normas de la Real Academia Española y la Asociación de Academias, (4) .... también de varias gramáticas normativas, así como de numerosas guías de estilo elaboradas en los últimos años por muy diversos medios de comunicación. En ciertos casos, las propuestas de las guías de lenguaje no sexista conculcan aspectos gramaticales o léxicos firmemente (5) .... en nuestro sistema lingüístico, o bien anulan distinciones y matices que deberían explicar en sus clases de Lengua los profesores de Enseñanza Media, lo que introduce en cierta manera un conflicto de competencias.

No hay, desde luego, ilegalidad alguna en las recomendaciones sobre el uso del lenguaje que se introducen en esas guías, pero es fácil adivinar (6) .... sería la reacción de las universidades, las comunidades autónomas, los ayuntamientos o los sindicatos si alguna institución dirigiera a los ciudadanos otras guías de actuación social sobre cuestiones que competen directamente a esos organismos, y, más aún, que lo hiciera sin consultar con ellos y sin tener en cuenta sus puntos de vista, cuando no (7) .... abiertamente sus criterios.

[...] El propósito último de las guías de lenguaje no sexista no puede ser más (8) ....: contribuir a la emancipación de la mujer y a que alcance su igualdad con el hombre en todos los ámbitos del mundo profesional y laboral. Intuyo que somos muchos –y muchas– los que pensamos que la verdadera lucha por la igualdad consiste en tratar de que esta se extienda por completo en las prácticas sociales y en la mentalidad de los ciudadanos. No creemos que tenga sentido forzar las estructuras lingüísticas para que constituyan un espejo de la realidad, impulsar políticas normativas que separen el lenguaje oficial del real, ahondar en las etimologías para descartar el uso actual de expresiones ya (9) .... o pensar que las convenciones gramaticales nos impiden expresar en libertad nuestros pensamientos o interpretar los de los demás.

No deja de resultar inquietante que, desde dependencias oficiales de universidades, comunidades autónomas, sindicatos y ayuntamientos, se sugiera la (10) .... de extender –y es de suponer que de enseñar–

CONTINÚA

un conjunto de variantes lingüísticas que anulan distinciones sintácticas y léxicas conocidas y que prescinden de los matices que encierran las palabras con la intención de que perviva la absoluta (11) .... de la distinción entre género y sexo. La enseñanza de la lengua a los jóvenes constituye una tarea de vital importancia. Consiste, en buena medida, en ayudarlos a descubrir sus sutilezas y comprender sus secretos. Se trata de lograr que aprendan a usar el idioma para expresarse con corrección y con (12) ....; de contribuir a que lo empleen para argumentar, desarrollar sus pensamientos, defender sus ideas, luchar por sus derechos y realizarse personal y profesionalmente. En plena igualdad, por supuesto.

Adaptado de http://www.rae.es/rae/gestores/gespub000040.nsf/(voanexos)/arch50C5BAE6B25C8BC8C12579B600755DB9/$FILE/Sexismo_linguistico_y_visibilidad_de_la_mujer.pdf

Opciones

	a.	b.	c.
1	○ a. editadas	○ b. escritas	○ c. encomendadas
2	○ a. Imposible	○ b. Cabe	○ c. No
3	○ a. conciencia	○ b. impaciencia	○ c. deficiencia
4	○ a. aunque	○ b. pero	○ c. sino
5	○ a. sentados	○ b. abrigados	○ c. asentados
6	○ a. que	○ b. cuál	○ c. cual
7	○ a. valorando	○ b. despreciando	○ c. apreciando
8	○ a. cobarde	○ b. despreciable	○ c. loable
9	○ a. paradójicas	○ b. fosilizadas	○ c. agramaticales
10	○ a. conveniente	○ b. conveniencia	○ c. exigencia
11	○ a. visibilidad	○ b. visión	○ c. vista
12	○ a. clamor	○ b. resquemor	○ c. rigor

> 10 |20| Usted va a escuchar un reportaje sobre la fundación Funcal y sus actividades solidarias. Entre las doce opciones que aparecen debajo (A-L), usted deberá elegir las cinco que la resumen. Escuchará la audición dos veces.

- A ☐ Los alumnos becados para venir a España deben estudiar y trabajar al mismo tiempo.
- B ☐ Mucha gente ha elegido quedarse a colaborar en un proyecto de cooperación y no vuelven a España.
- C ☐ Turismo solidario es aquel en el que el viajero tiene como objetivo principal erradicar el turismo de masas que tanto perjudica a la zona que se visita.
- D ☐ Lo que se pretende con el turismo solidario es modificar las costumbres obsoletas de los países anfitriones.
- E ☐ Los estudiantes con problemas económicos tiene la posibilidad de convivir y residir junto a otros alumnos para realizar sus estudios universitarios.
- F ☐ Los alumnos latinoamericanos tiene la posibilidad de venir a España para finalizar sus estudios universitarios.
- G ☐ En España existen asociaciones sociales que preparan viajes en pequeños grupos para conocer el país y sus gentes.
- H ☐ El turismo solidario intenta aprovechar la oportunidad para establecer una relación de solidaridad entre el turista y la población de acogida.
- I ☐ Las personas que deseen participar en los programas de Turismo Solidario para la fundación Funcal deben realizar antes un cursillo.
- J ☐ La gente joven suele elegir viajes con ONG locales en lugar de ir por su cuenta, para viajar en grupo y disfrutar de mayores comodidades.

CONTINÚA »

K ☐ Una vez en el país de visita, son las agrupaciones autóctonas las que organizan toda la experiencia solidaria: proyectos, viajes, etc.

L ☐ Los jóvenes que tienen la oportunidad de viajar con la fundación Funcal pueden conocer toda América Latina.

PRUEBA DE DESTREZAS INTEGRADAS: COMPRENSIÓN AUDITIVA Y DE LECTURA Y EXPRESIÓN E INTERACCIÓN ESCRITAS

> 11 |21| Trabaja en el departamento de marketing y comunicación de Cruz Roja en España. En su departamento van a realizar una campaña publicitaria y necesitan una cara famosa que ponga imagen a su anuncio. Decida con qué famoso le gustaría trabajar y escríbale un correo electrónico solicitándole su colaboración.

Antes, escuchará el guion del anuncio que van a lanzar y leerá un texto relacionado con Cruz Roja. Escuchará el anuncio dos veces. Tome notas de la información que le parezca más relevante para transmitírsela al famoso solidario.

Entre 400 y 450 palabras.

TEXTO. Historia de Cruz Roja española.

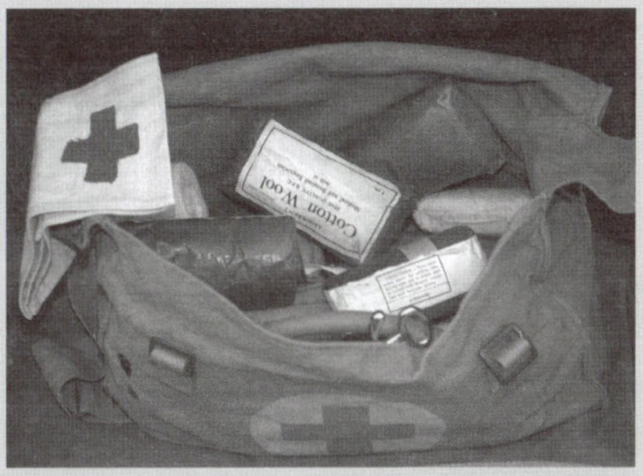

España, en el ámbito humanitario, siempre estuvo en primera línea. Así, en 1863 una representación española estuvo entre las catorce naciones que asistieron a la Primera Conferencia Internacional de Cruz Roja.

En España, la Cruz Roja se organiza bajo los auspicios de la Orden Hospitalaria de San Juan de Jerusalén, en 1864, y es declarada *Sociedad de Utilidad Pública*. Su evolución ha sido siempre una constante adaptación a los problemas y a las necesidades sociales que han ido produciéndose. Solo así se puede explicar la vigencia de una organización con más de 130 años de historia.

En una primera época fiel a sus orígenes, su actuación estuvo centrada en intervenciones humanitarias en caso de conflicto armado.

En su constante adaptación a las necesidades a raíz de los conflictos bélicos en África en 1918, se produce una fuerte expansión de sus centros sanitarios, llegando a sumar cerca de 36 hospitales. Durante la Guerra Civil, de 1936 a 1939, desempeñó un papel muy importante.

En la década de los setenta, la institución completó la red de Puestos de Primeros Auxilios en las carreteras españolas. Fue una nueva respuesta ante el avance en las comunicaciones por carretera que produce un aumento del parque automovilístico y, consiguientemente, un aumento de los accidentes de tráfico que requieren una respuesta rápida. También se iniciaron las tareas de socorro en el mar y en aguas interiores y el salvamento de náufragos, que a través de la Cruz Roja del Mar se convertiría en uno de los servicios más conocidos y valorados por la opinión pública.

En los ochenta, la Cruz Roja Española dará un importante salto, crece su actividad cuantitativamente y nuevas acciones y servicios dan un nuevo sentido a la misma. Se inicia una profunda reorganización con la democratización de la institución, la potenciación de la participación de los voluntarios, la apertura hacia nuevos campos de actuación, etc.

Pero es fundamentalmente en la década de los noventa cuando se produce la gran modernización de la institución y su adaptación a los nuevos retos que planteaba la sociedad española, por una lado la consolidación de la intervención social con los colectivos vulnerables (personas mayores, refugiados e inmigrantes, afectados de SIDA, drogodependientes, infancia y juventud, población reclusa, discapacitados, mujer en dificultad social), por otro el espectacular incremento de los programas internacionales (cooperación al desarrollo, ayuda humanitaria, cooperación institucional) que ha supuesto un importante incremento de los recursos humanos y materiales dedicados a este ámbito.

En http://www.cruzroja.es/portal/page?_pageid=638,12290186&_dad=portal30&_schema=portal30

PRUEBA DE DESTREZAS INTEGRADAS: COMPRENSIÓN DE LECTURA Y EXPRESIÓN E INTERACCIÓN ORALES

>|12| Usted es profesor de una escuela primaria (niños de 7 a 8 años) y tratará el tema de la pérdida de valores en nuestra sociedad.

Prepare una presentación de 6-7 minutos en la que explique al entrevistador, entre otras cuestiones:

- las causas que han provocado, en su opinión, esta pérdida de valores;
- las consecuencias que implica tal pérdida;
- el modo en que usted cree que se debería atajar el problema.

Para preparar su intervención cuenta con los siguientes materiales de apoyo. Utilícelos todos, seleccionando de cada uno de ellos la información que considere oportuna para responder a las preguntas.

1. Gráficos 1 y 2.
2. Texto 1: Aprender a vivir.
3. Texto 2: Cuentos para dormir.

GRÁFICOS 1 Y 2

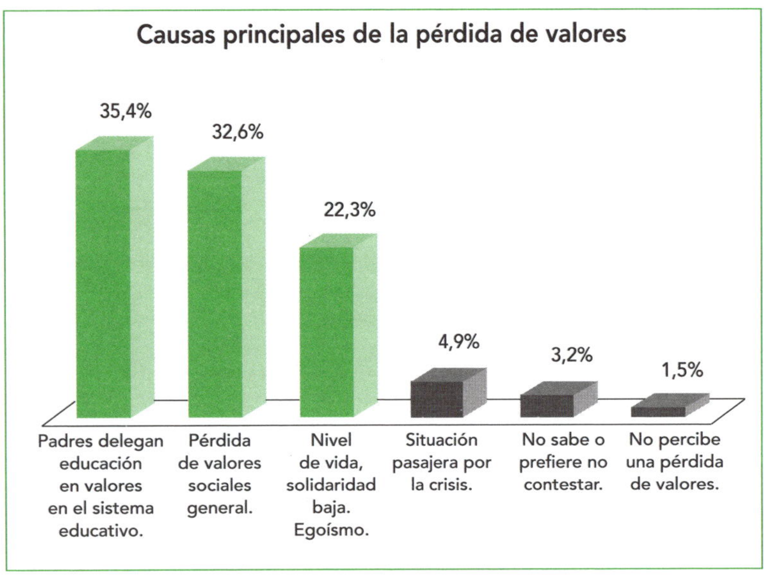

http://www.centrodevaloresdya.com/el-proyecto/crisis-de-valores/

http://www.centrodevaloresdya.com/el-proyecto/crisis-de-valores/

TEXTO 1: APRENDER A VIVIR

Gisela A.Valera

Actualmente se habla mucho de la necesidad o ausencia de valores en diferentes campos de la vida, en especial en el área educativa. Pero, ¿de qué estamos hablando cuando nos referimos a valores?

A lo largo de la historia del pensamiento occidental moderno, el término valores ha sido definido de distintas maneras. El primer filósofo que pone de moda esta palabra es F. Nietzsche en su obra *Genealogía de la moral*, le siguen Max Scheler y D. Von Hildebrand, entre otros.

Aunque es un concepto complejo sin una definición universalmente aceptada en sentido estricto, se puede definir el valor como un horizonte de sentido, como algo que se aspira a tener, como un ideal, centro de gravedad de la vida humana. Así, cuando se habla de valores, hablamos en forma genérica de valores humanos, de aquellos que son propios de las personas que vivimos en sociedad, de aquellos valores que se pueden universalizar y facilitan que la vida sea más humana.

CONTINÚA

El primer agente transmisor de valores es la familia, principal protagonista en la vida del individuo y la muestra de valores que se transmitan en ella será el pilar fundamental para sus relaciones y actitudes sociales futuras.

Luego, del sistema educativo se espera que enseñe no solo a *aprender a aprender* sino a *aprender a vivir*, siendo importante el papel de la escuela, en donde profesores, compañeros y toda la comunidad educativa con la cual interactúa el niño y el joven diariamente, transfieren algunos valores diferentes a los que el individuo ya había forjado. En esta etapa, uno de los protagonistas principales, en cuanto a transmisión de valores se refiere, es el docente, quien con su ejemplo y forma de actuar enseña, ilustra; por ello, el docente deberá estar muy atento a sus actitudes, palabras, gestos y tratar de que estos solo transmitan valores positivos, tales como: respeto, unión, honestidad, tolerancia, solidaridad, sin incongruencias entre el *decir* y el *hacer*. Ofrecer a sus educandos una atmósfera de confianza y no olvidar que en los nuevos enfoques de la orientación educativa, el docente, con su formación actual puede y debe poner en práctica la atención de sus alumnos en forma integral.

Me gusta · Comentar

Adaptado de http://www.salud.mendoza.gov.ar/maletin/descargas/valores/valores.pdf

TEXTO 2: CUENTOS PARA DORMIR

Existen numerosos escritos de gente muy reputada hablando de los muchísimos beneficios que tienen los cuentos, no solo en la educación del niño, sino en la vida familiar.

La mayor ventaja educativa, sin duda ninguna, es la capacidad que tiene un cuento de transmitir valores. Quizás no hayamos reparado conscientemente en ello, pero si lo analizamos, la mayoría de los valores más firmemente arraigados en nuestra propia personalidad llegaron a nosotros de la mano de algún cuento. Todas las historias tienen un argumento lógico que une las distintas partes, haciéndolas mucho más fáciles de recordar. Es precisamente la moraleja el mejor resumen de un cuento, y por tanto lo que mejor retenemos del mismo.

En segundo lugar, y muy relacionado con lo anterior, está la utilidad de los cuentos para enseñar cosas nuevas. Precisamente por la facilidad con que se recuerda la historia principal, y por su importancia como nexo de unión, el cuento permite acceder fácilmente a los demás detalles. Yo mismo aún recuerdo el caso de un compañero de clase en el colegio que siempre sacaba malas notas, que sorprendió a todos con una nota excelente en un examen de historia porque su padre le había estado leyendo historias y tebeos sobre el asunto.

Pero además de ser potentes herramientas de educación y enseñanza, los cuentos inventados y personalizados antes de dormir permiten establecer un nexo fortísimo con los niños. Al ser inventados y originales cada día, quien los cuenta debe dedicar toda su capacidad y atención, aunque solo sea durante ese momento; y eso es algo que los niños, acostumbrados a ser el centro de atención de actos, pero no de pensamientos, perciben con gran agradecimiento y entusiasmo.

En http://cuentosparadormir.com/content/page/el-valor-de-los-cuentos-como-parte-de-la-educacion-y-la-vida-familiar

>13 Conteste a las siguientes preguntas del entrevistador en relación con la presentación anterior.

- ¿Qué son los valores? ¿Qué agentes están implicados en la transmisión de valores? ¿Cómo deberían llevarla a cabo?
- ¿Opina usted que en nuestra sociedad hay una pérdida de valores? De ser así, ¿a qué factores obedecería? ¿Podría poner algunos ejemplos que ilustren su opinión?
- ¿Qué valores considera que se han perdido en nuestra sociedad? ¿Cuáles de ellos le parecen más imprescindibles hoy en día? ¿Por qué?
- Después de leer el texto 2, enumere algunos beneficios de los cuentos. Además de los mencionados en el texto, ¿qué otras ventajas se le ocurren? ¿Podría detallar otras formas de transmisión de valores en la escuela?
- Comente algún cuento que recuerde de su infancia. ¿Sería un cuento apropiado para trabajarlo en clase hoy en día? Justifique su respuesta y ponga ejemplos.

11 CAMBIOS

>| 1 | Encuentra el intruso. Tacha la palabra que no tiene relación con el verbo.

1. Acabar de: **botones/ministro/modelo/budista/bombero**.
2. Convertirse en: **buenos amigos/triste/rico/un tacaño/un snob**.
3. Hacerse: **vegetariano/famoso/loco/ministro/bombero**.
4. Llegar a ser: **un clásico de la literatura/buenos amigos/insoportable/español/modelo**.
5. Ponerse: **contento/ciego/destrozado/idiota/gordo**.
6. Quedarse: **de piedra/calvo/solo/delgado/miserable**.
7. Terminar/acabar: **modelo/destrozado/triste/majara/solo**.
8. Volverse: **vegetariano/de izquierdas/ciego/un estúpido/insoportable**.

>| 2 | Observa los cambios que se han producido en Alberto y exprésalos usando los verbos de cambio de la actividad anterior.

ANTES

- 18 años.
- Joven, sin recursos.
- Estudiante.
- Pelo largo.
- Rodeado de amigos.
- Feliz.
- Delgado.

AHORA

- 60 años.
- Buena posición económica.
- Arquitecto.
- Calvo.
- Solo y triste.
- Con sobrepeso.

....

....

....

>| 3 | Coloca las palabras del cuadro en la columna adecuada según el tipo de pareja. Algunas pueden ir en las dos columnas.

convivencia * bienes gananciales * separación de hecho * adopción de hijos * pensión de viudedad * pareja estable * boda * separación de bienes * régimen económico

Matrimonio civil o religioso	Pareja de hecho

>| 4 | Alicia y Roberto están muy enamorados pero son muy inseguros. Anoche se vieron en un bar pero ninguno se atrevió a decirle nada al otro. Lee las cosas de las que se arrepienten y escribe las frases usando las estructuras que has estudiado en el epígrafe *Lo que pudo haber sido y no fue.*

No le dije lo que pensaba.

No me quedé mucho tiempo hablando con él.

No le pedí su número de teléfono.

Me puse muy nerviosa.

No le reí las gracias.

No le dije lo guapa que estaba.

No la invité a tomar una copa.

Estuve demasiado serio.

Le gasté una broma pesada.

No la invité a mi cumpleaños.

Ejemplo:

Tendría que haberle dicho lo que pensaba. / *Podría haberle dicho lo guapa que estaba.*

.... / ....

.... / ....

.... / ....

.... / ....

>| 5 | Tú eres muy amigo/a de Alicia y Roberto. Después de escuchar sus lamentos de anoche, a la mañana siguiente, replica a sus comentarios. Recuerda que en estos casos es frecuente usar el imperativo retrospectivo, como en el ejemplo.

Ejemplo:

Haberle dicho lo que pensabas. / *Haberle dicho lo guapa que estaba.*

.... / ....

.... / ....

.... / ....

.... / ....

>| 6 | Completa las frases con los marcadores de causa o consecuencia más adecuados.

1. Estoy muy desilusionada .... el examen no me ha salido como yo esperaba.
2. No ha venido a clase, ... no le he devuelto los apuntes.
3. .... insistís, os lo contaré.
4. No podía contestar nada del examen .... me fui sin hacerlo.
5. Lucía Etxebarría deja de escribir .... la piratería.
6. El ministro dijo que lo explicaría en la rueda de prensa. .... ya lo entenderemos.
7. No te llamo .... necesite ayuda sino para decirte que te echo de menos.
8. Ya estamos listos, ..., ¿nos vamos o nos quedamos?
9. .... han cerrado el supermercado, he improvisado una comida con lo que había en casa.
10. No ha venido, ... tenemos un problema.

> | **7** | **A continuación, tienes un breve resumen de la historia de España. Completa las palabras que faltan y ordénalo cronológicamente. Utiliza el diccionario si lo crees necesario.**

golpes de Estado * dinastía * prehistoria * proclamó * modernización * predominio * referéndum * dictadura * cristiana * taifas * invasores * Edad Moderna * desamortizaciones * advenimiento * guerras civiles * Península * parlamentaria * revolución industrial * oligarquía * polarización * régimen

a. ☐ El 14 de abril de 1931, tras la victoria de los candidatos republicanos en las elecciones municipales, el Rey Alfonso XIII abandonó el país e inmediatamente se **(1)** .... la República.

b. ☐ Desde mediados del siglo XI se produjo un giro transcendental en el desarrollo de la historia de España. Mientras que al-Ándalus se desintegraba en un rosario de pequeños reinos, conocidos como **(2)** .... los núcleos de la España **(3)** .... mostraban por su parte cada día más fuerza, tanto en el terreno material como espiritual.

c. ☐ Durante la **(4)** .... franquista destacan dos fenómenos históricos simultáneos. Por una parte, un sistema político centrado en el poder ejercido por una sola persona. Por otra parte, a partir de la década de 1960, España conoció un proceso acelerado de **(5)** .... económica y social que cambió radicalmente la estructura de la población española.

d. [1] La formación histórica de lo que, con el paso del tiempo, será conocido con el nombre de España, hunde sus raíces en la época de la que se tienen las primeras noticias sobre la presencia humana en la **(6)** ...., hace casi 800 000 años (Atapuerca); es una larga historia que se conoce con el nombre de **(7)** ....

e. ☐ La economía española experimentó durante el siglo XIX cambios muy importantes, aunque no consiguió alcanzar los niveles de otros países europeos. Excepto el País Vasco y Cataluña –donde sí se produjo una autentica **(8)** .... –, España continuó siendo un país eminentemente agrario. No obstante, la agricultura evolucionó bastante en el área mediterránea, y la propiedad de la tierra cambió de manos como resultado de las **(9)** .... Durante este periodo apareció el ferrocarril y los primeros movimientos obreros.

f. ☐ Durante el periodo que abarca los siglos VIII a X, la historia de España, a diferencia de la mayoría de los países de Europa, se caracterizó por el indiscutible **(10)** .... musulmán. Casi toda la Península Ibérica fue ocupada a comienzos del siglo VIII por **(11)** .... musulmanes, que denominaron al-Ándalus a esta región del occidente europeo.

g. ☐ El 20 de noviembre de 1975 moría el general Franco, que había gobernado España de manera dictatorial durante treinta y seis años. El paso de un **(12)** .... autoritario a otro democrático, conocido como transición democrática, se produjo por la vía del pacto, la tolerancia y la reconciliación. La adopción en **(13)** .... de la constitución de 1978 dotó a España de un sistema democrático con la monarquía **(14)** .... como forma de gobierno.

h. ☐ Los siglos XVI, XVII y XVIII constituyen el periodo que los historiadores de Occidente denominan **(15)** ...., durante la que se configuraron la mayor parte de los estados actuales. En el caso de España, este periodo puede dividirse según la **(16)** .... reinante, de manera que los siglos XVI y XVII corresponden al periodo de los Austrias, y el siglo XVIII, al de los Borbones.

i. ☐ Las circunstancias históricas en las que se enmarca la Guerra Civil española explican, en parte, muchas de las causas que la ocasionaron: una clase trabajadora con dificultades para subsistir; una **(17)** .... terrateniente que solo se preocupaba por obtener sus beneficios; una progresiva **(18)** .... de la sociedad en dos bandos: la derecha y la izquierda. La intransigencia de unos y de otros hizo imposible la construcción de una sociedad en la que las reglas democráticas constituyesen el marco de participación y entendimiento.

j. ☐ En la historia de España se conoce con el nombre de Restauración el periodo comprendido entre 1875 (**(19)** .... al trono del rey Alfonso XII) y 1931 (proclamación de la Segunda República). La restauración se caracterizó por la tolerancia en cuanto a la política y la intransigencia en el terreno social.

k. ☐ La revolución liberal española se desarrolló entre 1808 y 1874, y se diferenció de otras europeas porque en España hubo tres **(20)** .... –las guerras carlistas– y porque la inestabilidad política fue constante. El ejército intervino en la política mediante **(21)** .... o pronunciamientos y se sucedieron varias constituciones de diferente signo.

En *Historia de España*, 2.º Bachillerato, Joaquín Prats y otros, Anaya.

ACTIVIDADES POR DESTREZAS

PRUEBA DE USO DE LA LENGUA: COMPRENSIÓN DE LECTURA Y AUDITIVA

8 | Lea el siguiente texto, del que se han extraído seis fragmentos. A continuación, lea los siete fragmentos propuestos (A-G) y decida en qué lugar del texto (1-6) hay que colocar cada uno de ellos. Hay un fragmento que no tiene que elegir.

***Las pautas para reinventarse* según el psiquiatra Luis Rojas Marcos**

"Reinventarse siempre es algo provocado, por lo general no cambiamos si no se nos obliga a ello", señala el profesor y psiquiatra Luis Rojas Marcos en una entrevista con *El Confidencial*. Un concepto que, recuerda Rojas Marcos, es muy diferente de la adaptación. (1) ....

La reinvención, pues, parece espoleada por un elemento externo que impulsa el cambio. "Es la experiencia del *¡ajá!*, una revelación que me hace pensar que tengo que transformarme, crear una personalidad nueva, o tener nuevos intereses o una profesión diferente. Y eso implica transformaciones en los valores. Hay gente que se jubila y tiene que cambiar, otros se quedan sin trabajo, y eso les obliga a modificar sus gustos, aficiones e incluso sus relaciones".

Un cambio que también se traduce en la creación de un nuevo yo o en el redescubrimiento de facetas de nuestra vida que creíamos olvidadas. (2) ....

En las sociedades del pasado, sin embargo, no era tan necesario mutar continuamente. Es más, resultaba preferible mantenerse fiel a un método, unas costumbres y unas ideas que proporcionaban una cierta estabilidad. Pero los tiempos y las personas se han transformado, y ahora el cambio perpetuo es un valor insoslayable.

No solo los tiempos son otros, sino que la transformación de la persona a través de las etapas vitales es condición esencial de nuestro proceso humano. Por ejemplo, cuando uno se enfrenta a la vejez. (3) ....

La verdadera reinvención, defiende Rojas Marcos, no es mera transformación de actitudes. Estas son sencillas de modificar, lo complicado es alterar las conductas. "Reinventarse no solo consiste en creer en cosas en las que antes no se creía, sino en tener otros comportamientos. Para cambiar de rutinas hace falta tiempo, pero también esa voluntad que solo se posee cuando somos conscientes de que debemos cambiar".

En esa tarea, un pequeño empujoncito externo siempre viene bien: "Si tienes suerte, aparecerán mentores que te guíen en el proceso".

(4) .... Quienes se reinventan suelen ser también aquellos que localizan el control de su vida dentro de ellos mismos, los que piensan *Yo puedo hacer algo y tengo cierto control*. Lo opuesto es la gente que dice 'que sea lo que Dios quiera'. El que pone el control de su vida fuera de sí mismo tiene más dificultad para reinventarse o para superar las situaciones".

Cuando se le sugiere al profesor que el cambio quizá no sea tan fácil, Rojas Marcos responde que "es bueno que nos fijemos en personas que han tenido éxito en ese proceso, porque ellos nos pueden dar las claves". Por ejemplo, quienes han pasado por experiencias traumáticas y han logrado rehacer su vida. Por su experiencia sabemos que, como señala el psiquiatra, "el sufrimiento en sí mismo no sirve para nada. (5) ....

El cambio del que habla Rojas Marcos se postula a nivel individual, pero dada la situación en que nos encontramos, ¿puede traspasarse también a lo social? ¿No deberíamos plantearnos también la posibilidad de reconfigurar nuestro destino como cultura? "Hay ciertos aspectos en los que creo que sí. En EE.UU. ha habido pérdida de confianza y de respeto en los líderes sociales de todo tipo, ya sean económicos, políticos o religiosos, ya que en los últimos años han salido a la luz cantidad de abusos en todos los niveles. (6) .... "Cuando vivimos crisis de este tipo, cambian las leyes y las expectativas. Es la oportunidad de reinventarse".

Adaptado de http://www.elconfidencial.com/alma-corazon-vida/2012/07/07/las-pautas-para-reinventarse-segun-el-psiquiatra-luis-rojas-marcos-101497/

Fragmentos

A En este sentido creo que la tendencia principal se encamina a que la sociedad ponga una serie de preventivos o de medios para evitar que esto vuelva a ocurrir". Así pues, parece ser que lo personal puede ayudar a lo comunitario, y viceversa:

B Si hace frío y nos protegemos buscando calor, nos adaptamos a las distintas situaciones del medio, o a los cambios físicos. La reinvención es otra cosa, y tiene lugar cuando una persona ha de enfrentarse a un cambio importante en su vida o su entorno, negativo o positivo, que suele ocurrir de forma inesperada.

CONTINÚA

C Las personas aprenden como consecuencia de sus errores o de alguna situación difícil a la que se han enfrentado. Una vez que alguien se decide a cambiar, sí podremos ayudarle dándole pautas. Y en ese cambio el entorno social juega un papel importante. Si favorece las segundas oportunidades, las personas se verán mucho más animadas a reinventarse.

D Las personas que se divorcian tienen que regresar al papel de soltero o soltera y eso requiere un esfuerzo. En las crisis también hay ejemplos de personas que descubren que pueden tener otra profesión y que han puesto toda su energía y su esperanza en conseguirlo. Y han tenido éxito.

E "El hecho de que vivamos más nos obliga a adaptarnos y a cambiar. A medida que nos hacemos mayores aumenta nuestra experiencia y sabiduría, pero también las limitaciones físicas e intelectuales que tenemos, lo que nos lleva a reinventarnos".

F Lo importante es que en ese proceso doloroso se descubran aspectos de la personalidad que antes permanecían ocultos, o que se averigüe que uno es más fuerte de lo que se pensaba. Si esas experiencias hacen que aprendamos cosas sobre nosotros mismos y que nuestra seguridad salga reforzada, podremos decir que nos han servido para algo".

G El otro factor esencial es la confianza. "Quienes cambian suelen ser personas optimistas, que esperan lograr lo que se proponen o que utilizan éxitos del pasado para aumentar su seguridad. Son personas que piensan que si lograron enfrentarse con éxito a alguna experiencia complicada en el pasado, también lograrán sobreponerse ahora a unas malas circunstancias.

> 9 | 22 | A continuación escuchará dos conversaciones. En la primera, un escritor y una filósofa analizan los cambios en la mujer a través de una obra de Federico García Lorca llevada al cine, *La casa de Bernarda Alba*. En la segunda, un hombre, presidente a la institución Juan de Mariana, y una mujer, responsable de Greenpeace, hablan sobre el cambio climático. Deberá marcar, de las 8 opciones que se le dan en la primera conversación (1-8), y de las 7 de la segunda (9-15), qué ideas expresa el hombre (H), cuáles la mujer (M) y cuáles ninguno de los dos (N). Escuchará la conversación dos veces.

Ahora dispone de 30 segundos para leer las frases.

Conversación 1	H	M	N
1 La realidad que refleja Lorca en la obra es inhumana.	☐	☐	☐
2 *La casa de Bernarda Alba* se ha convertido en una realidad extrapolable a otros lugares del mundo.	☐	☐	☐
3 El autor de la obra recibió un premio póstumo por ella.	☐	☐	☐
4 La mujer española actual se avergüenza de ese capítulo de la historia.	☐	☐	☐
5 Hoy en día existe un *techo de cristal* para las mujeres.	☐	☐	☐
6 Recomienda no olvidar el pasado.	☐	☐	☐
7 Hay en vistas un plan para que España acate por normativa la presencia de la mujer en determinados ámbitos de actividad.	☐	☐	☐
8 El campo de más difícil acceso para la mujer es el de las finanzas.	☐	☐	☐

Conversación 2	H	M	N
9 El cambio climático siempre ha sido producido por el hombre.	☐	☐	☐
10 Siempre ha existido cambio climático.	☐	☐	☐
11 Muchos premios nobel dicen que el protocolo de Kioto no sirve para nada.	☐	☐	☐
12 Los políticos de la ONU nos han engañado respecto al cambio climático.	☐	☐	☐
13 Los efectos del cambios climático pueden ser vistos por cualquiera.	☐	☐	☐
14 La comunidad científica coincide en el tema del cambio climático.	☐	☐	☐
15 Urge tomar medidas ya contra el cambio climático.	☐	☐	☐

PRUEBA DE DESTREZAS INTEGRADAS: COMPRENSIÓN AUDITIVA Y DE LECTURA Y EXPRESIÓN E INTERACCIÓN ESCRITAS

>|10| A continuación puede leer una entrada de un blog dedicado a la crianza de los hijos. Corríjalo, estructurándolo de manera coherente, puntuándolo de forma adecuada, corrigiendo los errores, eliminando redundancias o repeticiones y sustituyendo palabras por otras más precisas o adecuadas a un registro estándar.

¡SAMU TIENE 18 MESES¡¡

¡Buenas!

Hace bastante que no cuento los avances de mi peque, y cada día son más tantos que me sorprenden minuto a minuto y me hacen ver que está creciendo cada vez más,

–Se pone en puntas de pie y coge todo lo que pillan de las mesas.

–Dice palabrotas y se muere de risa, (ha aprendido un par de palabrotas y cómo le digo que eso no se dice, va y lo repite hasta el cansancio partiéndose de risa, me las escucha a mí.)

–Me persigue. Me escapo cuando está a punto de cogerme y le digo: ¡¡oleeee!! por lo que el también dice ¡¡ole!! lo hace riéndose sin parar.

–Hay algunos momentos en los que juega sólo, pero casi siempre te coge de la mano te lleva a su habitación y te dice que te sientes ahí a su lado, (si te levantas, en milésimas de segundos te va a buscar).

–Si mama y papa nos ponemos firmes con algún no, se ofende y se pone a llorar muy lastimosamente, (y sabe que llorando lastimosamente nos puede).

– Puede completar frases que le pedimos: por ejemplo: a la una, a las dos y a las...(el dice: ¡tres!), "sana, sana, culito de rana, sino sana hoy sanará": (Dice: ¡Mañana!).

... En fin, seguro que olvidó muchas cosas pero serán para otra entrada en el blog, lo que quiero destacar hoy es que los niños de la edad de Samu son como una esponja, porque todo lo absorben y aprenden de una forma tan sencillamente y rápida que sorprenden...

... No quiero aburrir. Y por hoy nada más, qué ya es mucha información y..., ¡jejeje! ¡¡¡¡¡¡¡Que tengáis una buenísima semana!!!!!!!!!

Adaptado de http://aprendiendoaserpadres.com/2013/01/13/samu-tiene-18-meses-y-yo-tengo-18-semanas-de-embarazo/

PRUEBA DE DESTREZAS INTEGRADAS: COMPRENSIÓN DE LECTURA Y EXPRESIÓN E INTERACCIÓN ORALES

>|11| En España ha evolucionado el interés por las bodas en los últimos años, los derechos y obligaciones que conlleva el matrimonio, los porcentajes de matrimonios civiles y católicos, formas de celebración, etc. Prepare una presentación de 6-7 minutos en la que explique al entrevistador entre otras cuestiones:

- Ventajas legales de las parejas casadas.
- Algunos de los aspectos que conlleva la celebración de un enlace matrimonial.
- Tendencias de la sociedad española ante el matrimonio.

Para preparar su intervención cuenta con los siguientes materiales de apoyo. Utilícelos todos, seleccionando de cada uno de ellos la información que considere oportuna.

1. Texto 1: Diferencias entre boda civil y ceremonia religiosa.
2. Texto 2: organizotuboda.com
3. Gráficos 1 y 2.
4. Imagen 1.

TEXTO 1: DIFERENCIAS ENTRE BODA CIVIL Y CEREMONIA RELIGIOSA

En muchas ocasiones, seguro que te habrás preguntado cuáles son las diferencias entre boda civil y ceremonia religiosa a nivel de derechos y deberes. O entre casarte por lo civil y hacerte pareja de hecho. Pues bien, en este artículo, vamos a tratar de explicar estas dudas para que comprendas las diferencias existentes, y sobre todo, los derechos y las obligaciones que conlleva cada tipo de ceremonia.

CONTINÚA »

En principio, una boda civil, bien sea por el juzgado o el ayuntamiento, es una boda oficial, ya que se comunica al Estado nuestra unión como pareja. Una ceremonia religiosa, sin embargo, no tiene validez legal. Por este motivo, la ceremonia religiosa va siempre acompañada de la boda civil, o de una notificación al Registro Civil con el Libro de familia.

Diferente son los derechos si solo os inscribís como pareja de hecho:

–En lo laboral, los casados por lo civil disponen de quince días libres por matrimonio, incluye permisos por traslado de domicilio, fallecimiento de cónyuge, así como de los familiares directos de la pareja.

La convivencia como pareja de hecho no implica poder acogerse a tales derechos, aunque depende de cada empresa y del convenio que tenga.

– Cuando hablamos de la vivienda, en caso de divorcio de una pareja casada, el titular de la casa será siempre el titular de la propiedad y si está a nombre de ambos, la vivienda será propiedad de cada miembro de la pareja. Hay que destacar que también influyen las separaciones gananciales o de bienes. En el caso de las parejas de hecho, podrán ser propietarios legales de la vivienda los dos miembros, en igualdad de derechos. En caso de vivir de alquiler, este puede subrogarse si han transcurrido más de dos años de convivencia.

– En el caso de heredar, en parejas casadas, la herencia será para las personas que figuran en el testamento. En caso de no haberse realizado testamento, el cónyuge será propietario de la tercera parte de la herencia, después de hijos y padres. En casos de parejas de hecho, si no hay testamento por medio, la pareja no podrá heredar nada.

– De cara a Hacienda, las parejas casadas podrán hacer la declaración individual o conjunta y, en caso de existir donaciones al cónyuge, el valor de tributación es menor. Las parejas de hecho no pueden realizar dicha declaración conjunta y, en caso de cualquier tipo de donación, el impuesto de tributación es siempre mucho más elevado.

– En cuanto a la adopción, se ven claramente las diferencias. Sobre el papel, las parejas de hecho pueden adoptar de igual manera que las parejas casadas, pero en la práctica, las trabas son siempre mayores, y es bastante más complicado el poder adoptar.

En http://www.bodanovia.com/diferencias-entre-boda-civil-y-ceremonia-religiosa/

TEXTO 2: ORGANIZOTUBODA.COM

EVENTOS

Con más de ocho años de experiencia en el sector, los profesionales de **organizotuboda.com** *diseñan, organizan y planifican tu boda a medida para que tu sueño se haga realidad.*

Con un equipo de trabajo joven, creativo, innovador y flexible, en nuestra agencia nos esforzamos para que todo esté a tu gusto, sin reparar en detalles ni dejar pasar por alto ningún aspecto de la planificación de tu enlace.

- Diseño y producción de invitaciones.
- Búsqueda y gestión de espacios.
- Carpas y Mobiliario.
- Catering.
- Traslados de invitados.
- Vehículos con conductor.
- Gestión de alojamientos.
- Decoración.
- Actuaciones y DJ.
- Discotecas móviles.
- Iluminación, sonido y audiovisuales.
- Vídeo y fotografía.
- Regalos para los invitados.
- Maquillaje y peluquería.
- Joyería.
- Luna de Miel.
- Asesoramiento para lista de boda.
- Supervisión el día de la boda.
- Organización de bodas en la playa.

Todo lo ponemos a tu alcance sin que tu boda salga mucho más cara de lo que tenías en mente: profesionalidad, transparencia y trabajo en colaboración con los mejores proveedores hacen de nuestra empresa una de las más competitivas del sector.

No lo dudes más, si quieres que tu enlace salga a pedir de boca, contacta con nosotros, la agencia de organización integral de bodas con la que te asegurarás de que la palabra sorpresa solo tenga un significado agradable en tu gran día.

GRÁFICO 1

Tasa nupcialidad en España en los últimos años.

Año	Bodas	Tasa de Nupcialidad	Población
Año 2000	216 451	Tasa de Nupcialidad 5,33%	Población: 40,4 millones de personas
Año 2001	208 057	Tasa de Nupcialidad 5,07%	
Año 2002	211 522	Tasa de Nupcialidad 5,07%	
Año 2003	212 300	Tasa de Nupcialidad 5,01%	
Año 2004	216 149	Tasa de Nupcialidad 5,02%	

Año	Bodas	Tasa de Nupcialidad	Población
Año 2005	208 146	Tasa de Nupcialidad 4,79%	
Año 2006	203 453	Tasa de Nupcialidad 4,67%	Población: 44,4 millones de personas
Año 2007	201 579	Tasa de Nupcialidad 4,52%	
Año 2008	194 022	Tasa de Nupcialidad 4,28%	Población: 46 millones de personas
Año 2009	175 952	Tasa de Nupcialidad 3,83%	

Fuente: Instituto Nacional de Estadísticas (INE)

GRÁFICO 2

Evolución de las bodas en España en los últimos años por tipo de enlace.

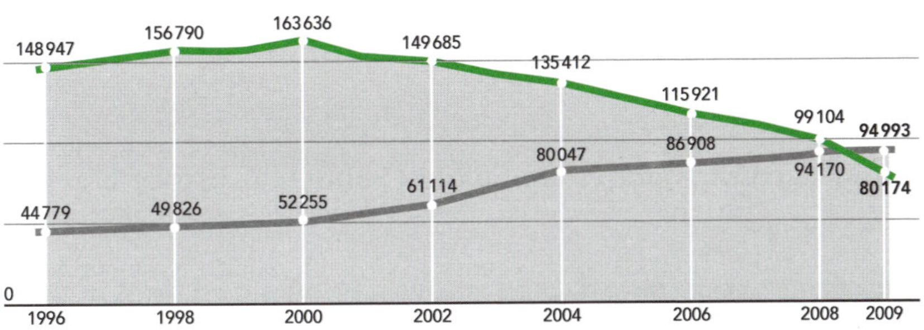

En http://www.publico.es/espana/344328/los-matrimonios-civiles-desbancan-a-los-religiosos

IMAGEN 1

Banquete de boda

12 Conteste a las siguientes preguntas del entrevistador en relación con la presentación anterior.

- ¿En qué aspectos están desprotegidas las parejas de hecho?
- ¿Por qué surgen iniciativas como las de organizotuboda.com?
- ¿Dejarías la organización de tu boda en manos de una empresa? ¿Por qué?
- ¿Cómo ha crecido el número de bodas civiles en España?
- ¿Por qué crees que ha disminuido el número de matrimonios católicos en España? Justifica tu opinión.
- ¿Cómo suelen ser los banquetes de bodas en España? ¿Y en tu país?
- ¿Qué semejanzas y diferencias existen entre las bodas en España y en tu país?

12 LA NOCHE Y EL DÍA

1 Ordena cronológicamente estos momentos del día. Ten en cuenta que algunas palabras pueden ser sinónimas y que unas pueden incluir el significado de otras.

al salir el sol * de madrugada * el ocaso * en mitad de la noche * a media mañana al ponerse el sol * al despuntar el alba * al oscurecer * al caer la noche las primeras horas del día * a media tarde * al atardecer

1. *al despuntar el alba*
2. ....
3. ....
4. ....
5. ....
6. ....
7. ....
8. ....
9. ....
10. ....
11. ....
12. ....

2 Completa las frases con las siguientes construcciones temporales. Sobra una. Escribe una frase de tu invención contextualizándola.

de una sentada * a la par * dale que dale * sin tardanza * toca a su fin * a priori en un santiamén * tomar la delantera * para variar * a cada rato * a poco que

1. El verano ....: los días empiezan a ser más cortos y hace fresco.
2. Me leí todo el libro ...., no podía dejar de leer.
3. Me están poniendo nervioso los niños, están todo el día con la pelotita ....
4. El Génesis menciona la creación de la mujer .... que la del varón.
5. No debes juzgar este caso ....
6. Yo iba a ser la presidenta, pero .... recapacité me convencí de la inutilidad de este gesto.
7. En este terreno se observa un gran déficit que hay que corregir ....
8. Debemos .... y no esperar a que otros lo hagan.
9. Fui enseguida a la policía española que tramitó .... la denuncia por robo.
10. Estoy ya harta, me llama ....
11. ....

3 Clasifica las construcciones anteriores en el siguiente cuadro según su significado.

1. Simultaneidad	2. Continuación	3. Repetición	4. Puntualidad
a la par			
5. Finalización	**6.** Anterioridad	**7.** Posterioridad	**8.** Anticipación
9. Cambio	**10.** Frecuencia	**11.** Duración y transcurso	

>| **4** | Fíjate en los significados de la palabra *sueño* y relaciona las frases con su significado más adecuado.

a. Estado de reposo mientras se duerme.
b. Conjunto de imágenes que hay en la mente mientras se duerme.
c. Deseo de dormir.
d. Cabezada.
e. Aspiración, ilusión.

1. ☐ Mantiene vivos su sueños de juventud.
2. ☐ He soñado con mi abuela.
3. ☐ Te deseo felices sueños.
4. ☐ Lleva al niño a la cama, que se cae de sueño.
5. ☐ Voy a echa una siesta.
6. ☐ Estaba tan cansado que no podía conciliar el sueño.
7. ☐ Siempre tengo el mismo sueño recurrente.
8. ☐ Mi hijo habla en sueños.
9. ☐ Sus apuros económicos le quitan el sueño.
10. ☐ Por fin se hará realidad mi sueño de vivir en el campo.
11. ☐ Según decía, se le aparecía la abuela en sueños.
12. ☐ Me está entrando un sueño enorme.
13. ☐ Tenía el sueño descabellado de dar la vuelta al mundo.

>| **5** | Sin que cambie el sentido de la frase, sustituye la palabra en negrita por otra más apropiada. Si es necesario, repasa los marcadores de evidencialidad estudiados en esta unidad.

1. El estudio **dice** .... que el 91% de las contraseñas digitales son vulnerables.
2. Expertos **dicen** .... que el 98% de las compras tienen un componente emocional.
3. De la investigación **se entiende** .... que los asaltantes tenían pleno conocimiento de las medidas de seguridad del centro.
4. Al leer la propuesta, se puede **ver** .... cierta falta de urgencia por parte de la Comisión.
5. Estamos hablando de humanidad, de valores humanos, de algo que debería ser de por sí una **cosa clara** ....
6. Sostiene que el autor fue detenido como **posible** .... autor de un delito.
7. Son dos grupos de reuniones distintas, aunque similares, que **quizá** .... irán de la mano.

>| **6** | |23| Escucha los siguientes testimonios de personas que han llevado a cabo tratamientos estéticos y contesta a estas preguntas, cuando sea posible: ¿cuál era su problema y cómo se sentía? ¿Qué tratamiento se ha hecho? ¿Cómo se siente después del tratamiento?

>| **7** | Lee las siguientes frases y decide si presentan un argumento o un contraargumento y qué estructuras utilizan para ello.

Presentar un argumento	Presentar un contrargumento

CONTINÚA »

1. Permítanme realizar aún una observación que expongo sin ánimo de polemizar, con total tranquilidad y objetividad, pero que me afecta interiormente en gran medida.
2. Si bien es cierto que el pluralismo no garantiza la tolerancia, no olvidemos que el rechazo del pluralismo es sin duda una de las causas principales del aumento de la intolerancia.
3. No se puede negar que los mercados financieros globales están en problemas, con todo, empiezan a verse brotes verdes.
4. A mi juicio, eso indica que la Comisión no está al día.
5. Con los datos disponibles hoy día, se puede asegurar que el tabaco es perjudicial para la salud.
6. Es inevitable que haya más ruido en la calle en verano, no obstante, no se entiende que los autobuses no sean eléctricos.
7. Habida cuenta de que se espera que las evaluaciones finalicen en otoño, las medidas que se adopten podrán entrar en vigor mucho antes de primavera.
8. Cierto es que en esta empresa no disfrutamos de un minuto de paz, ahora bien, todos los imprevistos son por causas externas a nosotros.

>| 8 | **Descubre si presentas síntomas de estar sufriendo un trastorno del sueño. Recuerda que este test no puede reemplazar en ningún caso el diagnóstico de un profesional, dado que, simplemente, revela una tendencia. Luego, vuelve a leer y subraya todas las expresiones idiomáticas que hay.**

1. Cuando me voy a la cama por la noche...
   - a. ◯ a nada que me acuesto me duermo.
   - b. ◯ me dan las tantas dando vueltas en la cama.
2. Hasta que me duermo...
   - a. ◯ me duermo en un santiamén, no pasan ni 10 minutos.
   - b. ◯ me pongo a contar ovejitas, pasan más de 10 minutos.

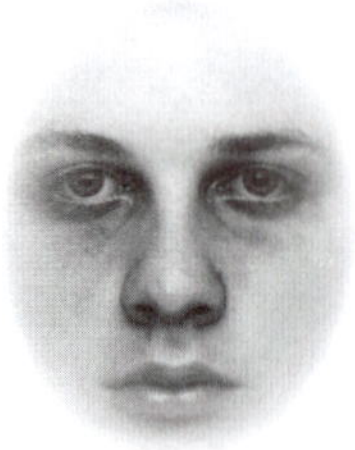

3. ¿Cómo duermes por las noches?
   - a. ◯ Duermo de un tirón.
   - b. ◯ Me despierto alguna que otra vez, pero me vuelvo a dormir rápidamente.
   - c. ◯ Muy de vez en cuando paso una noche de insomnio.
   - d. ◯ Me desvelo y ya no me puedo dormir.

4. Cuando no concilio el sueño, suelo pensar en mis problemas para dormir.
   - a. ◯ No, nunca.
   - b. ◯ Sí, a cada rato.
5. Durante el día pienso en cómo me afectan mis problemas para dormir.
   - a. ◯ Casi nunca.
   - b. ◯ De continuo.
6. Cuando suena el despertador por la mañana, ¿cómo te despiertas?
   - a. ◯ Salto de la cama.
   - b. ◯ Normalmente me despierto en el mismo instante que suena el despertador.
   - c. ◯ Me paso la vida dándole al botón temporalizador.
   - d. ◯ Me cuesta despertarme.

7. ¿Cuándo estás realmente despierto una vez te has levantado?
   - a. ◯ Me despierto fresco como una rosa.
   - b. ◯ Necesito más de 15 minutos para estar realmente despierto.
   - c. ◯ Me voy despertando a medida que pasa el día.
   - d. ◯ No termino de sentirme despierto en todo el día.
8. ¿Cómo te sientes durante el día?
   - a. ◯ Estoy siempre espabilado.
   - b. ◯ Durante el día echo una cabezadita.
   - c. ◯ Con frecuencia me siento cansado durante el día.

CONTINÚA »

9. ¿Te ha dicho alguien alguna vez que o te has dado cuenta de que...

a. ◯ duermes como un angelito?

b. ◯ rechinas los dientes o roncas?

c. ◯ hablas en sueños?

d. ◯ por la noches tienes pausas respiratorias, eres sonámbulo o tienes espasmos en las piernas?

Mayoría de a: No manifiestas síntomas de tener un sueño alterado.

En general parece que tienes un buen sueño. En lo que se refiere al dormir, muchos de tus hábitos son correctos. Dormir bien repercute positivamente en la salud y te permite manejar el estrés con más serenidad.

Mayoría de b: Manifiestas síntomas de tener un sueño alterado.

De acuerdo con la valoración de tu test, presentas síntomas de no estar durmiendo bien. Esto no significa que sufras realmente un trastorno del sueño. Tu médico te puede ayudar a determinar si realmente tiene alteraciones del sueño o si tu problema se debe a otras causas.

Mayoría de b/c/d: ¡Manifiestas síntomas de tener un trastorno del sueño!

De acuerdo con la valoración de las respuestas de tu test, presentas síntomas que caracterizan un trastorno del sueño. Se considera que una persona sufre un trastorno del sueño cuando percibe su sueño como alterado o no reparador durante un intervalo de más de cuatro semanas y se siente cansada durante el día. En cualquier caso, tu médico te puede ayudar a determinar si realmente tienes un trastorno del sueño.

Y recuerda: Los pequeños problemas de sueño se pueden solucionar con una buena higiene del sueño. Por higiene del sueño se entiende todo aquello que favorece un sueño saludable.

ACTIVIDADES POR DESTREZAS

PRUEBA DE USO DE LA LENGUA: COMPRENSIÓN DE LECTURA Y AUDITIVA

9 A continuación tiene seis textos (A-F) y ocho enunciados (1-8). Léalos y elija el texto que corresponde a cada enunciado. Recuerde que hay textos que deben ser elegidos más de una vez.

A Mecanismo de la memoria en los sueños

Una de las características de los sueños es que rara vez, excepto en casos de problemas postraumáticos, reflejan una experiencia completa. Una idea, un objeto, una textura que hemos percibido durante el día, es lo que en realidad aparece mayormente en nuestros sueños. Además, los bautizados por Freud como *residuos diurnos*, esto es, los recuerdos que se nos quedan prendidos en la memoria durante el día, pueden aparecer cinco o siete días más tarde en nuestros sueños, según ha descubierto Nielsen. Freud pensaba que estos residuos aparecían en los sueños la misma noche o la siguiente a haberlos vivido, pero las investigaciones realizadas por Nielsen demuestran que este *efecto del intervalo de los sueños* refleja el funcionamiento hasta ahora oculto de la memoria: la reaparición de los recuerdos en nuestros sueños ocurre durante el proceso de almacenaje, cuando los recuerdos se trasladan de una región cerebral a otra antes de ser archivados permanentemente.

En http://www.tendencias21.net/Los-suenos-son-en-parte-una-actividad-de-la-memoria_a915.html

B Los sueños

Para la psicología psicodinámica, derivada de Freud, los sueños son un *lenguaje*. Una forma de pensamiento mediante el cual *reflexionamos*, mientras dormimos, sobre nuestros deseos, temores, dudas, heridas, conflictos, etc., intentando hallar algún *alivio*. Los sueños son, en otras palabras, un intento de *digerir* por la noche los problemas que sufrimos durante el día. Eso sí, esta forma de pensar no es mediante palabras, sino con imágenes, símbolos, jeroglíficos. El lenguaje de los sueños, como el de las palabras, tiene su propia gramática, su vocabulario, sus *efectos* de estilo, motivo por el que resulta tan complejo. Un sueño puede llegar a ser un endemoniado laberinto de máscaras y metáforas que, incluso siendo un experto, requiera un enorme esfuerzo para acceder a alguno de sus posibles significados. Por eso, nunca debemos confiar ingenuamente en el significado aparente de un sueño, pues, por ejemplo, su significado real podría muy bien ser *exactamente* el contrario.

En http://www.psicodinamicacajlc.com/articulos/jlc/sueños/html

CONTINÚA

C Científicos: La función de los sueños

En un artículo escrito para la revista digital *LiveScience*, Rachael Rettner explica que la función del sueño es ayudarnos a resolver problemas. Si eso es cierto, la evolución nos ha proporcionado un mecanismo capaz de solucionar los enigmas que nos acosan simplemente durmiendo un rato. El estudio realizado por la psicóloga de la Universidad de Harvard, Deirdre Barret, parte de la premisa de que los sueños son siempre "muy visuales" y contienen una línea argumental cuya naturaleza es casi siempre ilógica.

Rara vez el sueño que recordamos es lógico. Por lo general contiene elementos que nos resultan fantásticos, extraños, aterradores o inquietantes. Barret cree que "el sueño es, en realidad, otra forma del pensamiento, una que tiene lugar en un estado ligeramente diferente al que posee esta función cuando estamos despiertos. Aunque estemos soñando", explica, "seguimos trabajando para resolver los mismos problemas que nos acosan cuando estamos con los ojos abiertos".

En http://informe21.com/salud-bienestar/cientificos-los-suenos-nos-permiten-encontrar-respuesta-problemas-vida-cotidiana

D Los sueños, el lenguaje del inconsciente

Cuando soñamos, utilizamos el lenguaje de los símbolos que son palabras, términos, formas o dibujos que poseen significado por sí mismos aparte del corriente o conocido. El símbolo representa algo más que lo que significa en sí.

Para entender los símbolos se tienen en cuenta las tradiciones, culturas, mitos, etc. Todo esto forma un código por el cual se rige el lenguaje de símbolos ligados directamente a nuestro inconsciente. Este ámbito, al cual uniríamos también el subconsciente, se mueve por sensaciones, impresiones, olores, sonidos, formas, colores, etc., en definitiva, aquello que tiene sentido y significado para el ser humano independientemente de su nombre o definición académica. Este sentido y significado es lo que se llama código simbólico o lenguaje de símbolos.

Como puede verse, por tanto, el lenguaje de símbolos nos abre las puertas del inconsciente, utilizando la vía de los sueños. Creo que esto ya le da la suficiente importancia como para entender que este conocimiento se convierte en algo básico y necesario para nuestra vida y desarrollo personal.

En http://www.etaci.org/articulos/Los_suenos_el_lenguaje_del_inconsciente.pdf

E La consolidación de los recuerdos durante el sueño

La pregunta de cómo el cerebro guarda o desecha los recuerdos sigue básicamente sin respuesta. Muchos investigadores del cerebro consideran la teoría de la consolidación como la mejor hasta ahora. Esta plantea que las impresiones frescas son primero guardadas como recuerdos a corto plazo en el hipocampo. Luego, dentro de un intervalo de varias horas o días, se mueven, por lo general durante el sueño profundo, hacia la corteza cerebral, donde entran en la memoria a largo plazo.

Las investigaciones desarrolladas por Thomas Hahn, Mayank Mehta y Bert Sakmann (galardonado con un Premio Nobel), del Instituto Max Planck para la Investigación Médica en Heidelberg, han esclarecido algunos aspectos acerca de los mecanismos que subyacen en la memoria. Según sus resultados, las áreas del cerebro trabajan en equipo, pero posiblemente de una manera diferente a la que se presumía. Los científicos desarrollaron para este propósito un método experimental innovador que les permitió correlacionar el funcionamiento de células individuales con el de la corteza cerebral.

En http://www.solociencia.com/medicina/07010501.htm

F La incubación del sueño

La incubación del sueño es una técnica que se practica con el objeto de aprender a *plantar una semilla* en la mente, con el fin de originar un sueño vinculado a un tópico en particular; ya sea con la intención de recrearse o bien con la intención de resolver un problema. Muchos estudios han demostrado que este método se torna exitoso, luego de haberlo practicado por un periodo de tiempo. Otros estudios han encontrado que este tipo de incubación del sueño es efectiva en problemas de índole subjetiva, de naturaleza personal. La Dra. Barrett describe en su libro *The Committee of Sleep* su estudio acerca de prominentes artistas y científicos quienes se han inspirado a través de sus sueños. Mientras la mayoría de los sueños ocurren espontáneamente, una pequeña porción de los encuestados mencionan que han descubierto una versión informal de incubación del sueño por sí mismos. Ellos señalan sugestionarse de forma exitosa en los sueños para lograr cualquier cosa.

En http://es.wikipedia.org/wiki/Incubación_del_sueño

Enunciados

1 ☐ El texto plantea la posibilidad de que razonamos de forma diferente cuando estamos despiertos a cuando estamos dormidos.

2 ☐ En este fragmento el autor explica que los recuerdos se almacenan cuando estamos completamente dormidos.

3 ☐ El autor del artículo afirma que la mayoría de nosotros no tenemos control sobre nuestros sueños.

4 ☐ El autor aclara que nuestros sueños están mayormente formados de pequeños fragmentos de experiencias vividas.

5 ☐ En este texto el autor intenta convencernos de que el mensaje de los sueños es enigmático.

6 ☐ El autor nos asegura que los sueños contribuyen a nuestro completo autoconocimiento.

7 ☐ El autor del artículo señala que los sueños nos permiten encontrar la respuesta a problemas de la vida cotidiana.

8 ☐ El autor dice que es posible soñar con lo que nosotros decidamos soñar.

>|10| |24| **Usted va a escuchar una ponencia sobre la pronunciación en la clase de español como lengua extranjera. Después debe contestar a las preguntas (1-6). Seleccione la opción correcta (A, B o C).**

1 El ponente afirma que los estudiantes de lenguas extranjeras con evidentes problemas de pronunciación...
- ○ **a.** se encontrarán en el país de acogida con grandes problemas en el mundo laboral.
- ○ **b.** provocan actitudes compasivas en los nativos.
- ○ **c.** demuestran un gran desinterés por la lengua que aprenden.

2 En cuanto a la actitud de los nativos ante una mala pronunciación...
- ○ **a.** el ponente explica que solo en casos excepcionales estos se sienten irritados.
- ○ **b.** el ponente asegura que crea en estos la sensación de que desprecian su lengua.
- ○ **c.** el ponente asegura que a menudo es negativa.

3 César Elvira nos explica que...
- ○ **a.** los sonidos de nuestra lengua materna es lo más complejo de aprender incluso más que el léxico o la sintaxis de una lengua extranjera.
- ○ **b.** aprender una nueva forma de articular los sonidos es casi como ser una persona diferente.
- ○ **c.** la manera en la que articulamos nuestra lengua materna condiciona nuestra forma de pronunciar correctamente una lengua extranjera.

4 Según el experto, los profesores...
- ○ **a.** no deberían transmitir a los alumnos la idea de que es muy difícil alcanzar la pronunciación de un hablante nativo.
- ○ **b.** deberían transmitir a los alumnos la idea de que se puede conseguir una pronunciación correcta sin forzarlos a que sea cuasi perfecta.
- ○ **c.** deberían transmitir a los alumnos la idea de que deben conseguir una pronunciación cuasi perfecta.

5 En cuanto a los métodos para enseñar pronunciación...
- ○ **a.** el profesor Elvira opina que todos son buenos.
- ○ **b.** muchos especialistas en didáctica de la pronunciación recomiendan usar las aportaciones de todos los métodos.
- ○ **c.** muchos expertos en didáctica de la pronunciación recomiendan usar aquellas aportaciones que den buenos resultados, independientemente del método del que vengan.

6 Para el ponente...
- ○ **a.** los profesores deben dedicar un tiempo de clase solo a corregir la pronunciación.
- ○ **b.** los profesores deben elegir en cada momento cuál es la mejor forma de corregir, según las características de sus alumnos.
- ○ **c.** los profesores deben corregir la pronunciación sin que se note que están corrigiendo.

PRUEBA DE DESTREZAS INTEGRADAS: COMPRENSIÓN AUDITIVA Y DE LECTURA Y EXPRESIÓN E INTERACCIÓN ESCRITAS

>| 11 | Con motivo de la efeméride de la llegada del hombre a la Luna el próximo 20 de julio, el centro cultural de su barrio está organizando unas jornadas que llevan por título *Cuéntanos qué sabes de la Luna.*

Usted, como usuario del centro cultural, debe elaborar un informe en el que recoja la información relevante de los gráficos y haga una valoración de la misma. Asimismo, basándose en sus propios conocimientos como lector asiduo de estos temas, añada sus opiniones sobre la influencia de la luna en la tierra y los seres vivos.

Número de palabras: entre 200 y 250.

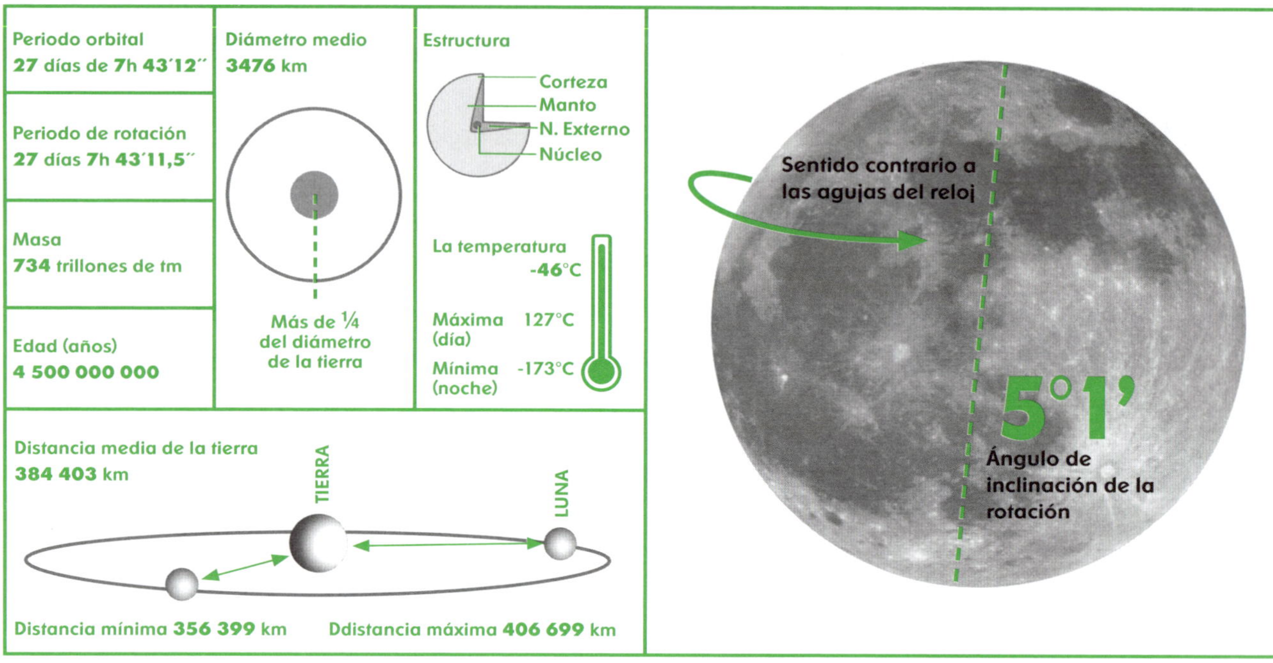

http://www.blogodisea.com/2012/el-sistema-tierra-luna/astronomia/

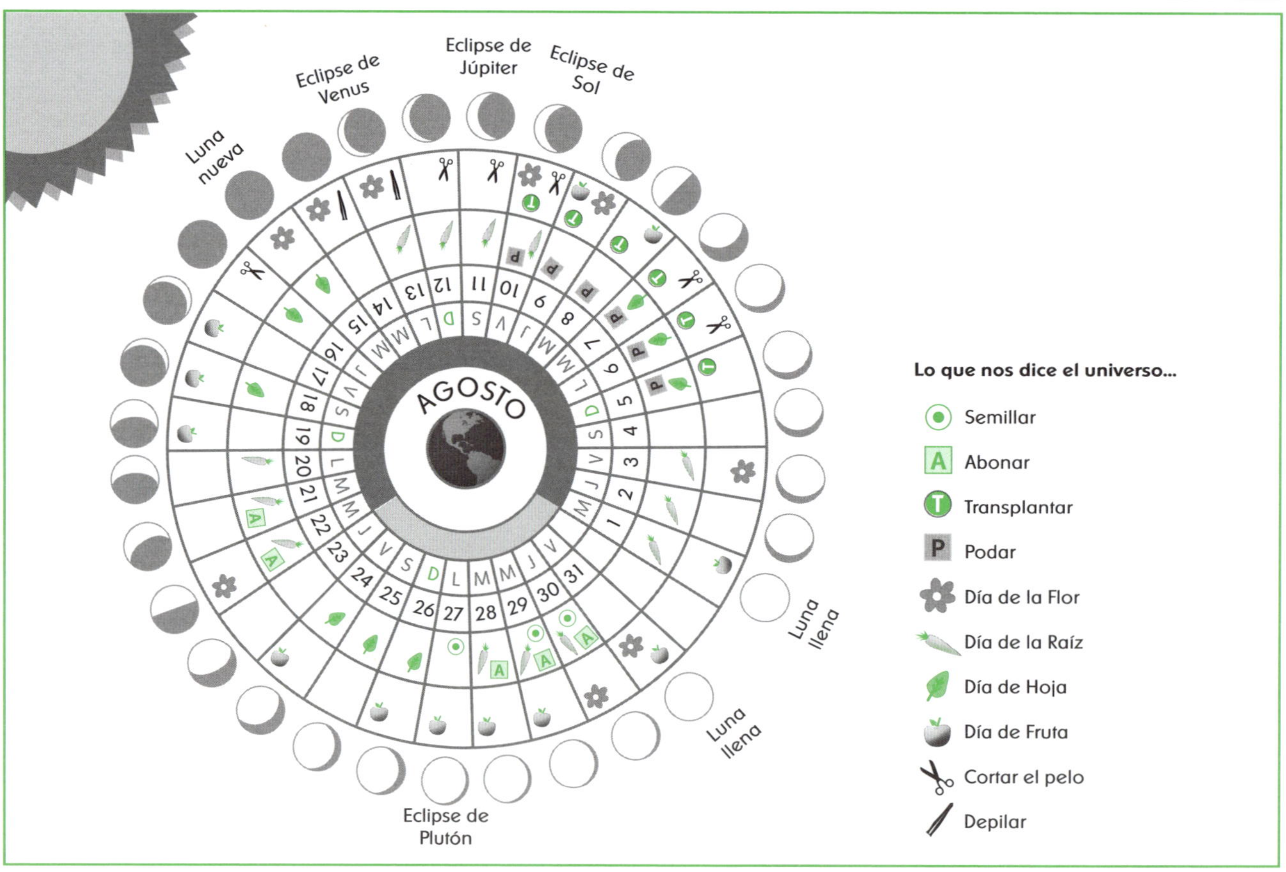

http://contactovital.blogspot.com.es/2012/07/calendario-lunar-agosto_29.html

PRUEBA DE DESTREZAS INTEGRADAS: COMPRENSIÓN DE LECTURA Y EXPRESIÓN E INTERACCIÓN ORALES

> 12 Lea los siguientes titulares de prensa sobre la cirugía estética. A continuación inicie una conversación de tono informal con el entrevistador: coméntele qué le parecen dichos titulares, qué reflejan y cuál es su conclusión con relación a estos temas.

Mi sociedad narcisista

Wordpress 19/03

En la actualidad muchos olvidamos el auténtico sentido y significado de nuestro cuerpo y lo reducimos a un objeto de consumo, de poder o de placer.

El cuidado del cuerpo no tiene nada de malo, pero si este cuidado se vuelve obsesivo es un mal síntoma. En este siglo surgieron enfermedades que antes ni eran mencionadas, como la anorexia, la vigorexia y la bulimia, todas relacionadas con una distorsión de la autopercepción y autovaloración.

En el fondo, todos queremos ser aceptados, todos buscamos ser queridos. Muchos, conociendo esta necesidad, manipulan a las personas haciéndoles creer que el modo de alcanzar la estima de los demás es a través de la belleza estética y otros mecanismos superfluos que generan sensación de "seguridad".

Adaptado de http://arrobaeudoxa.wordpress.com/2012/03/19/mi-sociedad-narcisista-y-su-culto-al-cuerpo/

La belleza en el siglo XX

Agencia EFE 24/05

En torno a los años 40 se produce un resurgimiento de los modelos femeninos anteriores a 1933. Por un lado, la mujer buena e inocente, por otro, las vampiresas o las diosas. La mujer buena y fuerte pierde terreno y protagonismo y pasa a ser inocente. Los hombres acentúan el estereotipo de rudos y feos.

En la década de los 60, los hombres siguen siendo capaces de saber lo correcto y adecuado para ellos y para sus mujeres. La mujer es, por tanto, considerada una marioneta en manos de los varones. El modelo femenino de mujer curvilínea, tipo amazona, comienza a ganar terreno aunque se sigue manteniendo el modelo femenino de niñita inocente, eso sí, erotizada; quizás el mejor modelo es el que hizo Kubrick en su película *Lolita*.

Adaptado de http://canonesbelleza.wordpress.com/2007/05/24/la-belleza-en-el-s-xx/#more-18

Operaciones estéticas de alto riesgo

La Sociedad Española de Cirugía Plástica alerta de que 9000 médicos realizan intervenciones de este tipo sin la titulación adecuada. Galicia se encuentra entre las zonas con menos consultas ilegales.

Agencia EFE 24/05

Ser médico no es suficiente para realizar una cirugía plástica. Igual que un traumatólogo no debe operar del corazón o un otorrino solucionar un problema en los huesos, ser licenciado en medicina no da carta blanca para realizar una liposucción o aumentar los pechos a una paciente. La Sociedad Española de Cirugía Plástica, Reparadora y Estética (SECPRE) alerta de que, solo en España, hay 9000 médicos que practican cirugías estéticas sin la titulación adecuada. "Solo quienes tienen la especialidad en cirugía plástica, es decir, han hecho los cinco años de residencia en esta área, pueden realizar este tipo de intervenciones", indica el doctor José Luis Vila Moriente, expresidente de la Sociedade Galega de Ciruxía Plástica y vocal de la SECPRE, quien alerta de los riesgos para la salud de quienes se operan con estos facultativos.

Adaptado de http://www.noticiasdenavarra.com/2013/04/02/ocio-y-cultura/que-mundo/las-operaciones-de-cirugia-estetica-para-conseguir-un-puesto-de-trabajo-son-ya-una-realidad

Las operaciones de cirugía estética para conseguir un puesto de trabajo son ya una realidad

Noticias de Navarra 02/04

Según los resultados de una encuesta realizada por la Sociedad Catalana de Cirugía Plástica Reparadora y Estética (SCCPRE), el 30 por ciento de las operaciones de estética se hacen por motivos laborales, ya que el trabajo "cada vez es más importante", explica. Para él, no hay que llevarse "a engaño" diciendo que cuando se contrata una persona, el aspecto físico "no es importante". "Eso sería vivir en un mundo de utopía", declara.

Adaptado de http://www.noticiasdenavarra.com/2013/04/02/ocio-y-cultura/que-mundo/las-operaciones-de-cirugia-estetica-para-conseguir-un-puesto-de-trabajo-son-ya-una-realidad

APÉNDICE GRAMATICAL

UNIDAD 1: *ENSEÑARTE*

1. Recursos estilísticos de los folletos y guías de viaje

Los folletos turísticos y guías de viajes, junto con anuncios publicitarios, catálogos y programas de viaje, reportajes en revistas especializadas, etc., se estudian dentro de los géneros profesionales denominados **textos turísticos**.

Este tipo de textos, además de por un léxico específico y un uso estratégico y valorativo de ciertas palabras, se caracteriza por la utilización de mecanismos lingüísticos que configuran las propiedades del discurso turístico.

En particular, en el uso de recursos empleados para la **descripción del lugar** turístico, con especial referencia a las formas afectivas e hiperbólicas, en los procedimientos que remiten al **entramado locativo y temporal**, así como en el uso de **los pronombres personales**, que señalan la presencia del emisor y del interlocutor en el enunciado.

Recursos para ponderar un producto turístico

- La abundancia de **adjetivos calificativos** caracteriza todo tipo de textos turísticos. Se observa una especial predilección por el adjetivo antepuesto, que le añade un elemento descriptivo, favoreciendo la interpretación emotiva.

  Entre los más usuales sobresalen los adjetivos que subrayan la **belleza del lugar**, también de forma hiperbólica: *maravilloso país, bellos paisajes, bonito conjunto de arquitectura...*; la **riqueza, grandeza y variedad**: *rico hábitat natural, grandes tesoros...*; **la singularidad y capacidad de sorprender**: *impresionante portalada, singular belleza, asombroso paisaje...*; **el poder de evocación y sugestión**: *espectaculares vistas, idílicas playas, paradisiaco islote, sofisticada y misteriosa cultura, míticos mares del sur, emblemáticos molinos de viento, soberbia capital...*; **la antigüedad y la relación con la historia**: *milenaria historia, antiguos conventos, vestigios históricos, pueblos ancestrales...*; así como ciertas cualidades emblemáticas en **combinaciones recurrentes**: *elevada torre, altos macizos, afiladas aristas, verdes montañas, cálidas aguas, suntuosos mármoles, playas vírgenes, deliciosa comida...*; también se encuentran numerosos ejemplos de **adjetivos en pareja**: *afable y bella tierra de contrastes, revoltoso y mágico viento de tramontana...*

- Otra peculiaridad del lenguaje del turismo es la ponderación de las cualidades de un lugar mediante el uso de **superlativos** u otras formas que destaquen alguna singularidad, récord o excelencia. La promoción turística explota sistemáticamente esta estrategia, muy usual en el lenguaje publicitario.

  - **El superlativo relativo** es uno de los recursos más empleados; suele llevar un complemento que establece con exactitud la superioridad dentro de un ámbito determinado:
    - *La iglesia más antigua de la ciudad.*

    Aunque a veces se encuentra en **formas atenuadas** y la referencia resulta más genérica:
    - ***Uno de los mejores** ejemplos de arquitectura mudéjar.*
  - También es frecuente que la mención del récord se apoye en **expresiones numéricas**:
    - ***Uno de los tres mejores** arrecifes coralinos del mundo.*
  - Otras veces se indica detalladamente **el lugar ocupado** en ámbitos distintos, destacando el conjunto de excelencias:
    - *Málaga es hoy la quinta ciudad de España, **segunda de Andalucía** y capital de la primera zona turística de la Península.*
  - Para expresar la singularidad, también se utilizan adjetivos como ***único*** u otras expresiones que niegan la existencia de parangones:
    - *Estamos ante el **único espacio** marino del Mediterráneo catalogado como Patrimonio de la Humanidad.*
    - *Algunas rarezas que **no se encuentran** en ningún otro país del mundo.*

- Es frecuente el empleo de **tecnicismos** (relativos a historia, arte, flora, fauna, geografía, etc.). Su función es proporcionar objetividad:
  - *La fachada principal da al este, con una escalinata y tres cuerpos cubiertos con falsa bóveda.*

  La cantidad y especificidad del uso de los tecnicismos empleados para la descripción de los lugares turísticos también dependen del tipo de público al que está destinada la publicación; en todo caso, se prefiere evitar que la concentración resulte excesiva.

Recursos para dar indicaciones espacio-temporales

La experiencia turística consiste, ante todo, en un desplazamiento en el espacio; asimismo, cobra importancia el eje temporal, tanto por lo que atañe a la duración del viaje y su organización (etapas, horarios, etc.) como en su dimensión histórica, gracias a que la visita a museos, monumentos, sitios arqueológicos, etc. pueden proporcionar la vuelta al pasado. De ahí que las referencias al espacio y al tiempo desempeñen un papel fundamental en el lenguaje del turismo.

- *El Camino de Santiago recorre nuestra provincia de este a oeste.*
- *Villanueva de la Torre recibe su nombre de una recia torre medieval del siglo XI.*

CONTINÚA »

Expresiones de lugar

- El uso del deíctico ***aquí***, en combinación con el ***tú*** o con el ***nosotros* participativo**, proyecta al destinatario directamente en el espacio turístico. El uso de *aquí* es frecuente en todo tipo de textos, junto con un amplio repertorio de preposiciones, adverbios y otras expresiones locativas: *a, en, por, entre, hacia, desde, hasta, allí, cerca, lejos, atrás, a lo lejos, en dirección a, a través de, a un lado de, en los límites, de frente, a mano derecha, rumbo sur...*

Tiempos verbales

- En cuanto al uso de los tiempos verbales, predomina el **presente de indicativo**, como es corriente en las descripciones; se trata de un presente atemporal, que eterniza las peculiaridades y bellezas de un lugar turístico, sea este monumento, paisaje o alojamiento.
- En combinación con la primera persona del singular, el presente actualiza la experiencia del viaje; con la segunda persona, con el *nosotros* inclusivo o con oraciones que tienen como sujeto la figura del viajero, el uso del presente contribuye a crear la ilusión de encontrarse en el espacio turístico antes de realizar el viaje, gracias también a las indicaciones situacionales.
- En las descripciones de itinerarios, también es frecuente el uso del **futuro de indicativo** que, por su valor predictivo, refuerza la credibilidad del viaje.

Recursos para indicar la implicación del interlocutor

Uso de *yo* y *nosotros*

- El uso de *yo* es frecuente en los **reportajes**, en los que se relata una experiencia real de viaje; la visión personal contribuye a transmitir una imagen menos convencional de los lugares descritos. Las marcas del *yo* suelen aparecer ya desde los primeros párrafos, en los que se crea una atmósfera llena de efectos sensoriales:
  – *El aire que me envuelve en la entrada de las ruinas de Quiriguá es cálido y húmedo. Estoy ante una de las principales ciudades de la cultura maya...*
- Mucho más generalizado resulta el empleo de ***nosotros***, tanto para representar solo al emisor como en la modalidad inclusiva o participativa, que engloba al destinatario:
  – *Aquí encontramos a Erkka, un guía local.*
  – *Comprobamos la inmensa hospitalidad que muestra la gente.*
  – *Queremos realizar un trekking por la sierra.*

Uso de *tú* y *usted*

- Como es obvio, la **implicación abierta** del destinatario se realiza mediante el uso de los deícticos de segunda persona, ***tú*** o ***usted***. La elección de uno u otro depende del grado de distanciamiento entre los interlocutores:
  – *Disfruta, en cualquier época del año, de unas vacaciones de ensueño.*
  – *Suba al Trenhotel y empiece a disfrutar del viaje.*

Uso de las formas impersonales

- La **despersonalización** del discurso es característica de las guías turísticas, que suelen describir lugares e itinerarios en tercera persona, para conseguir la mayor **objetividad**:
  – *Por la calle Costanilla se sale de Nájera. Se llega utilizando algún medio de transporte.*
- Por último recordemos que, en todo tipo de guía son usuales las construcciones impersonales que expresan **obligación, necesidad, consejo**, etc.: *hay que, se requiere, es recomendable, merece la pena, lo mejor es, es obligado...*

2. Construcciones con el pronombre *lo*

El artículo neutro ***lo*** se combina con adjetivos, oraciones de relativo introducidas por el pronombre *que* o con sintagmas preposicionales, pero nunca con nombres. No admite tampoco la forma en plural. Todas estas construcciones con ***lo*** son propias de la lengua hablada y adquieren en la comunicación real un valor claramente expresivo.

Lo* + adjetivo** (no seguido del pronombre *que*) expresa una **cualidad en general**, equivalente al significado de un sustantivo abstracto. Así, ***lo justo se refiere al conjunto de rasgos semánticos que se asocian al adjetivo ***justo***, pero sin denotar un nombre en particular. En algunos contextos esta estructura tiene una referencia individualizada:

– ***Lo malo*** *de Madrid* equivale a *la parte mala de Madrid*.

En este caso el adjetivo va siempre en masculino singular y no admite variación de género y número.

***Lo* + *que* + verbo** tiene el mismo valor que la construcción anterior:

– ***Lo que me gusta*** equivale a *las cosas que me gustan en general* o *la parte que me gusta en particular.*

Esta construcción también se puede usar enfáticamente, pero siempre seguida de un infinitivo o de la conjunción *que* más un verbo en subjuntivo:

– ***¡Lo que me molesta*** *que me llamen de noche!* equivale a *cuánto me molesta*.

Una variante de esta construcción referencial y genérica es la estructura ***lo* + *de* + sintagma nominal** (*Lo de su vecino no tiene nombre*), que implica habitualmente un conocimiento previo y compartido por parte de los dos interlocutores del referente no expreso del pronombre ***lo***. Sin el conocimiento de este antecedente común, el destinatario del mensaje no podría saber cuál es la referencia de la oración.

Lo* + adjetivo + *que (*Lo difícil que es*) o **lo + *que* + verbo** (*Lo que cuesta llegar a fin de mes*) tienen valor enfático. En la construcción con verbo el componente enfático de cantidad está implícito, mientras que en las estructuras de *lo* + adjetivo + *que* el elemento enfatizado es el valor semántico del adjetivo. En esta construcción, el adjetivo mantiene el género y el número de los nombres a los que se refiere:

– ***Lo altas** que están estas **niñas**.*

– ***Lo caros** que son estos **coches**.*

3. Construcciones con el pronombre *se*

El pronombre ***se*** en español puede tener muchos valores y sentidos, según el tipo de construcciones en que aparezca.

Conviene distinguir en primer lugar aquellos usos en los que el pronombre ***se*** es una marca de tercera persona que alterna con otros pronombres átonos (*me, te, se, nos, os, se*) en construcciones reflexivas, recíprocas y en los llamados verbos pronominales. En las oraciones impersonales o en la pasiva refleja, por el contrario, el pronombre ***se*** no alterna con ningún otro pronombre.

Construcciones con *se*

- El pronombre ***se*** puede tener **valor reflexivo** cuando el sujeto y el complemento directo tienen el mismo referente:

  – *Él **se mira** en el espejo.*

  La reflexividad también se da con el complemento indirecto:

  – *Él **se afeita** el bigote.*

- El pronombre ***se*** tiene **valor recíproco** cuando los sujetos de la acción verbal son a la vez, simultáneamente, complementos directos:

  – *Ellos **se apoyan** mutuamente.*

- El pronombre ***se*** es la forma que adquiere el complemento indirecto *le* cuando antecede a los pronombres *la, las, los* y *las*. Es el llamado por algunas gramáticas ***el falso "se"***:

  – *Le dimos la noticia a tu hermano. **Se la** dimos* (para no decir **le la dimos*).

- El pronombre ***se*** puede ser la marca de la construcción llamada **pasiva refleja**, es decir, una estructura con el verbo en forma activa pero con sentido pasivo:

  – *Estos productos **se han vendido** muy bien.*

  En la lengua común esta estructura se prefiere en español a la oración pasiva propiamente dicha, con el verbo *ser* + participio pasado.

- El pronombre ***se*** es también marca de **involuntariedad**:

  – *La aspiradora **se ha estropeado**.*

  Esta marca es más clara cuando aparece el complemento indirecto explícito:

  – *Se **me** ha estropeado el coche.*

  – *Se **me** han perdido las llaves.*

Uso en los verbos pronominales

- Los verbos pronominales son aquellos que **se conjugan con el pronombre proclítico** en todas sus formas, incluyendo las no personales. Estos pronombres funcionan como los morfemas dependientes y contienen morfemas de persona, género y número. Los verbos pronominales expresan una acción que **repercute** sobre el sujeto, sin ser necesariamente recíproca o reflexiva.

- Es habitual que haya muchos **dobletes** en español: *retirar/ retirarse, acostumbrar/ acostumbrarse*, etc. En estos dobletes, los verbos pronominales suelen ser intransitivos. Sin embargo, nada obliga a que este tipo de verbos tenga que serlo necesariamente:

  – ***Me comí** una tarta de chocolate.*

  – *Siempre **te tomas** la vida a broma.*

- Los verbos pronominales se construyen con el pronombre ***se***, alternando con los demás pronombres átonos. Sus **valores** y significados son también muy diversos:

  - El verbo solo o principalmente se usa como **pronominal**: *arrepentirse, jactarse, suicidarse, dignarse, retractarse, aficionarse, atreverse, apropiarse, inmutarse, apearse, divorciarse, enemistarse, desentenderse, acicalarse...*

    En estos casos no es posible en el uso del español actual una forma no pronominal de estos verbos, salvo en sentido figurado.

  - El verbo con el pronombre repercute sobre el **sujeto** (semirreflexivo) y sin el pronombre repercute sobre el **objeto**: *levantar/se; acostar/se, retirar/se:*

    – *El estudiante **levantó** la mano.*

    – *El jugador se cayó y **se levantó** por su propio pie.*

  - El verbo con el pronombre es **más expresivo** o más intenso:

    – *Todos rieron con sus gracias./Todos **se rieron** con sus gracias.*

  - La acción del verbo **beneficia al sujeto**: *comerse un bocadillo, aprovecharse de su cargo.*

  - Si queremos expresar **disfrute** o incluso **culpa** diríamos:

    – ***Se comió** todos los pasteles*, no **Comió todos los pasteles.*

  - El verbo pronominal implica un **proceso**: *dormirse*, frente al verbo sin pronombre, que es solo el hecho en sí: *dormir*.

CONTINÚA »

- El verbo pronominal implica un **cambio de significado**: *acordar/acordarse*:
  - *Los casados **acordaron** el régimen económico de su matrimonio.*
  - *No **se acordó** de la fecha de cumpleaños de su amiga.*
- El verbo pronominal **enfatiza** o refuerza **la presencia del sujeto**: *ir/irse*. *Ir* expresa solo el movimiento: *Voy a la playa*. *Irse* expresa voluntariedad y un cierto estado de ánimo:
  - *No aguantó más. Cogió la puerta y **se fue**.*

4. Los textos normativos

Se denomina texto **normativo** aquel texto que **establece normas** o **instrucciones** para alcanzar la realización de un propósito. Indican cómo hay que actuar en una situación determinada para obtener un resultado de un procedimiento. Por ello, es importante que cualquier individuo entienda y comprenda cómo funciona dicho proceso.

Algunos ejemplos de textos normativos son: las leyes y reglamentos, bases y concursos, recetas de cocina, instrucciones sobre el manejo de aparatos, manuales, reglas de juegos, etc.

En este tipo de textos es muy frecuente el **uso del futuro de indicativo** para prescribir los comportamientos o actuaciones de los individuos. Otras formas verbales comunes para dar instrucciones son el **modo imperativo** y el **presente de indicativo** —utilizando las personas *tú* (cuando nos dirigimos a un interlocutor concreto), *nosotros* (normalmente si explicamos el proceso a la vez que lo realizamos o mostramos cómo se hace) y *se* (de un modo más general, sin pensar en un interlocutor concreto)—, entre las formas personales o conjugadas —mucho más frecuentes en la oralidad—, y el infinitivo (forma no personal del verbo, mucho más genérica que las anteriores y propia de textos escritos esquemáticos). No obstante, la selección de unas formas u otras dependerá del tipo concreto de texto: así, una receta de cocina admite el uso del imperativo o del presente de indicativo, pero no tanto del futuro; mientras que en el caso de una ley o reglamento ocurrirá lo contrario. Esto se debe a cuestiones relacionadas con la relación entre los interlocutores, la fuerza que transmitan unas formas u otras, etc.

Características de los textos normativos

✗ Características **generales**:

- Las **instrucciones** han de ser suficientemente **claras** y **precisas**, dando cabida al mayor número de casos imaginables. De este modo se evitan posibles problemas de interpretación y de aplicación.
- Los **enunciados** deben ser **breves** en la medida de lo posible, estableciendo divisiones y apartados en los casos en que las instrucciones sean más complejas (requisitos, excepciones, etc.).
- Es importante que las **instrucciones** se presenten **secuencialmente**, es decir, paso a paso, para obtener un resultado.
- Se usan ciertos recursos, como las **sangrías**, los **asteriscos**, **números** o **iconos** para señalar o secuenciar la serie de pasos.
- En algunos casos, las instrucciones se apoyan en **esquemas** o **ilustraciones** que facilitan la comprensión del mensaje.
- El **emisor** del mensaje debe ser lo más **objetivo** posible, de ahí que se utilice un léxico libre de connotaciones y estructuras que eliminan las referencias personales al emisor o al destinatario.
- El **vocabulario** utilizado debe ser **específico**, **congruente** y **sin ambigüedad**. Se deben usar los tecnicismos propios de la temática a la que la normativa haga referencia y definir los términos nuevos antes de utilizarlos.

✗ En cuanto a la **estructura**, normalmente se constituye en torno a dos ejes:

- En un primer momento (título, introducción, exposición de motivos, etc.) **se delimitan** el **objeto** (temática) y los **objetivos** de la norma o instrucción (qué es lo que se pretende conseguir o hacer).
- Fijado lo anterior, se procede a la **exposición** de las normas o instrucciones concretas para lograr tales fines. Dicha exposición puede secuenciarse según varios criterios:
  - siguiendo un orden secuencial o temporal (ordenación **cronológica**): es el caso de las recetas de cocina, las fases de un concurso, el montaje de un mueble, etc.;
  - según relaciones de causa-efecto o condición-consecuencia (ordenación **lógica**): normas de tráfico, sanciones administrativas y penales, etc.;
  - en función de la importancia de la información (ordenación según el **rango**, normalmente de mayor a menor): es, por ejemplo, el caso de las normas de protocolo o de los prospectos de los medicamentos.

UNIDAD 2: SE SIENTE

1. El adjetivo

1.1. Clases de adjetivos

Existen dos grandes grupos de adjetivos que se distinguen por la forma en que complementan al sustantivo y por el tipo de significado que aportan. Son los **adjetivos calificativos** y los **adjetivos relacionales**.

Los **adjetivos calificativos** expresan las propiedades o cualidades del nombre y permiten expresar valoraciones. Algunas de las nociones que transmiten son: dimensión, tamaño, color, valoración, aptitudes...:

– *Siempre he querido vivir en una **casa grande**.*

– *En esta calle hay una tienda donde venden **leche fresca**.*

Los **adjetivos relacionales** expresan las propiedades que asignamos a un objeto por su relación con algo **externo** a él. Son adjetivos que derivan normalmente de un sustantivo: *presupuesto* > *presupuestario, policía* > *policial*... Pueden expresar:

- **Nacionalidad** (gentilicios: *italiano, japonés*).
- **Lugar**: (*paseo marítimo*).
- **Instrumento**: (*transporte aéreo*).
- **Tiempo**: (*revista mensual*).
- **Clase**, **tipo**, **posesión**: (*moda infantil, intuición femenina*).

– *Caracas y Bogotá son dos **capitales americanas**.*

– *Acaban de anunciar un importante **descubrimiento científico**.*

Los adjetivos relacionales tienen algunas propiedades que los diferencian de los calificativos:

- siempre van **pospuestos** al nombre: **el presupuestario debate* → *el debate presupuestario;*
- **no pueden ser intensificados** con elementos de grado como *muy, bastante,* etc.: **un debate muy presupuestario.*

1.2. La posición del adjetivo

En lo relativo a la posición del adjetivo en español, suele decirse que más que leyes, lo que existen son tendencias. Aunque sí podemos citar dos normas generales:

- Los **adjetivos calificativos** pueden usarse delante o detrás del sustantivo:

  – *Alquilo **preciosa casa** en plena costa gallega.*

  – *Ha alquilado una **casa preciosa** en Galicia.*

- Tal y como se indica en el punto anterior, los **adjetivos relacionales** solo pueden aparecer detrás del sustantivo:

  –**El Bosón de Higgs es el **científico descubrimiento** del año.* → *El Bosón de Higgs es el **descubrimiento científico** del año.*

La posición de los adjetivos calificativos no depende de un solo tipo de causa, sino que está condicionada por distintos aspectos como el tipo de texto, la intención del autor y las limitaciones en cuanto a su posición que presentan algunos adjetivos.

Como norma general, cuando el adjetivo aparece **antepuesto**, lo que aporta es una información, una **explicación adicional**, que no resulta imprescindible para identificar al sustantivo.

Cuando el adjetivo aparece **pospuesto**, el adjetivo es necesario para identificar al objeto designado por el nombre ya que sirve para **restringir** o **especificar** el objeto según la propiedad expresada:

– *Quiero mudarme a una **ciudad grande**.*

Valores y usos del adjetivo antepuesto

La **anteposición** del adjetivo conlleva, a menudo, algún tipo **de intención valorativa** o afectiva; el hablante desea realzar la cualidad. Esto justifica su frecuente aparición en:

✕ Textos **literarios**:

– *Por ti la **verde hierba**, el **fresco viento** / el **blanco lirio** y **colorada rosa** / y **dulce primavera** me agradaba...* (Garcilaso de la Vega).

✕ Oraciones **exclamativas**:

– ***¡Bonito vestido!** ¿Dónde lo compraste?*

✕ Frases **ponderativas** (*buen/mal*). Exagera o aumenta el significado del sustantivo al que acompaña:

– *Han ganado un **buen pellizco** con la lotería.*

✕ Frases con valor **irónico** (*valiente, bonito, menudo...*). Adquiere un tono burlón, da a entender lo contrario de lo que se dice:

– ***Menuda nochecita** que nos ha dado la peque...*

✕ En otros casos, el adjetivo **se antepone** para formar una **combinación casi fija** (en la que el orden no puede cambiarse): *alta mar, verdadero caos, crudo invierno*:

– *Nos quedamos sin luz en **plena cena** de Navidad.*

– *La carretera permanecerá cerrada hasta **nuevo aviso**.*

✕ También se anteponen los adjetivos con valor **cuantificador** (*escaso, raro, numeroso...*), expresando magnitud:

– *Se están registrando **numerosos casos** de gripe estos días por las bajas temperaturas.*

UNIDAD 3: TODO UN ÉXITO

1. Los adverbios cortos

Los **adverbios cortos** o **adjetivos adverbializados** se caracterizan por no presentar variación de género y número, siendo invariables en la forma masculino singular:

– *Mis dos hijas trabajan* ***duro****. Nadie les ha regalado nada.*

Los adverbios cortos no pueden combinarse con todos los verbos. Algunas combinaciones de verbo + adverbio corto están más consolidadas y otras son más ocasionales.

Estos adverbios son más habituales en el español americano y se forman únicamente con ciertos adjetivos. Los más frecuentes son los que expresan:

- evaluación **positiva** de la manera de actuar: *bárbaro* (*jugó* ***bárbaro***), *bonito* (*que te vaya* ***bonito***), *rico* (*cantan* ***rico***), *sabroso* (*conversaron* ***sabroso***);
- dimensiones **espaciales** (*alto, bajo, hondo, profundo*);
- diversas formas de **percibir** algo: *recio* (*sopla* ***recio***), *quedo* (*habla* ***quedo***).

Además, poseen ciertas restricciones:

- solo modifican a **verbos** (no a adjetivos ni a otros adverbios);
- aparecen normalmente junto al verbo modificado:

– ***Hablemos claro*** *sobre la cuestión.*

Los adverbios cortos: clasificación

✘ Adverbios que se combinan con un número mayor de verbos. Constituyen el grupo más reducido. A este grupo pertenece, por ejemplo, el adverbio *rápido*:

– *Mi hermana no conduce* ***rápido****.*

✘ Adverbios de uso más restringido:

- ***Alto, bajo, claro...*** se combinan con **verbos de lengua**:
  – *Me gusta hablar* ***claro****.*
- ***Alto, bajo, recto...*** se combinan con **verbos de movimiento direccional**:
  – *Sigue* ***recto*** *por esta calle. Lo encontrarás enseguida.*
- ***Fuerte, firme...*** se combinan con verbos como *andar, dar, pisar, golpear, apretar*:
  – *Anda* ***firme****, con decisión y sin torcer tu camino.*
- ***Fuerte...*** se combinan con ***comer, desayunar...***
  – *No me sienta bien cenar* ***fuerte****.*

✘ Otros adverbios cortos se usan solo con un grupo mucho más restringido de verbos y, en ciertos casos, con un solo verbo:

- *Alegrarse, celebrar, agradecer* + *infinito*: *Agradezco* ***infinito*** *vuestra ayuda.*
- *Saber* + *seguro, cierto*: *No sé* ***seguro*** *si vendrá a la fiesta.*
- *Jugar* + *limpio*: *En el trabajo, es importante jugar* ***limpio****.*
- *Hilar* + *fino*: *Hay que hilar* ***fino*** *para equilibrar las leyes.*
- *Respirar* + *hondo*: *Si estás estresado, ¡respira* ***hondo****!*
- *Comprar* + *caro / barato*: *En los mercados se puede comprar* ***barato****.*

2. Expresar el modo de hacer algo

El modo es una noción general que informa sobre la **forma** en que se realiza la acción designada por el verbo. La categoría gramatical implicada preferentemente en la expresión del modo es el **adverbio**, pero no es la única (preposiciones, gerundio, oraciones adverbiales de modo, etc.).

Contamos en español con diversos recursos que nos ayudan a expresar, con diferentes grados de precisión, cómo se ha realizado la acción.

Expresión del modo y sus significados

✘ Según el matiz que queramos dar, podemos elegir entre las siguientes maneras de expresar el modo de llevar a cabo una acción.

- Decimos **exactamente** cómo se realiza una acción:
  – *Habla* ***a gritos****.*
  – *Hace el trabajo* ***renegando****.*
  – *Trabajó* ***muy duro*** *para conseguir ese puesto.*

CONTINÚA »

- Señalamos que se hace algo de acuerdo a una **determinada manera**:
  - *Lo diré **tal cual tú me digas**.*
  - *Iré vestida a la fiesta **como tú quieras**.*
- Describimos el modo de hacer algo mediante una **comparación imaginaria**:
  - *Se comporta **como si** estuviera loco.*
  - *Habla **igual que si** fuera él el director de la empresa.*
- Indicamos el modo de hacer algo por la **ausencia** de una actividad:
  - *Entra **sin** hacer ruido.*
  - *Hazlo **sin que** se entere tu hermano.*
- Expresamos la **consecuencia** que tiene la forma en que hacemos algo:
  - *Dilo **de tal forma que** nadie se sienta ofendido.*

Adverbios y locuciones para expresar modo

✗ ***Como, según, conforme, de acuerdo con lo que, tal cual, tal y como, igual que*** + indicativo/subjuntivo:

- Cuando el hablante **conoce** la información de la que habla, usa el indicativo:
  - *Lo ha hecho conforme le **dijiste**.*
- Cuando el hablante **desconoce** la información de la que habla, usa subjuntivo:
  - *Lo hará de acuerdo con lo que le **digas**.*

✗ ***De (tal) forma/modo/manera/suerte/que*** + indicativo/subjuntivo:

- Cuando el hablante expresa la **consecuencia** que tiene una determinada forma de actuar, usa indicativo:
  - *Habló de forma que todos **pudieron oírlo**.*
- Cuando el hablante, además de la **consecuencia** que tiene una determinada forma de actuar, añade un matiz de **finalidad**, usa subjuntivo:
  - *Habló de forma que todos **pudieran oírlo**.*

✗ ***Sin (que)***:

- Cuando el hablante expresa el modo de hacer algo por la **ausencia** de una actividad, si se refiere al mismo sujeto, usa *sin* + infinitivo:
  - *Sal de la habitación sin **llamar** la atención.*
- Con sujetos diferentes, *sin que* + subjuntivo:
  - *Sal de la habitación sin que te **vean**.*

✗ ***Como si, igual que si, lo mismo que si***:

- Cuando el hablante describe la manera de hacer algo mediante una **comparación imaginaria**, es obligatorio el uso del imperfecto o pluscuamperfecto de subjuntivo:
  - *Baila como si nadie **pudiera** verte.*
  - *Ama como si nadie te **hubiera hecho** daño nunca.*
- Cuando el hablante expresa **indiferencia** usa *como si* + indicativo:
  - *Por mí, como si no **llamas** nunca más.*

✗ Otras locuciones adverbiales que expresan modo son:

- Locuciones formadas con ***a*** + sustantivo femenino plural: *a hurtadillas, a horcajadas, a ciegas...*
- Locuciones formadas con ***a*** + infinitivo: *aplaudir a rabiar, disparar a matar, salir a todo correr, llorar a todo llorar....*
- Locuciones formadas con ***de*** + sustantivo: *de repente, de muerte, de miedo...*
- Locuciones formadas con ***sin*** + infinitivo: *sin querer.*

✗ Otras formas de expresar el modo en español:

- El **gerundio** puede expresar la manera en que se realiza la acción principal:
  - *Miguel hizo el examen **llorando**. / Lo consiguió **esforzándose** mucho.*
- Algunos sintagmas preposicionales también expresan modo, especialmente con las preposiciones *con, a, en*: *hacer algo con ganas, escribir a mano, sacar a empujones, pimientos en vinagre, ir en mangas de camisa...*

3. Conectores y marcadores argumentativos

Los **marcadores del discurso** son unidades lingüísticas invariables que señalan la **relación** que se establece entre diversas partes del texto. Estas unidades son nexos supraoracionales que dan al texto **cohesión** y explicitan la interpretación de los enunciados. Los marcadores y conectores permiten organizar el discurso oral y escrito, darle mayor unidad y especificar el sentido y la función de sus partes (párrafos, apartados, etc.).

Por otro lado, es preciso tener en cuenta el carácter polifuncional de los marcadores: por ejemplo, *entonces* puede funcionar bien como estructurador de la información en un discurso oral, bien como *conector* consecutivo; ocurre lo mismo con *en fin*, que, además de su función de adverbio, puede ser un ordenador o un reformulador.

Hay marcadores que funcionan en todo tipo de discursos, como *en fin*, que marca una conclusión o un cierre de un texto y *pero* que expresa el contraste entre los párrafos. Sin embargo, hay algunos marcadores que son distintos y específicos en algunos niveles de la lengua hablada, y propios de algún tipo de discurso de la lengua escrita (exposición, argumentación, narración, lenguaje jurídico-administrativo, etc.).

Conectores y marcadores argumentativos

- Los **conectores** vinculan **semánticamente** un miembro del discurso con otro:
  - **Aditivos**, que **unen** dos miembros con el mismo sentido argumentativo: *además, encima, aparte, incluso, por añadidura, es más...*
  - **Consecutivos**, que marcan la relación de **consecuencia** entre dos partes del texto (párrafos o apartados): *por tanto, en consecuencia, de ahí, entonces, pues, así pues, así, por consiguiente…*
  - **Contrargumentativos**, en los que la segunda parte de un texto indica una supresión o **atenuación** de alguna conclusión que se pudiera obtener del primero: *en cambio, por el contrario, por contra, antes bien, sin embargo, no obstante, con todo, ahora bien...*
  - **Concesivos**, que indican una **dificultad** que no impide el cumplimiento de una acción, estado o proceso: *aunque, pese a que, y eso que…*
- Los **reformuladores**: presentan un segmento del discurso como una expresión **más acertada** de lo que se ha dicho anteriormente:
  - **Rectificativos**, que **sustituyen** un elemento previo, considerado incorrecto, por otro que matiza lo dicho: *mejor dicho, más bien, mejor aún…*
  - **De distanciamiento**, que **restan relevancia** a lo dicho antes: *en cualquier caso, en todo caso, de todos modos, de cualquier manera, de cualquier forma...*
  - **Recapitulativos**, que presentan una **conclusión** o recapitulación de lo dicho antes: *en suma, en conclusión, en definitiva, en fin, al fin y al cabo, total, en resumidas cuentas…*
  - **De refuerzo argumentativo**, que refuerzan o **potencian el argumento** expresado en el segmento del discurso al que se refieren: *en realidad, en el fondo, de hecho, desde luego...*
  - **De concreción**, que son, de hecho, **un ejemplo** de una expresión más general: *por ejemplo, en concreto, en particular...*

4. Preposiciones regidas por verbos, participios, adjetivos y sustantivos

En la estructura de la frase se establecen diferentes relaciones entre las palabras. En ocasiones es posible crear estructuras sintácticas simplemente combinando las diferentes unidades:

– *Julia lee cómics americanos.*

– *Paula prefiere ver películas francesas.*

Pero en otras ocasiones la articulación de las unidades precisa de elementos que las pongan en relación, como ocurre con las **preposiciones**:

– *Los libros **de** la estantería deben **de** ser todos **de** Juan.*

Hablamos de **estructuras regidas** cuando no hay otra posibilidad de articulación de las unidades de la frase que el uso de un elemento relacionante que depende de una de ellas, así como en aquellos casos en que, si hay una alternativa sin preposición, o con otra diferente, cambia el significado.

Volviendo al ejemplo anterior, vemos que la preposición que no puede ser eliminada es la que relaciona los verbos *deber* y *ser*:

– *Esos libros deben **de** ser todos **suyos**.*

De hecho, si eliminamos la preposición, cambia el significado:

– *Esos libros **deben de ser** todos suyos.* (creencia, suposición, estimación)

– *Para votar en las elecciones generales **debes ser** español y mayor de 18 años.* (necesidad, obligación)

Pero lo más frecuente es que la supresión de la preposición (o la introducción de una innecesaria) haga que la frase sea incorrecta:

– **¿No es posible ~~de~~ cambiar de asiento?*

– ** Es mala educación eructar delante invitados.*→ *Es **de** mala educación...*

Ten en cuenta que:

- Hay que conocer cuáles son las preposiciones que rigen cada construcción y si hay más de una: *creer **en**/**a**, pensar **en**, alérgico **a**, responsable **de**…* y no **pensar a, *alérgico de, *responsable en.*
- Hay que conocer, cuando hay varias posibilidades, qué diferencias de significado implican:
  – *Creo **en** la distribución solidaria de los recursos públicos.*
  – *Creo **a** Marisa. Es una persona honesta que dice siempre la verdad.*
- Para conseguir estos objetivos, lo mejor es extraer ejemplos de diferentes textos, comprobar la relación entre las palabras en un diccionario combinatorio o de preposiciones, y anotar los ejemplos siguiendo ciertos criterios: ordenados por preposiciones: *a, ante, bajo, con…*, agrupando las categorías gramaticales: verbos, sustantivos, participios, expresiones…, y apuntando algunos ejemplos que ayuden a memorizar la construcción.

1. Los tiempos del pasado

Entre los temas gramaticales más complejos del aprendizaje del español como lengua extranjera, se encuentra el subsistema de las formas verbales del pasado en indicativo.

Los tiempos del pasado: valores principales

En indicativo

- **Pretérito indefinido** → para narrar o contar un hecho que ha sucedido en el pasado sin describirlo ni relacionarlo con ninguna situación:
  - *Ayer **llegué** temprano al trabajo.*
- **Pretérito perfecto** → para narrar o contar un hecho del pasado en el que nos interesa resaltar su relación con el presente:
  - *María **se ha mudado** de casa.*
- **Pretérito pluscuamperfecto** → para narrar o contar un hecho anterior a otro hecho anterior:
  - *Antes de cumplir veinte años, **había ganado** ese premio.*
- **Pretérito imperfecto** → para describir un hecho que se convierte en una situación que se quiere evocar o que sirve de marco para situar otra acción. El hecho se convierte en una imagen sin movimiento que se describe y analiza:
  - *En esta calle antes **había** una biblioteca.*
- **Pretérito anterior** → para expresar una acción que terminó en el pasado justo antes de iniciarse una segunda acción inmediatamente posterior, que también está en el pasado:
  - *En cuanto **hubo terminado** de trabajar, regresó a su casa.*
- **Condicional simple** → expresar una acción futura con respecto a otra ya pasada:
  - *Dijo que **te llamaría** nada más llegar de Londres.*

En subjuntivo

- Es sabido que en el subjuntivo el valor temporal se ha diluido casi por completo, a favor del valor modal. De hecho, tanto el presente como el imperfecto de subjuntivo pueden referirse a cualquier momento pasado, presente o futuro.
- El pretérito perfecto y el pluscuamperfecto de subjuntivo, sin embargo, presentan mayores restricciones en su uso temporal y muestran una especialización casi absoluta en la expresión de acontecimientos pasados:
  - **Pretérito perfecto** → expresa una acción pasada con respecto a otra acción futura. Una acción que ocurre en el pasado del futuro:
    - *Ojalá **haya llovido** cuando lleguemos a Madrid.*
  - **Pretérito pluscuamperfecto** → alude a una acción pasada no realizada:
    - *Ojalá lo **hubiera sabido** a tiempo.*

Otros tiempos con valor pasado

- **Presente histórico** o **narrativo** → consiste en utilizar el tiempo presente para referirse a acontecimientos pasados. Con esto se da más actualidad a los hechos que se narran. Para interpretar un presente como un pretérito, es necesario que haya algún indicador (contexto) que nos remita al pasado:
  - *En el año 800, Carlomagno **es** coronado emperador.*

Variedades geográficas y de uso del pretérito perfecto

Área geográfica	Ejemplo	Comentario	Variedad del perfecto
Todas.	– *Ha viajado muchas veces a Europa.*	La acción puede suceder una o varias veces en un periodo acotado convencionalmente, o bien en la vida de una persona.	Experiencial.
Todas.	– *He vivido aquí treinta años* (con el sentido de que sigo viviendo aquí).	La situación descrita queda abierta y puede seguir tras el momento del habla.	Continuo (predicados de estado y acción).
Todas, pero la interpretación de acción abierta es mucho más marcada el español americano que en el europeo.	– *Luisa no ha llegado. Esperémosla.*	La situación no se cierra en el momento del habla.	Continuo con negación + predicado puntual.
Gran parte de España, Perú, Bolivia, Paraguay, noroeste de la Argentina; también en parte de Centroamérica.	– *Luisa ha llegado hace un rato.*	La situación descrita tiene lugar en algún punto anterior al momento del habla, pero dentro del día en que se emite el enunciado.	De hechos recientes limitados al día de hoy.

CONTINÚA

Gran parte de España, Perú, Bolivia, Paraguay, noroeste de la Argentina; también en parte de Centroamérica.	– *Luisa me ha regalado este vestido.*	El hablante entiende que la acción sucede en un presente extendido.	De hechos presentados como actuales, pero sin vinculación expresa con el presente.
Parte de las áreas centroamericana y andina.	– *Se prepararon a disparar y en ese momento han arreciado los gritos.*	Acerca los hechos ocurridos a la perspectiva del oyente o del lector.	Evidencial narrativo (tras pretérito indefinido o imperfecto).
Todas.	– *¡Cómo han subido los precios!*	Se obtiene interpretación de estado resultante (los precios están muy altos) a la vez que se resalta la novedad o la sorpresa ante lo que se acaba de conocer.	Evidencial resultativo.
Parte del área andina.	– *Ha sido caro* (tras conocer el precio de una mercancía).	No denota un hecho pretérito ni tampoco un cambio de estado. Resalta la novedad o la sorpresa que se acaba de conocer.	Evidencial no resultativo.
Bolivia, costa peruana, Paraguay, noroeste de Argentina.	– *Luisa ha llegado a esta ciudad hace tres años.*	Con adjuntos temporales de pretérito indefinido.	Perfectivo o de aoristo.

1.1. Los verbos de evento y estado

Para llevar a cabo una descripción rigurosa y coherente de los diversos rasgos en los que se basa la oposición pretérito indefinido e imperfecto, es importante destacar el hecho de que unos verbos, por su lexema, se relacionan con acciones o procesos, mientras que otros se relacionan con estados.

Verbos de evento y estado: diferencias

- Los verbos de **evento** son verbos cuyo significado implica un **principio** y un **fin**. Una vez que ha tenido lugar el suceso que describe, este no continúa teniendo lugar: *bajé las escaleras/construyó la casa/ llegamos a la estación.*
- Los verbos de estado son los verbos cuyo significado **no expresa límites**. Se presenta el suceso mientras ocurre y es susceptible de continuación: *está enfermo/ amó a Salome.*
- Es fácil construir pruebas para sustentar esta clasificación entre verbos de evento y estado. Una de las pruebas para diferenciarlos consiste en añadir a la frase la expresión adverbial ***en* + cantidad de tiempo**. Esta estructura que nos indica el tiempo que se tarda en efectuar por completo una acción, es compatible con los verbos de evento pero incompatible con los verbos de estado:
  - *Bajé las escaleras en un minuto.*
  - *Construyó la casa* ***en dos años****.*
  - *Llegamos a la estación* ***en media hora****.*
  - **Está enfermo ~~en 5 minutos~~.*
  - **Amó a Salome ~~en tres años~~.*
- Es importante destacar que unos verbos por su significado, se relacionan con eventos, mientras que otros se relacionan con estados.
  - Son verbos de **evento** los de **movimiento**: *subir, bajar, entrar, salir, venir, ir, llegar, marchar, caer*, etc.; o los de **transformación de la materia**: *construir, edificar, pintar, escribir*, etc.
  - Son verbos de **estado** los que sirven para **identificar** o **clasificar**: *ser, parecer, llamarse*, etc.; los que sirven para **situar**: *estar, hallarse, encontrarse, sentirse*; los que indican **conocimiento**: *saber, conocer, creer, opinar*, etc.
- El carácter de evento o estado se relaciona con la **información** que aporta el **infinitivo** (*escribir*). No obstante, son muchos los casos en los que el significado está determinado por el conjunto de los componentes que acompañan al verbo. En el siguiente par de frases son los complementos los que hacen variar el carácter de evento o de estado de la oración:
  - *Escribo la carta* → escribir una carta en particular supone una acción con un **final determinado** y, por tanto, es un evento.
  - *Escribo cartas* → hace referencia al **hábito** de escribir cartas y no conlleva un final, ya que la acción puede continuar indefinidamente. Indica, pues, un estado.
- Cuando se relata algo que ocurrió en el pasado, es el hablante quien decide utilizar los verbos en pretérito indefinido o en imperfecto en función de si quiere narrar o describir los hechos, aunque existe una **tendencia** habitual a que los verbos de **evento** se usen para **narrar** en pretérito indefinido, y, en cambio, los verbos de **estado** se usen frecuentemente para **describir** en pretérito imperfecto.
  - Cuando los verbos de evento se usan para describir y aparecen en imperfecto, generalmente se interpretan como una **acción habitual en el pasado**:
    - *Los sábados dormía solo cuatro horas.*

    En este caso, las oraciones incluyen expresiones de frecuencia: *a menudo, habitualmente, los domingos, siempre, todos los días*, etc.
  - Con los verbos de estado el uso del pretérito indefinido se interpreta como una **propiedad transitoria** de un tiempo determinado que ha concluido o como una delimitación existencial (la vida del individuo): *Juan fue rubio.*

    Se suele acompañar de diversas expresiones que delimitan su duración: *hasta los sesenta años, durante su juventud, varios meses*, etc.

1.2. El imperfecto narrativo

El uso del imperfecto narrativo persigue solo un efecto **estilístico**. Es característico de la **lengua escrita periodística** y se suele usar para presentar una acción como desenlace de otras que se introducen secuencialmente. Por lo general, este uso del pretérito imperfecto aparece al final o al comienzo de un relato a fin de llamar la atención sobre una determinada acción:

– *Anoche* ***moría*** *a los ochenta y siete años el escritor y aristócrata José Luis de Vilallonga.*

Cuando usamos el imperfecto narrativo, es particularmente frecuente acompañarlo de expresiones temporales de localización: *el pasado siete de febrero, anoche...* y, en especial, por los que denotan posterioridad: *tras años de lucha, años más tarde*, etc.

El imperfecto: otros valores

- Además de los valores principales (acciones habituales en el pasado, descripción en el pasado...), el imperfecto presenta gran variedad de valores secundarios:
  - Lo usamos para situar el relato en la **ficción**. Aparece en diversos contextos entre los que destacan especialmente los cuentos y otro tipo de narraciones como los sueños y las situaciones que imaginan los niños en sus juegos:
    - *Jugamos a que yo* ***era*** *Superman y tú* ***eras*** *Batman.*
    - *Anoche soñé que* ***estaba*** *en la playa.*
  - Lo usamos como una **estrategia de cortesía** cuando queremos atenuar una exhortación, petición o ruego. También lo usamos para **expresar opiniones** y **hacer propuestas**. Suelen ir con verbos que expresan necesidad o deseo (*querer, necesitar, desear*):
    - ***Podías*** *salir esta noche.*
    - *No* ***debías*** *ser tan brusco con tu hermano.*
    - ***Quería*** *pedirte un favor.*
  - Al igual que con *estaba a punto de* + infinitivo o *iba a* + infinitivo, con el pretérito imperfecto expresamos a veces una acción que **no se realizó**:
    - ***Salía*** *por la puerta cuando me llamó mi madre por teléfono.*
  - Aparece cuando queremos mostrar **sorpresa**, normalmente acompañado de elementos como *no* y *pero* y en oraciones interrogativas o exclamativas:
    - *¿Pero tú no* ***estabas*** *en Brasil?*

    ¿Pero no...? puede mostrar diferentes valores según el contexto y entonación: reproche, puesta en duda, cuestionamiento, etc.
  - Para mostrar que la información por la que se pregunta la conocemos pero no la recordamos y necesitamos **confirmación**:
    - *¿**Eras** francés?*
    - *¿Cuándo te* ***ibas*** *de vacaciones?*
  - Lo usamos para reforzar la idea de que se trata de un **deseo**. Suele aparecer en oraciones simples, en las que se deja claro mediante expresiones como *de buena gana, de mil amores, de poder*, etc.; va acompañado, en el español hablado, de una entonación suspensiva característica:
    - *De mil amores me* ***iba*** *yo a la playa ahora...*

UNIDAD 5: ¡NO TE LO VAS A CREER!

1. Expresar certeza

El hablante dispone de distintos mecanismos que le permiten hacer explícito su compromiso en relación con la verdad de su proposición.

Recursos para expresar certeza

- Existen numerosos recursos para expresar **certeza**:
  - **Verbos** de **conocimiento**: *saber, darse cuenta, averiguar, enterarse, descubrir, notar, conocer, entender, comprender, no caber/haber duda*, etc. y expresiones equivalentes: *estar seguro de..., no tener la menor duda de que, tener claro que*, etc.
  - **Adverbios** y **locuciones adverbiales**: *verdaderamente, claramente, en verdad, indudablemente, sin duda, en realidad*, etc.
  - **Adjetivos** y **sustantivos**: *cierto, conocido, seguro, claro, incuestionable; conocimiento, hecho, realidad, verdad, certeza*, etc.
  - En el discurso coloquial aparecen habitualmente estas expresiones:
    - *Yo no he dicho nada de ese tema,* ***de verdad****.*
    - ***Te aseguro*** *que haré todo lo que esté en mi mano.*
    - *Te llamaré,* ***te lo juro****.*
    - ***Te lo digo****, Juan no está invitado a la fiesta/* ***que*** *Juan no está invitado a la fiesta.*

- Cuando expresamos certeza mediante oraciones en las que el verbo principal tiene un **significado afirmativo**, el verbo subordinado aparece en **indicativo**:
  - ***Es obvio*** *que no* ***quiere*** *venir a la fiesta.*

CONTINÚA »

Sin embargo, cuando expresamos certeza mediante oraciones cuyo verbo principal tiene un **significado negativo**, permiten en general, que el verbo subordinado aparezca en **indicativo o subjuntivo**:

— ***No es cierto*** *que no **quiere/quiera** venir a la fiesta.*

- Cuando el hablante quiere **informar** sobre algo o **se compromete** sobre la veracidad de la frase subordinada usa **indicativo**:
  — *No es cierto que no **quiere** venir a la fiesta.*
- Si el hablante **no se quiere comprometer** sobre la veracidad de la frase subordinada, no quiere dar a entender si es cierta o no, o el interlocutor ya lo sabe, usa **subjuntivo**:
  — *No es cierto que no **quiera** venir a la fiesta.*

2. Oraciones interrogativas con verbos de conocimiento con significado negativo

Las oraciones interrogativas son un caso especial dentro de las oraciones con verbos de conocimiento con significado negativo.

Generalmente, cuando lo que queremos es **mostrar incredulidad** ante lo que hemos oído, aparecen con el verbo en **subjuntivo** y acompañadas de un **tono de extrañeza**:

— *¿No sabías que **viniera** Pedro a la fiesta? Si tú lo dices...*

Por el contrario, cuando lo que queremos es **manifestar desconocimiento** y/o **asombro** ante lo que hemos oído, aparecen con el verbo en **indicativo**:

— *¿No sabías que **venía** Pedro a la fiesta? Es increíble.*

3. Oraciones interrogativas retóricas

Las **oraciones interrogativas retóricas** son formalmente oraciones interrogativas, pero en un contexto adecuado, se utilizan para hacer algo muy diferente a preguntar.

Observemos estos ejemplos:

— *¿Quieres que piensen que somos unos maleducados?*

— *¿Qué hombre razonable desearía la guerra?*

— *¿Puede haber algo más importante que la libertad?*

— *¿Quién sino Juan puede haberlo hecho?*

— *¿Cuándo se ha visto una cosa igual?*

Como podemos ver, todos estos enunciados contienen la respuesta en sí mismos. Su sentido es muy próximo al de estas aserciones:

- No quiero que piensen que somos unos maleducados.
- Ningún hombre razonable desearía la guerra.
- No puede haber nada más importante que la libertad.
- Nadie sino Juan pudo haberlo hecho.
- Nunca se ha visto una cosa igual.

En una interrogación retórica lo que ocurre es que, normalmente, **la respuesta es conocida por el hablante y el oyente**, o se sitúa en una parcela de conocimiento compartido por ambos. Lo que se pretende con la interrogativa retórica es traerlo a la memoria del interlocutor, generalmente dentro de un discurso de tipo argumentativo.

Principalmente existen dos razones para usar la interrogativa retórica:

- **dar más énfasis** a la afirmación que se hace;
- **hacer pasar por verdad** compartida algo que puede no ser más que una opinión personal.

Por todo esto, usamos las oraciones interrogativas retóricas cuando queremos dar fuerza a nuestros argumentos u opiniones. Aparecen frecuentemente en discusiones, debates, ensayos, etc.

Oraciones interrogativas retóricas

✗ A estas oraciones les suelen acompañar determinados elementos gramaticales:

- **Adverbios**:
  — *Tú siempre dices que sí a todo y luego haces lo que quieres, ¿**acaso** no es cierto?*
- **Partículas interrogativas**:
  — *No voy a aprobar el carné de conducir, ¿**para qué** seguir estudiando?*
- Términos y expresiones de **negación**:
  — *Haz lo que quieras, ¿quién te ha dicho **nada**?*
- **Estructuras comparativas**:
  — *La duda es buena para buscar la verdad, ¿pues qué hay **tan** universal **como** preguntar y ser preguntado?*
- **Verbos de opinión**:
  — *Que no te da la gana, ¿**crees que** esa es forma de contestar?*

4. Concordancia de número entre sujeto y verbo

Las reglas generales de la gramática señalan que entre el sintagma que desempeña la función de sujeto y el verbo de la oración se establece una relación solidaria que se manifiesta en la concordancia de número. De este modo, sabemos que el sujeto de una oración es aquella palabra o grupo de palabras que, al pasar del singular al plural (o viceversa) implican el mismo cambio en el verbo. No obstante, hay algunos casos especiales que dependen del significado del núcleo del sujeto.

Casos especiales de concordancia de número sujeto/verbo

Sustantivos de grupo o clase

- En aquellas oraciones en que el sujeto lo forman **un sustantivo colectivo**: *grupo, montón, conjunto, serie, sinfín*..., o de **clase**: *gama, tipo, especie, variedad*... seguido de un complemento introducido por la preposición ***de*** (que introduce, normalmente, un sustantivo en plural: *trabajadores, empresarios, amas de casa*, etc.), el verbo aparece conjugado en **singular**, cuando el sustantivo colectivo o de clase **va determinado**:
  - ***Una serie de sucesos mantiene*** *alerta a la población.*
  - ***El grupo de escapados domina*** *la carrera.*
  - ***Esa gama de colores*** *ya no se* ***lleva***.

  Y en **plural**, cuando el sustantivo colectivo o de grupo **no está determinado**:
  - ***Gran número*** *de empresas extremeñas* ***desembarcan*** *en Iberoamérica.*
  - ***Multitud*** *de fieles* ***arroparon*** *al Papa en su primera misa.*

- En el caso de que el sustantivo colectivo o de clase no lleve ningún complemento introducido por ***de*** se seguirán las normas generales de concordancia:
  - *Las empresas extremeñas se expanden por todo el mundo; gran* ***número elige*** *Iberoamérica para instalarse.*

Sustantivos que denotan cantidad, porcentaje, fracción o número

- En el caso de este tipo de sustantivos: *mayoría, parte, resto, totalidad, el seis por ciento, mitad, tercio, cuarto, par, centenar, millar*... seguidos de complemento introducido por la preposición ***de***, **admiten** en la forma verbal tanto el **singular** como el **plural**, con independencia del tipo de artículo que se utilice:
  - ***El/Un treinta por ciento de los españoles tiene(n)*** *problemas para dormir.*

  Estas construcciones, no obstante, requieren el empleo del verbo ***ser*** en plural:
  - ***Más de la mitad de los españoles son*** *adictos a Internet.*

UNIDAD 6: NI CONTIGO... NI SIN TI

1. Los sufijos apreciativos

En español existen diferentes mecanismos para expresar **connotaciones afectivas** en las palabras: la entonación, la elección del léxico, los sufijos, etc.

Dentro de los sufijos existe el grupo de los **apreciativos**, que son sufijos que se añaden a numerosos sustantivos, adjetivos, y ocasionalmente a otras clases de palabras, para expresar tamaño, atenuación, encarecimiento, cercanía, ponderación, cortesía, ironía, menosprecio y otras nociones que caracterizan la valoración afectiva que se hace de las personas, cosas, animales o cosas: *blandengue, feúcho, sombrerazo, listillo, tipejo*. Aportan solo una valoración subjetiva del hablante sobre el referente de la palabra.

Se distinguen tradicionalmente tres clases de sufijos apreciativos:

- Los **diminutivos** aportan un significado de **tamaño pequeño** (*sillita*) o **afecto** (*cariñito*): *-ejo/-eja, -ete/-eta, -ico/-ica, -illo/-illa*...
  - *¡Qué* ***pajarillo*** *tan mono!*
- Los **aumentativos** aportan un significado de **tamaño grande** (*librazo*) o **valoración negativa** (*señorona*): *-azo/-aza, -ón/-ona, -ote/-ota*...
  - *Este no es un vino, es un* ***vinazo***, *¡Qué malo!*
- Los **despectivos** aportan una **valoración negativa** como desprecio o desconsideración (*gentuza*): *-aco/-aca, -acho/-acha, -ajo/-aja, -ango/-anga, -engue, -ingo/-inga, -orro/-orra, -ucho/-ucha, -uzo/-uza*...
  - *Menudo* ***señoritingo*** *que está hecho. No pone ni la mesa...*

Entre los sufijos despectivos o peyorativos, la terminación *-on/ona*, unida a los adjetivos de persona, a veces denota una **crítica amable**, **ironía** o **censura benevolente**: *cuarentón/cuarentona, tristón/tristona, cursilón/cursilona, coquetón/coquetona*, etc.

Más claramente despectivo es *solterón/solterona*, que designa al que ya no es joven y todavía no se ha casado.

2. Presencia y ausencia del pronombre sujeto

Como regla general, en español el pronombre sujeto de primera y segunda persona **no es de uso obligatorio**, pues las terminaciones del verbo permiten identificarlo perfectamente. No obstante, hay casos en los que el pronombre sujeto sí se usa en español.

Presencia explícita del pronombre sujeto

- La presencia **explícita** del pronombre sujeto se da en los siguientes casos:
  - Aparece para poner el énfasis en el sujeto, aunque esté clara su referencia:
    - *— **Yo** nunca te abandonaría. **Tú** eres la única persona en quien confío.*
  - Sirve para **individualizar** a un interlocutor y distinguirlo de otros partícipes en la conversación:
    - *— ¿Quién crees que te ha traicionado? ¿**Yo**?*
  - El caso de ***usted***, que, salvo en oraciones interrogativas en las que el pronombre sujeto va detrás y es optativo: *¿Qué desea (usted)?*, sí que se emplea explícitamente con más frecuencia para diferenciarlo de otras terceras personas:
    - *— **Usted** viene con nosotros, ¡faltaría más!*
  - Cuando el pronombre sujeto es el término de una **oración comparativa**, su uso es obligatorio:
    - *— Es más rico que **yo**, es más joven que **tú**.*
  - También es obligatorio en construcciones con las preposiciones ***entre*** y ***según***:
    - *— Entre **tú** y **yo** ya no hay nada.*
    - *— Según **tú**, ¿a qué hora llegará María?*
  - Se suele emplear este recurso para resolver una **ambigüedad** debida a la **flexión verbal** (misma forma en primera y tercera persona), con tiempos del subjuntivo y del condicional:
    - — *¡Qué más quisiera **yo**!* (para distinguirlo de *él*).
  - Aparece también el pronombre **en construcciones absolutas** de infinitivo y gerundio para **romper la ambigüedad** sobre quién es el sujeto.
    - *— Al pasar **yo**, nadie se apartó.*
    - *— Conduciendo **tú** me quedo más tranquilo.*
  - Con **imperativo** se emplea para **reiterar una orden** o un consejo:
    - *— **Tú** habla con tu pareja y dile la verdad.*
  - El pronombre sujeto también registra **cambios de turno en la conversación**:
    - ● *Quiero un café con leche, por favor.*
    - ○ ***Pues yo** quiero un té con limón.*
- El orden de palabras del pronombre sujeto es **variable**:
  - Para la **identificación** usamos la construcción: *soy yo; eres tú*:
    - *— Hola, soy **yo**, ábreme...*
    - *— Marta, ¿eres **tú**? ¡Qué alegría oírte!*
  - En las **oraciones interrogativas**, el pronombre va detrás del verbo:
    - — *¿Qué piensas **tú**?* (*¿Qué tú piensas?*, en el español de Cuba y República Dominicana).
- Cuando nos dirigimos a alguien directamente con el pronombre *tú* mostramos un cierto **desprecio**:
    - *— ¿**Tú** qué dices? Sí, **tú**, **tú**...*

  Su uso como vocativo se registra en la lengua informal y puede adquirir un sentido de **falta de cortesía**:
    - *— **Tú**, ven aquí.*

3. La conversación coloquial

Las normas que rigen la conversación coloquial son distintas de las del texto escrito. En la conversación, la falta de planificación o, más exactamente, la obligada planificación rápida, el tono informal y la necesidad de conseguir sus objetivos comunicativos llevan al hablante a utilizar una sintaxis y unas estrategias particulares.

Estrategias de la conversación coloquial

Cambios en el orden de palabras

- En la conversación coloquial el hablante **modifica**, a menudo, **el orden habitual** de las palabras para conseguir sus objetivos comunicativos. Estos pueden ser: dejar claro el tema, anunciar la idea que va a exponer, solicitar el turno de palabra, introducir un cambio de tema...
  - Para indicar cuál es el tema, el hablante puede mover un elemento al **principio** de la frase:
    - *— **Mónica**..., yo no sé exactamente cuándo tiene pensado venir.*

CONTINÚA »

- Para indicar claramente el tema del que se ha hablado, el hablante traslada un elemento al **final** de la frase, usándolo **como cierre aclaratorio**:
  — *A mí no me gusta nada. Es un deporte durísimo,* ***el esquí.***

Repeticiones

En la conversación coloquial, son muy frecuentes las repeticiones. El hablante repite palabras e ideas por diversos motivos: para recuperar el hilo de la conversación tras una interrupción, para conseguir o mantener el turno de palabra, para añadir expresividad a su discurso, para expresar acuerdo o desacuerdo con las palabras del otro...

- Cuando el interlocutor cambia de tema, el hablante repite un elemento para **recuperar** el tema que desea tratar:
  - *Va a clases de inglés con* ***una chica irlandesa****. Majísima,* ***que da clases*** *en la universidad, de, de...*
  - *Jo, me encantaría volver a Irlanda.*
  - ***Una chica irlandesa que da clases*** *en Filología, creo.*
- Como estrategia de **colaboración** dialógica. Se repite un elemento para expresar acuerdo con el interlocutor:
  - *Le ha venido fenomenal este novio.*
  - ***Fenomenal****, ya lo sé. Es que cinco años sin salir con nadie...*

Frases incompletas

Las frases incompletas son características de la conversación espontánea y, en general, no suponen ningún problema para la comunicación.

- Frases **concatenadas**. El hablante termina la frase que ha empezado su interlocutor para contribuir a que la conversación avance y mostrar acuerdo y entendimiento. Es lo que se denomina *colaboración dialógica*:
  - *La verdad es que* ***las vacaciones son...***
  - ***imprescindibles.***
- Frases **suspendidas**. Para resultar más expresivos, se emplean enunciados que, aunque contienen una información completa, les falta el final. Con ellos se consigue resaltar la información que no se dice:
  — *No lo resisto más.* ***Es un...***

Cortesía, modestia y transgresión de la cortesía

Las estrategias de cortesía y modestia se refieren a la imagen que el hablante desea transmitir de sí mismo (modestia, autoridad...) y, también, a la relación que se desea establecer con el interlocutor. Tiene que ver con las intenciones del hablante y también con la distancia social que hay entre los interlocutores.

- Algunos enunciados pueden ser difíciles de expresar, como las peticiones **o** las opiniones negativas. Para **atenuarlos** o suavizarlos, los hablantes usan distintos recursos de cortesía: fórmulas fijas (*¿Sería posible...?*), diminutivos (*Es un poquito pesado, ¿no?*), etc.
  — ***¿Podría*** *hablar un* ***minutillo*** *con usted?*
- A menudo los hablantes desean transmitir una imagen de **modestia**. Para ello, el hablante recurre a estrategias que nos permiten diluir la imagen del yo, por ejemplo, impersonalizaciones:
  — ***Uno*** *no puede estar en todo.*
- A veces es necesario **proteger** o no dañar **la imagen** del interlocutor. Para ello, pueden emplearse fórmulas fijas o distintas estrategias que limitan su responsabilidad:
  — *No, si yo ya sé que* ***no es culpa tuya...***

Las estrategias de **trasgresión** de la cortesía son propias de situaciones de comunicación en las que el hablante es jerárquicamente superior a su interlocutor o en las que existe una relación de mucha confianza.

- Para resultar deliberadamente descortés, el hablante puede dirigirse directamente al ***tú***:
  — *Pero, ¿****tú*** *de qué vas?*
- También puede emplear otras estrategias de descortesía, como el uso de **imperativo sin fórmulas atenuadoras**:
  — ***¡Contéstame*** *de una vez!*

Palabras

En la conversación es habitual emplear palabras **polisémicas** de uso genérico como *cosa*, *hacer*..., pero también es habitual la tendencia contraria: emplear palabras marcadas estilística o socialmente: propias de una zona, de un grupo social, de un grupo de amigos, etc. Así la conversación refuerza la cohesión del grupo.

- A menudo, se usan **exclamaciones** para intensificar o reforzar la actitud del hablante:
  — *¡Ni loca! ¡Lo que faltaba!*
- Y **expresiones metafóricas cotidianas** que permiten conseguir un discurso más directo o intensificado:
  — *Dámelo ahora, que* ***más vale pájaro en mano...***

UNIDAD 7: LOCOS POR LA CIENCIA

1. Formación de palabras mediante composición

El rápido desarrollo de las ciencias y de la tecnología exige igualmente de términos adecuados para nombrar los nuevos inventos, técnicas o descubrimientos que se producen.

En español, existen tres procedimientos para formar palabras nuevas: la derivación, la parasíntesis y la composición.

- La derivación es un procedimiento que consiste en añadir a verbos, sustantivos, adjetivos o adverbios una serie de afijos (prefijos, infijos y sufijos) para formar palabras:

  V + -ato: *asesinato* (<asesinar) **N + -al**: *peral* (<pera) **A + -ez:** *vejez* (<viejo) **des- + V**: *deshacer* (<hacer)...

- El segundo procedimiento para formar palabras es la parasíntesis que sirve, fundamentalmente, para formar verbos derivados. Consiste en la adición de afijos discontinuos, en concreto un prefijo y un sufijo elegidos simultáneamente:

  a- + A + -ar: *atontar* (<tonto) **a- + Adv + -ar**: *alejar* (<lejos) **en- + N + -ar**: *enjaular* (<jaula)...

- La composición es el proceso morfológico por el que dos o más palabras forman conjuntamente una tercera: *lava + vajillas* → *lavavajillas*.

  Existen dos mecanismos para componer palabras: la **fusión**, donde las palabras forman una sola unidad (*verdinegro*), y la **yuxtaposición** de dos palabras ya existentes en la lengua, que forman un núcleo indivisible (*un cabeza rapada*).

Los compuestos producidos por fusión tienen, generalmente, un solo acento principal: *boquia**bier**to*, *agri**dul**ce*, *peli**rro**jo*... Los que se componen de dos palabras en yuxtaposición, sin embargo, conservan el acento de cada componente: ***sofá** cama*, ***físico**-mate**má**tico*, *ciu**dad** jar**dín***...

Tipos de palabras compuestas

- Según la categoría gramatical de los elementos que entran en juego, podemos distinguir varios tipos de compuestos:

  - **Sustantivo + sustantivo.** Cuando aparecen **fusionados:** *vasoconstrictor, radiotransmisor*... designan una relación sintagmática del tipo sustantivo + preposición + sustantivo: *constrictor de los vasos sanguíneos, transmisor de señales de radio*...

    En cambio, si están **yuxtapuestos:** *experiencia piloto, bebé probeta, retrato robot*, el sustantivo que aparece a la izquierda es el núcleo del compuesto, de modo que es el único que admite la flexión de plural: *experiencias piloto, bebés probeta, retratos robot*..., el otro sustantivo denota un tipo, clase o cualidad: *de experiencia, de bebé, de retrato*...

  - **Adjetivo + adjetivo.** Cuando las dos unidades aparecen fusionadas, suelen hacerlo cambiando la primera base: *social, aéreo, térmico*... y uniéndola a la segunda a través de una vocal (normalmente –o): *soci**o**económico, aer**o**espacial, term**o**dinámico*... El significado, en tal caso, es el de resultado de una **mezcla** o composición de diferentes elementos.

    Si la primera base mantiene íntegra su forma, se escriben separadas por guion: *físico-químico, político-económico, teórico-práctico*. En estos casos, más que de una mezcla, se trata de la **concurrencia**, relación o punto de contacto entre dos ámbitos diversos: cuestiones de las que se ocupan la *física* y la *química*, la *política* y la *sociología*, la *teoría* y la *práctica*, proporcionando perspectivas diferentes.

  - **Sustantivo + adjetivo (y viceversa).** En el caso en que aparezcan fusionados, el adjetivo suele designar una **propiedad** del sustantivo con el que se relaciona: *malformación, malnutrición, drogadicto, radioaficionado*...

    Cuando se refieren a **individuos**, la grafía más frecuente es la que los presenta de forma separada: *casco azul, cabeza rapada, relaciones públicas*... En este último caso, funcionan como nombres comunes en cuanto al género: *un/una relaciones públicas*, admitiendo ambos géneros el plural: *los cascos azules*.

  - **Verbo + sustantivo.** Es el tipo más frecuente y productivo en español para designar agentes e instrumentos, principalmente. El verbo se sitúa a la izquierda, seguido del sustantivo (que suele aparecer en plural si es contable): *lanzallamas, quitamanchas, cortafuegos, cuentagotas, guardabosques*...

- Un tipo particular de derivación es la **acronimia**: consiste en la formación de una nueva palabra, bien a partir de las iniciales de un sintagma: *sida* (**s**índrome de **i**nmuno**d**eficiencia **a**dquirida), *láser* (***l**ight **a**mplification by **s**timulated **e**mission of **r**adiation*), led (***l**ight **e**mitting **d**iode*)..., bien a partir de la combinación de las sílabas iniciales y finales de las dos palabras: *cibernauta*: **ciber**nética + astro**nauta**, *emoticono*: ***emot**ion* + **icono**, *informática*: **inform**ación + auto**mática**, *ofimática*: **ofi**cina + infor**mática**...

  Como puede observarse, algunos de los términos proceden de lenguas extranjeras, como el inglés, que es la que domina actualmente en el ámbito de las ciencias y la tecnología.

- Se habla, por último, de **composición neoclásica** para referirse a aquellos compuestos nominales y adjetivales formados a partir de palabras de **origen griego** o **latino**. Estas raíces funcionan de modo similar a los prefijos (*homo-, biblio-, crono-, gastro-, neuro-, teo-*) o a los sufijos (*-algia, -cracia, -cida, -dromo, -logo, -grama, -fobia, -teca*) pero, a diferencia de los prefijos y sufijos, estas unidades pueden formar palabras si se combinan entre sí: *biblioteca, teocracia, neuralgia, homofobia*..., o con otros afijos: *crónico, analgésico*...

  Algunas de estas bases aparecen de modo indistinto a la derecha o a la izquierda del compuesto: *gramófono* y *fonograma* resultan de la combinación de *grama* y *fono*. Lógicamente, pueden unirse a voces que forman parte del léxico patrimonial español: *bolígrafo, argentinófilo, fotocomposición*.

2. La conversación tecnológica

Características

- **Faltas ortográficas** y **gramaticales** con el fin de llamar la atención: *boy* (*voy*).
- **Supresión de letras**: *ola*, o unificación de las que representan un único fonema: <c, q y k>, como en *konoce* o <i, y> en *estoi*: *voi*.
- **Supresión** de **tildes** y **signos de puntuación** (puntos y comas). El signo de interrogación y exclamación inicial se suprime y se deja solo el final: *dónde estás?*
- Uso de **abreviaturas** o combinación de letras y cifras: *salu2*, o incluso empleo de signos matemáticos: *=mente*, *xdios*, *pq no vienes?*
- Uso de ciertas **siglas en inglés** que agilizan la comunicación: *CU* (*see you*), *asap*.
- Búsqueda de **innovación** y **juego**: *nop* (*no*), *sip*.
- **Supresión** de **palabras**: *jamia* (*hija mía*), *como tamos?*
- **Supresión** de **sonidos** iniciales o aféresis: *nas* (*buenas*), *ta luego*.
- **Cambios** en la **pronunciación**: la ñ por *ni* (*ninia*), la v por *f* (*fale*), *hue/bue* por *güe*, *we* (*güevos*, *weno*).
- Rasgos **dialectales**: *adeu*, *grasias*, *profezional*, *er jefe*, *chau*.
- Utilización de la **repetición de letras** o **signos ortográficos** como intensificadores de la actitud de agradecimiento, contacto social, proximidad y empatía: graciasssss/ holassssss, *adiósssss*.
- Sonidos **onomatopéyicos** y diversas **interjecciones**: *mmmmm*, *smuakkkssss*, *uy*, *ein*, *uala*, etc., y, por supuesto, las **risas**: *jajaja*, *jeje*, *jiji*, *juajuajua*.
- Uso de **léxico de otras lenguas**, como los anglicismos, que introducen unas notas de modernidad: *one momento*, *what*. A algunas palabras consideradas castizas se les añade una especie de sufijo para imitar la pronunciación inglesa: *curring*.
- Uso de **neologismos** formales, creados por composición y prefijación: *ciberdespacio*, *ciberdinero*, *cibernovio*.
- **Acortamientos**: *finde*, *secre*, *peli*, *profe*.
- Uso de **emoticones**. Se utilizan también para expresar complicidad, solidaridad o atenuar el carácter ofensivo de los enunciados: ;-) =D

3. Las oraciones consecutivas

Las **oraciones consecutivas** expresan la relación de causa y consecuencia entre hechos, acciones, circunstancias, etc.

Tipos de oraciones consecutivas

Consecutivas causales

- Con **indicativo**. Introducidas por nexos como *así que*, *por eso*, *por (lo) tanto*, *por consiguiente*, *en consecuencia*, *consecuentemente*, *luego...*:
  - *Siempre me olvido de todo,* ***por eso*** *me he comprado una agenda.*
- Con **subjuntivo**. Introducidas por *de ahí que...*:
  - *No recibí respuesta,* ***de ahí que*** *decidiera hacer el trabajo yo sola.*

  El nexo ***de ahí que*** se emplea normalmente cuando la información que se proporciona no resulta nueva para los hablantes:
  - *No encontró trabajo,* ***de ahí que*** *haya decidido irse.* (Ha decidido irse: los hablantes conocían previamente esta información).
  - *No encontró trabajo,* ***por lo tanto****, decidió irse.* (Decidió irse: el hablante comunica una información nueva para el interlocutor).

Consecutivas cuantitativas

- Con **indicativo**. Introducidas por nexos como *tan(to)... que*, *de tal modo que...*:
  - *Me gusta* ***tanto*** *la pasta* ***que*** *la como todos los días.*
- Con **subjuntivo**. Consecutivas de intensidad y modo. Introducidas por los siguientes nexos:
  - ***Tanto/lo bastante /lo suficiente*** + ***como para*** + ***que*** subjuntivo/infinitivo. El hablante expresa una causa que resulta insuficiente para que se dé el efecto señalado:
    - *Su casa no es* ***lo bastante*** *grande* ***como para que*** *podamos dormir todos allí.*
    - *No le dio* ***lo suficiente como para*** *comprar esa casa.*
  - ***De (tal) modo/manera/forma/suerte*** + ***que*** + subjuntivo: expresa el objetivo que se pretende conseguir haciendo las cosas de determinada manera:
    - *Explica las cosas* ***de tal forma que*** *todos lo entiendan.*

    Para expresar una **orden o una exhortación** relacionada con una posible **relación de causa-efecto**, se emplea una consecutiva con subjuntivo, dependiente de un imperativo o verbo modal de exhortación:
    - ***No debes hablar de tal forma que*** *uno se sienta tonto.*

UNIDAD 8: LEY Y ORDEN

1. El escrito jurídico

Al hablar de escrito jurídico se hace referencia tanto a la manifestación concreta de las leyes como a la modalidad escrita utilizada en la aplicación de las mismas.

En cuanto a la disposición de los contenidos:

- Las leyes tienen como punto de partida el enunciado general de las mismas, al que le sigue la enumeración de todos los casos posibles que puedan ser contemplados dentro de la ley que se define. Normalmente, el contenido de estos textos se distribuye en *artículos*, que van dando la visión de una ley.
- En los textos jurídicos producidos en el ejercicio de la justicia, existe un modelo que se suele mantener: una *introducción*, la *exposición de los hechos*, la *fundamentación legal* y el *fallo* o la petición final.

Características del lenguaje jurídico

Rasgos morfosintácticos

- Tendencia generalizada a utilizar sustantivos, y concretamente **sustantivos abstractos**, dado el carácter *universal*, inherente a toda ley. No se trata de citar casos particulares, sino de aludir a hechos de carácter general; de ahí la frecuente aparición de sustantivos abstractos y de términos de contenido muy amplio: *la modificación, la inhabilitación, lo establecido, lo oportuno...*

- El lenguaje jurídico usa y abusa de las **construcciones de gerundio**. A veces acumula los gerundios hasta tal punto que se enlazan unos con otros, constituyendo párrafos completos :
  – *Que **entrando** a resolver sobre el fondo del asunto, **contemplándose** un despido disciplinario impuesto por vía de sanción, y no **habiéndose** probado que los actores hayan cometido...*

- Presencia de numerosos **infinitivos** y **participios**: *me veo precisado a interponer el presente recurso, transcurrido el plazo...*

- Reiterada aparición de **locuciones prepositivas** y adverbiales que proporcionan ese particular carácter de texto jurídico, pues contribuye a retrasar la información, modulando con lentitud el ritmo de la prosa jurídica. Junto a estas, se utilizan con mucha frecuencia también las locuciones **nominales** y **preposicionales**: *por la presente, a tenor de lo dispuesto, conforme a, de conformidad con, al amparo de, en virtud de, habida cuenta de, en cumplimiento de, de acuerdo con...*

- Como tendencia generalizada, se suele aludir a la utilización de **secuencias oracionales muy extensas**. A veces, hay escasez de conectores, dado el elevado número de **formas no personales** que aparecen en estos textos.

- Como rasgo arcaizante del estilo jurídico se encuentra el **empleo del futuro de subjuntivo**:
  – *Si para los fines del párrafo anterior se **traficare** con menores de dieciséis años, se **empleare** con ellos violencia o intimidación, o se les **administrare** sustancias...*

- De arcaizante también puede calificarse la tendencia a **posponer el pronombre átono**:
  – ***Líbrese** testimonio de esta sentencia e **incorpórese** a los autos de su razón.*

- El adjetivo suele tener una utilización restrictiva en los textos jurídicos. Su presencia apunta hacia una calificación necesaria; *insolvencia provisional*; aunque, en ocasiones, se advierte un cierto automatismo, como si ciertos sustantivos exigieran la aparición del adjetivo. Además, no es un hecho extraordinario la anteposición del adjetivo: *el pretendido fraude, manifiesta contradicción...*

Rasgos léxicos

- La **influencia del Derecho Romano** se advierte en la terminología: *legítimo, litigio, usufructo...* Pero la permanencia del latín puede observarse de forma más rotunda en los numerosos latinismos: *prima facies, bona fide error, iuris et de iure, in dubio, pro reo...*, que representan la base del lenguaje jurídico.

- En el lenguaje jurídico, conviene distinguir:
  - términos exclusivamente **jurídicos**: *procesamiento, suplicación, litis, fiduciario, intestado, bastantear...*;
  - términos propios del **lenguaje común**, que tienen acepciones típicamente jurídicas: *proceso, actor, diligencia, caso, protocolo, sala, auto...*

2. El escrito administrativo

Esta modalidad de lenguaje, preferentemente escrita, se manifiesta en distintos tipos de documentos: actas, circulares, citaciones, convocatorias, disposiciones, estatutos, formularios, instrucciones, notificaciones, oficios, etc. El lenguaje administrativo es la lengua empleada por los órganos de las distintas administraciones públicas, tanto en su funcionamiento interno como en su relación con los administrados.

La frontera entre lenguaje jurídico y administrativo no está bien delimitada. Comparten **los recursos lingüísticos** (gramaticales y léxicos) y coinciden también en los **elementos contextuales** que los determinan.

Características del lenguaje administrativo

- **Gran rigidez** de su estructura, que parte de un esquema invariable establecido de antemano para cada modalidad (contrato, instancia, sentencia, etc.).
- **Léxico** muy **conservador**, lleno de **tecnicismos** y fijado también de antemano a través de fórmulas y frases hechas ausentes en muchos casos de la lengua estándar:
- Uso de **fórmulas propias** del lenguaje administrativo: *sin perjuicio, en virtud de, a instancias de...*
- Uso de **perífrasis** con un verbo vacío o desposeído de significado y un sustantivo que porta mayor carga semántica: *disponer el cese* por *destituir*; *interponer recurso* por *recurrir...*
- Empleo abundante del **gerundio** para la construcción de oraciones subordinadas:
  - ***Teniendo** en cuenta las reclamaciones de los interesados (...).*
- Empleo de **circunloquios**:
  - *Playas que tengan la consideración de urbanas (...).*
- Empleo del **futuro de mandato**:
  - *La tenencia de animales en viviendas urbanas y otros inmuebles **estará** condicionada por (...).*
- Uso del **estilo impersonal**:
  - ***Se podrán** conceder subvenciones.*
- Preferencia por la voz pasiva en lugar de la pasiva refleja: *fueron declarados aptos* en lugar de *se declararon aptos.*

UNIDAD 9: DARLE A LA LENGUA

1. Gramática de la cortesía

Uno de los mecanismos fundamentales de la **expresión de la cortesía** en español es la **atenuación** en preguntas, órdenes, peticiones, consejos o valoraciones. Este efecto se consigue a través de una serie de mecanismos lingüísticos que veremos a continuación.

Mecanismos lingüísticos de atenuación

- Minimización de la **cantidad**:
  - Uso de diminutivos u otros operadores que indican cantidad baja: *¿Tienes **un poco** de sal?, ¿Tienes un **momentito**?, La habitación está **un poco** desordenada, No tardo **nada**, Vuelvo **en seguidita**...*
  - Uso de elementos aproximativos: *Actúa con **una especie de** envidia, Se comporta **como** un capo de la mafia, Este chico no está muy bien, **que digamos**...*

- Minimización del **contenido semántico**:

  El procedimiento empleado consiste en atenuar el significado de los términos empleando eufemismos que disminuyan la carga tabú u ofensiva que llevan: *Es un chico **difícil**, Su mujer es **muy especial**, Es un servicio para los **discapacitados psíquicos**...*

- **Distanciamiento** de las circunstancias de enunciación (del yo, aquí y ahora):
  - El **yo se oculta**: ***Como dicen** en mi pueblo, **Hay que ser** mejor persona, **Todos** cometemos errores en la vida, **A nadie** le gusta que le pregunten de ese modo...*
  - Distanciamiento **temporal/espacial**. En el caso de los verbos, se usa el futuro como expresión de probabilidad: ***Será** María la que ha llamado*, o el imperfecto-condicional: ***Quería/Querría** solicitar el puesto de camarero.*

- Atenuación la **aserción**.
  - El hablante no impone su opinión, sino que reduce la fuerza de lo dicho con **marcadores** de **posibilidad**, **duda** o **probabilidad**: *quizás, tal vez, seguramente, posiblemente, lo mismo, igual...*
  - Con **verbos** de **opinión**: *creer, pensar, opinar...*
  - Con otras **expresiones** de **opinión**: *en mi opinión, para mí...*
  - Con **marcadores enunciativos** y **condicionales**: *que yo sepa, si no es molestia, cuando pueda, si se me permite...*
  - Con **operadores apelativos**: *por favor, anda, venga...*
  - Usando la **forma interrogativa** para el mandato o la petición: *¿Podrías traerme una cerveza?*
  - Usando la **negación**, como una forma indirecta para la afirmación de algo: *No es una barbaridad decir que lo eligieron a dedo.*
  - Uso de **palabras malsonantes** o **tacos** que, en principio, son descorteses, pero que, si la relación entre las personas es distendida y de confianza, se pueden usar para bromear y tienen un efecto de empatía con el otro: *¿Tú eres **tonto**? Que te he dicho que te invito yo.*

2. La presentación oral

En una presentación oral se pueden distinguir tres partes: sección previa a la presentación de contenidos, introducción y desarrollo y conclusión.

Sección previa a la presentación de contenidos

- Esta sección tiene como objetivo llamar la atención del público con el fin de crear un ambiente favorable hacia la persona que habla. Entre los apartados más comunes en esta parte, destacan:
  - **La presentación personal** que suele incluir el nombre, datos académicos o profesionales, méritos, etc. Puede estar a cargo de otra persona o a cargo de quien realiza la disertación:
    – *Es un honor contar con la presencia de, Tengo el placer de presentarles a…*
  - **Agradecimiento** a la audiencia, a la institución o a la persona que ha llevado a cabo la presentación:
    – *Agradezco la oportunidad de dirigirme a…*
  - Preguntas de **control de comunicación** para comprobar la atención, la comprensión o el interés de la audiencia o incluso para cambiar de tema o llenar un espacio "en blanco". Puede aparecer en cualquier momento de la presentación:
    – *¿Me ven bien desde aquí?*
  - **Comentarios generales** de la presentación, es los que es frecuente decir cuánto tiempo durará la charla, plantear preguntas o aclarar algo sobre la estructura de la charla, decir si será necesario tomar notas o habrá documentos de apoyo, etc.:
    – *No me extenderé más de 30 minutos.*
  - **Acercamiento a la audiencia**. Existen varias técnicas que podemos utilizar para atraer la atención del auditorio: relatar hechos interesantes, dar ejemplos, citar, lanzar preguntas, comenzar con una afirmación sorprendente, hacer referencia a hechos actuales relacionados con el tema:
    – *Pongamos por caso, Como bien decía, Habrán leído en los periódicos estos días…*

Introducción y desarrollo

- Esta sección tiene como objetivo centrar y concretar el tema que vamos a tratar y su posterior desarrollo. Entre los apartados más comunes en esta parte, destacan:
  - **Contextualización del tema**. Permite a la audiencia activar sus conocimientos sobre el tema para favorecer la asimilación de los nuevos: *La mayoría de los presentes está familiarizados con, Ustedes ya conocen sobradamente…*
  - **Sumario del desarrollo de la presentación** que permite a los asistentes crearse un esquema mental sobre el desarrollo posterior de la charla, lo que facilitará la comprensión progresiva del tema: *Comenzaremos, por un lado…, por otro…*
  - **Preguntas de control de comunicación** para comprobar la atención, la comprensión o el interés de la audiencia o incluso para cambiar de tema o llenar un espacio "en blanco". Puede aparecer en cualquier momento de la presentación:
    – *¿Desean formular alguna pregunta?*
  - **Presentación de los contenidos** utilizando estructuradores del discurso: *Por un lado, Por otro lado, Además…*
  - **Para avanzar, cambiar de tema** o aspecto se señala **la transición** con cambios en la voz, en la postura o mediante elementos léxicos: *Otro aspecto digno de consideración, Hablemos ahora de, Vamos a ver ahora…*
  - En función de la finalidad de la presentación **describimos, exponemos** o **argumentamos.** En este último caso es frecuente el uso de marcadores argumentativos: *Antes bien, Si bien es cierto, No obstante…*

Sección conclusión

- La sección de conclusión ha de relacionarse estrechamente con la introducción, de modo que transmita a la audiencia una mayor coherencia en el discurso. El final de la presentación oral debe incluir de forma clara el mensaje fundamental que se desea transmitir para que permanezca en la mente de la audiencia. Entre los apartados característicos de esta parte, destacan:
  - **Síntesis de la presentación** para resumir, repetir y bosquejar brevemente los puntos principales tratados: *Me gustaría resumir diciendo…, Así pues, En suma…*
  - **Planteamiento de un turno de preguntas**: *¿Desean plantear alguna pregunta?, Si tienen alguna pregunta sería…*
  - **Agradecimientos**, brindando una galantería sincera al auditorio, utilizando el sentido del humor o enunciando una cita adecuada:
    – *Como diría Miguelito, el entrañable personaje de Mafalda: "La vida no debiera echarlo a uno de la niñez sin antes conseguirle un buen puesto en la juventud".*
  - **Despedida:** *Bueno, pues nada más, hasta la próxima…*

3. Expresar énfasis y destacar información

El énfasis es el fenómeno por el que el hablante **destaca una parte de su enunciado** (puede ser una acción, cualidad, objeto, sujeto...) o refuerza su propia actitud. Con él se pretende realzar la importancia de un elemento del enunciado, destacarlo como información nueva, etc.

Mecanismos lingüísticos para expresar énfasis

- Estructuras **partidas** como:
  - **Determinante** + ***que*** + **frase** + verbo ***ser*** + información enfatizada:
    — *Lo que no entiendo es por dónde tenemos que seguir.*
    — *Lo que no me gusta es que crean que soy tonta.*
  - ***Algo que*** + **frase** + verbo ***ser*** + información enfatizada:
    — *Algo que no me gusta es que siempre esté hablando de sus hijos.*
    — *Algo que no comprendo es por qué llama cada cinco minutos.*
  - ***Quien*** + **frase** + verbo ***ser*** + información enfatizada:
    — *A quien no conozco todavía es a su hermano.*
    — *Quien tiene un chalé es Juanjo no su primo.*
- **Falsas condicionales**:
  - ***Si algo*** + **frase** + **verbo *ser*** + **información enfatizada**:
    — *Si algo sé, es que no quiero vivir aquí.*
    — *Si algo me preocupa, es el calentamiento global.*
- Relativas **enfáticas**:
  - **Frase** + **determinante** + **sustantivo/adjetivo/adverbio** + ***que*** + **frase** en oraciones relativas con valor exclamativo o interrogativo:
    — *¡Hay que ver lo tonto que está este chico!*
    — *¡Es increíble lo cara que está la vida!*
  - ***Con lo*** + **adjetivo/adverbio** + ***que*** + **verbo**:
    — *Con lo cerca que está, y va en coche.*
    — *Con lo listos que son podrían sacar unas notas excelentes.*
- Estructuras **impersonales** con ***es que***:
  — *En Roma, es que no hay quien encuentre un taxi.*
  — *Está que no hay quien lo aguante.*
- **Frases incompletas** desde el punto de vista sintáctico, pero que contienen una información completa. Presentan una entonación particular:
  — *Hay cada conductor...*
  — *Yo trabajo mucho, pero él...*
- Cambios en el **orden de palabras**:
  — *¡¡10 AÑOS llevas ya en Madrid!!*
  — *¡Celia, esa es la que me trae por la calle de la amargura!*

UNIDAD 10: PRINCIPIOS

1. El masculino genérico

En español el masculino es el género que usamos para designar a los individuos de sexo masculino y a toda la especie sin distinción de sexos, el **masculino genérico**:

— ***Los candidatos*** *han puntuado más bajo que* ***las candidatas****.*
— ***Los candidatos*** *al puesto dispondrán de 48 horas para presentación.*

El género marcado es **el femenino** y **solo sirve para designar al sexo femenino**.

El problema que suscita **el uso genérico del masculino** que acabamos de describir es que, más allá de las cuestiones gramaticales, ha sido identificado ideológicamente con el **predominio de los varones** en la sociedad en el que las mujeres, al no ser nombradas, no quedan visibles, perpetuando así una **situación discriminatoria**.

Esta percepción se produce, sobre todo:

- cuando se realiza un **uso sistemático** del masculino genérico en el texto o discurso;
- cuando las oraciones pueden resultar **ambiguas**:
  — *Los españoles pueden servir en el ejército.* (pues desde hace ya años, el ejército lo forman hombres y mujeres)
  — *Los actores españoles están bien valorados en América.* (pues tanto actores como actrices están bien valorados en América)
- cuando realmente muestran un **uso sexista** del lenguaje:
  — *La presidente de Costa Rica visita Argentina.* (pues hay femenino: *presidenta*)
  — *Los españoles pasan mucho tiempo delante de la televisión, y sus mujeres también.*

  Sin embargo, desde la Real Academia Española la postura es clara al respecto:

  "Los desdoblamientos son artificiosos e innecesarios desde el punto de vista lingüístico. En los sustantivos que designan seres animados existe la posibilidad del uso genérico del masculino para designar la clase, es decir, a todos los individuos de la especie, sin distinción de sexos: *Todos los ciudadanos mayores de edad tienen derecho a voto.*

La mención explícita del femenino se justifica solo cuando la oposición de sexos es relevante en el contexto: *El desarrollo evolutivo es similar en los niños y las niñas de esa edad*. La actual tendencia al desdoblamiento indiscriminado del sustantivo en su forma masculina y femenina va contra el principio de economía del lenguaje y se funda en razones extralingüísticas. Por tanto, deben evitarse estas repeticiones, que generan dificultades sintácticas y de concordancia, y complican innecesariamente la redacción y lectura de los textos.

El uso genérico del masculino se basa en su condición de término no marcado en la oposición masculino/femenino. Por ello, es incorrecto emplear el femenino para aludir conjuntamente a ambos sexos, con independencia del número de individuos de cada sexo que formen parte del conjunto. Así, *los alumnos* es la única forma correcta de referirse a un grupo mixto, aunque el número de alumnas sea superior al de alumnos varones".

En http://www.rae.es/rae/gestores/gespub000018.nsf/%28voAnexos%29/arch8100821B76809110C12571B80038BA4A/$File/CuestionesparaelFAQdeconsultas.htm#ap19

Usos no sexistas del masculino genérico

- Existen contextos en los que la utilización del masculino genérico es pertinente y necesario para evitar un exceso de información en las oraciones o generar construcciones inaceptables en determinados contextos.
  - Masculino genérico en **expresiones fijas**. El masculino genérico se usa en rótulos, nombres de asociaciones, fórmulas fijas, siglas, etc. La duplicación u otros recursos en estos casos es excesiva: ***Médicos** sin fronteras, Día de los Santos **Inocentes**, Organización Nacional de **Ciegos** españoles...*
  - Masculino genérico en **grupos mixtos en los que los componentes son explícitos**. Cuando las personas aparecen identificadas por su nombre la duplicación es errónea:
    – ***Los ganadores** del concurso, **Pablo y Ana**, se reunirán mañana.*
  - Masculino genérico en referencia a **personas indeterminadas**. Cuando no es posible la identificación de las personas es innecesaria la doble mención:
    – ***El nuevo administrador** se incorporará mañana al centro.*
  - Masculino genérico en la referencia a la **cuantificación de personas inespecíficas**. El uso de desdoblamiento u otros recursos resulta anómalo:
    – *Cada tres años nace un millón de **latinos** en Estados Unidos.*
  - Masculino genérico en la referencia a **personas representativas** o **prototípicas**. En estos casos el uso del desdoblamiento o del término persona produce efectos de redundancia:
    – *No se invitó a **ningún actor** al estreno de la película.*

Recursos para evitar el sexismo en el lenguaje

- Para evitar el lenguaje sexista se puede recurrir a las siguientes fórmulas:
  - Uso de nombres **colectivos**: *profesorado*, en vez de los *profesores*, *alumnado*, en vez de *alumnos*...
  - **Perífrasis**: *la persona interesada* por *el interesado*.
  - Construcciones **metonímicas**: *la juventud* en vez de *los jóvenes*.
  - **Desdoblamientos**: *Señores y señoras, niños y niñas.*
  - Uso de **barras**: *Sr./a.*
  - **Omisión** de **determinantes** o empleo de **determinantes sin marca de género**: *cada contribuyente* en lugar de *los contribuyentes*.
  - Uso de **formas personales genéricas** o **formas no personales de los verbos**: *Es preciso atender más* por *Es preciso que el alumno atienda más.*

2. El pretérito anterior

El pretérito anterior: forma y usos

- El pretérito anterior se forma con el verbo auxiliar *haber* conjugado en pretérito indefinido seguido del participio pasado: *hubo venido.*

- Expresa una acción inmediatamente anterior a otra acción sucedida en el pasado, de ahí que aparezca frecuentemente acompañada de marcadores temporales: *cuando, hasta que, después de que...* y marcadores adverbiales de inmediatez: *apenas, en cuanto, no bien, una vez que, nada más...* La concurrencia de estos tipos de marcadores con el pretérito anterior hace que la idea de inmediatez sea **redundante**; de ahí que no se sienta la necesidad de expresarla de nuevo en el verbo, lo que explica por qué esta forma ha caído en desuso.

- Su uso está restringido al español peninsular y normalmente solo se emplea en un registro literario o culto; de ahí que sea reemplazado en las demás variantes, registros y estilos bien por el pretérito indefinido, bien por el pluscuamperfecto:
  - ***Apenas hubo terminado** todo el trabajo, se marchó a casa.* → Se destaca la idea de inmediatez en las acciones *terminar el trabajo* y *marcharse a casa* y en el marcador *apenas*.
  - ***Apenas terminó** todo el trabajo, se marchó a casa.* → Las acciones *terminar el trabajo* y *marcharse a casa* se presentan como sucesivas en el tiempo, marcando *apenas* la idea de inmediatez.
  - ***Apenas había terminado** el trabajo, se marchó a casa.* → El pretérito pluscuamperfecto destaca la anterioridad de la acción *terminar el trabajo* con respecto a la acción *marcharse a casa*, que es el punto de referencia. De nuevo, *apenas* transmite la marca de inmediatez.

1. Las perífrasis

Por **perífrasis** se entiende la construcción que combina un verbo conjugado con otra categoría gramatical (articulada en ocasiones por una preposición) que implica un cambio en el significado del verbo conjugado (de significado semántico a significado gramatical). La otra palabra (un sustantivo, un adjetivo, un verbo en infinitivo o participio) conserva plenamente su significado y se lo transmite a la construcción:

– *Voy a trabajar en coche.* → El verbo *ir* conserva el significado semántico de *movimiento*.

– *Voy a trabajar en una nueva empresa.* → El verbo *ir* ha adquirido el significado gramatical de futuro.

En las denominadas **perífrasis de cambio**, el verbo introduce un matiz gramatical (continuidad, progresión, ruptura, cambio gradual, etc.) al significado que se expresa en la otra palabra. Es importante saber que dicho significado es el que propicia que ciertas combinaciones sean posibles, mientras que otras no. Por ejemplo, *hacerse cocinero* (que implica un proceso de formación voluntario y consciente), *acabar de cocinero* (que supone un proceso de degradación social, por ejemplo, de estrella del cine a cocinero en un restaurante de comida rápida), pero no **volverse cocinero* (no es algo involuntario).

Perífrasis de cambio

✗ ***Acabar de*** **+ sustantivo (profesión)/gerundio.** Expresa un cambio gradual, de orden social y profesional. Destaca el nuevo estatus de la persona, y, a diferencia de *llegar a ser* (referido a un cargo, profesión o estatus), se combina también con cambios negativos. Con el gerundio nos da cuenta de la fase final de una acción o proceso:

– *Se jugó todo su patrimonio en una apuesta, y* ***acabó de (*~~llegó a ser~~) vendedor ambulante****.*

– *Estudió tres carreras y aprendió cinco lenguas, así que* ***acabó de (llegó a ser) diputada en Bruselas****.*

– *No entiendo cómo Marta puede seguir con Adolfo; hablen de lo que hablen, siempre* ***acaban discutiendo****.*

✗ ***Convertirse en*** **+ sustantivo.** Expresa un cambio bastante radical, con carácter definitivo. Representa una transformación importante, a veces no querida expresamente por el sujeto, sino por las circunstancias:

– *Al final del cuento, la rana* ***se convirtió en príncipe****.*

– *Teodora no* ***se convirtió en una autora de éxito*** *hasta que no publicó su cuarta novela.*

No hay que confundirla con ***convertirse a***, que implica un cambio de fe o de ideología:

– *A los veinte años, Edik* ***se convirtió al judaísmo****.*

✗ ***Hacerse*** **+ sustantivo (profesión, relación)/adjetivo (ideología, religión, nacionalidad).** Expresa un cambio decidido por la persona:

– *Mi hija y Martina* ***se han hecho muy buenas amigas****, pasan todo el día juntas.*

– ***Se hizo vegetariano*** *cuando vivió en La India.*

✗ ***Llegar a ser*** **+ sustantivo (título, cargo o profesión)/adjetivo.** Con este tipo de sustantivos expresa un cambio gradual, socialmente positivo (nunca negativo, como sí ocurre con *acabar de*). Con adjetivos, en cambio, se resalta la idea de progresión e intensidad, y que sea positivo o negativo dependerá del significado del adjetivo:

– *Es la primera vez que una periodista* ***ha llegado a ser Princesa de Asturias****.*

– *La nueva jefa* ***llegó a ser muy querida*** *por todos los empleados, pero semanas después la trasladaron.*

– *Cuando se habla de fútbol o de política, Juan* ***llega a ser insoportable****, siempre tiene que llevar la razón.*

✗ ***Ponerse*** **+ adjetivo (estado físico, estado anímico, color).** Expresa un cambio espontáneo y provisional, un cambio no definitivo en el aspecto físico o en el estado de ánimo. Puede ser positivo o negativo:

– *Yo no quiero acusarla, pero* ***se puso roja*** *cuando dijimos que faltaban cinco euros para pagar la cuenta.*

– *A base de ir al gimnasio y a la piscina,* ***se puso muy fuerte*** *aquel verano.*

✗ ***Quedarse*** **+ adjetivo (físico, emoción)/gerundio.** Expresa una consecuencia negativa (normalmente de pérdida de peso, pelo, facultades, etc.) causada por una enfermedad, accidente u otras circunstancias que afectan al aspecto o los sentidos:

– ***Te has quedado muy delgada****, ¿has hecho régimen?*

Cuando se habla de carácter o sentimientos, se refiere al último estado del que tenemos noticias o conocimiento:

– *Cuando supo que no había aprobado el último examen,* ***se quedó llorando*** *en el pasillo de la facultad.*

✗ **Terminar/acabar + adjetivo/adverbio/gerundio.** Expresa un cambio gradual, socialmente negativo. Resalta la acción o actividad:

– *Después de un mes haciendo guardias todas las noches, es normal que* ***terminara/acabara agotado****.*

– *La fiesta de Nochevieja* ***acabó/terminó fatal****: tuvo que venir la policía a poner orden.*

No obstante, el resultado de la acción o actividad puede ser también positivo:

– *Después de muchos años intentándolo,* ***acabó/terminó trabajando*** *en una de las mejores empresas de seguros.*

✗ ***Volverse*** **+ (*un*/*una*) adjetivo (carácter).** Expresa un cambio rápido y a veces duradero. Suele usarse para cambios negativos, pero no exclusivamente:

– *Desde que lo dejó con su novia, Sergio* ***se ha vuelto un huraño****: apenas sabemos nada de él.*

– *Desde que tuvo que repetir curso,* ***se ha vuelto mucho más responsable****, y dedica más tiempo a estudiar.*

Perífrasis de necesidad, obligación y posibilidad

- Por su parte, las **perífrasis de necesidad** (*tener que* + infinitivo, *haber de* + infinitivo, *hay que* + infinitivo), **obligación** (*deber* + infinitivo) y **posibilidad** (*poder* + infinitivo, *deber de* + infinitivo) introducen significados en función de:
  - Lo que el sujeto cree que ha de hacerse según el contexto o la situación (**necesidad**):
    - *– **Tendría que llover** todo el mes de marzo para que la cosecha no se arruinara.*
    - *– Para tomar la decisión correcta, **has de escuchar** a tu corazón.*
    - *– Este jersey **habría que lavarlo** en agua fría y con jabón casero para que no se estropee.*
  - Lo que dictan determinados **códigos o normas** éticas, políticas, sociales, morales, etc.:
    - *– El impreso **debe entregarse** correctamente cumplimentado.*
  - O bien según lo que considera mera **posibilidad**:
    - *– Mañana **puede llover** en Levante.*

Perífrasis de obligación y posibilidad en pasado

- Las perífrasis de obligación y posibilidad usadas con el infinitivo compuesto (*haber ido, haberlo dicho*, etc.), se refieren al **pasado** y se emplean para comunicar diferentes valores como:
  - **Lamento** o **arrepentimiento** por algo que hemos hecho o algo que no hemos hecho:
    - *– Nunca **debería haberle dicho** a mi madre lo que pasaba.*
    - *– **Debería haber estudiado** derecho..., ahora trabajaría en el bufete de mi padre.*
  - Valoración **negativa** sobre algo pasado:
    - *– **No debería haberme hablado** así. Fue horrible.*
  - **Recomendación** sobre algo pasado:
    - *● ¿Crees que hice bien cortándome el pelo?*
    - *○ Hombre, también **podrías habértelo dejado** un poco más largo. A mí me gusta más…*
  - **Reproche**:
    - *– **Deberías haberlo hablado** a tiempo.*
- Se trata de valores muy cercanos y casi siempre varios de ellos están presentes en un mismo enunciado. Normalmente, el verbo principal se usa en condicional y, en menor medida, en imperfecto.
  - *– **Podías** haberme avisado.*
- En situaciones de mucha confianza, podemos emplear el infinitivo compuesto para expresar el deseo de que nuestro interlocutor hubiera realizado una determinada acción o actuado de determinada manera en el pasado. Es el **imperativo retrospectivo**:
  - *– Si querías que fuera contigo, **(deberías) habérmelo dicho.***

  Este tipo de expresiones solo puede aparecer como respuesta a un enunciado previo:
  - *● Me parece fatal que no hayas venido conmigo al médico.*
  - *○ Si querías que fuera contigo, **habérmelo dicho.***

2. Causa y consecuencia

Conectores de causa y consecuencia

- Las oraciones que expresan **causa** pueden ir introducidas por los siguientes conectores:
  - ***Porque*** introduce una explicación desconocida para el interlocutor:
    - *– Pedro se ha enfadado **porque** has llegado tarde a la cita.*
  - ***Ya que, supuesto que, puesto que*** introducen un hecho conocido por el interlocutor:
    - *– **Puesto que** no hay acuerdo, no se firmará el contrato.*
  - ***Como*** introduce información conocida por el interlocutor y ocupa obligatoriamente la primera posición en la oración:
    - *– **Como** no tengo dinero, tengo que ir al cajero.*
  - ***Por razón de que*** y ***debido a que*** se usan igual que *como* en registros más formales:
    - *– **Debido a que** hay una alta tasa de desempleo, el consumo ha bajado mucho.*
  - ***Gracias a que*** expresa una causa que valoramos positivamente al contrario de ***por culpa de que***:
    - *– Hemos terminado bien el año **gracias a que** hemos vendido mucho en el último trimestre.*
    - *– Estos niños son insoportables **por culpa de que** los mimas demasiado.*
- Las oraciones causales afirmativas se construyen en indicativo. Las negativas llevan subjuntivo cuando se niega que una cosa sea la causa de la otra:
  - *– Te llamo **porque necesito** tu ayuda.*
  - *– No te llamo **porque necesite** tu ayuda **sino porque quiero** invitarte a una fiesta.*

CONTINÚA

- Para expresar la **consecuencia** existen en español varios conectores:
  - ***Así (es) que*** es informal y expresa cualquier consecuencia. Es la expresión consecutiva más utilizada y general:
    – *No ha venido a clase, **así que** no he podido decírselo.*
  - ***De modo/forma/manera que*** y ***por lo que*** son formales y expresan las consecuencias finales de un razonamiento. Son la alternativa formal a *así que*:
    – *Le pagaban fatal y no lo valoraban. **De modo que** se fue de la empresa.*
  - ***Conque*** es informal y expresa, de manera brusca, la consecuencia negativa de algo:
    – *El chico resulto ser un estúpido, **conque** le dejé allí plantado.*
  - ***Por eso/esto/ello, por (lo) tanto, así pues, por consiguiente, en consecuencia*** son formales y ponen énfasis en la relación causa-efecto:
    – *Ha habido cambio de director, **por lo tanto**, mi puesto está en peligro.*
  - ***O sea que, luego, entonces*** introducen una conclusión lógica que se puede deducir de lo ya dicho:
    – *Al final no te vas de viaje, **o sea que** te quedas en casa conmigo.*
- En todos estos casos el verbo subordinado aparece en indicativo, a no ser que existan otras razones para lo contrario:
  – *No llegó a tiempo, así que se fue al cine solo/No llegó a tiempo, así que **probablemente** se fuera al cine solo.*

  Sin embargo, con el conector ***de ahí que*** se usa el subjuntivo:
  – *No llegó a tiempo, **de ahí que** se fuera al cine solo.*

UNIDAD 12: LA NOCHE Y EL DÍA

1. Construcciones temporales: acciones en desarrollo

Acciones en desarrollo

- Existen en español numerosas construcciones temporales para referirse a momentos concretos en los que se desarrollan las acciones y que pueden expresar:
  - **Simultaneidad** → *a medida que, al tiempo que*:
    – *Aunque el debate político ha estado hasta ahora bastante contenido, las tensiones políticas podrían escalar **a medida que** se acercan las elecciones.*
  - **Anterioridad** → *de antemano, a priori*:
    – *Es especialmente importante evitar cualquier suposición **a priori** de que las normas no deben considerarse de aplicación inmediata.*
  - **Posterioridad** → *a nada que, acto seguido, a poco que, no bien, con las mismas, a continuación*:
    – *Ante todo, es necesario mantener la calma, analizar el problema y, **acto seguido**, buscar soluciones.*
  - **Puntualidad** → *sin (más) dilación, sin tardanza, sin/con retraso*:
    – *Pedimos que el Parlamento escuche nuestras propuestas y las adopte **sin más dilación**, con el fin de conseguir resolver la crisis.*
  - **Anticipación** → *con antelación, tomar la delantera, por anticipado, con tiempo, antes de tiempo*:
    – *Las empresas con más visión de futuro están abordando **por anticipado** estos posibles puntos de fricción para evitar problemas de seguridad.*
  - **Inicio** → *al despuntar el alba, en ciernes, al principio*:
    – *Esta democracia **en ciernes** necesitará ayuda durante algún tiempo.*
  - **Finalización** → *sanseacabó, tocar a su fin, al fin, por último*:
    – *Al parecer, la era de las modelos con apariencia anoréxica **toca a su fin**.*
  - **Continuación** → *de un tirón, sin cesar, y así sucesivamente, de una sentada*:
    – *Sin embargo, el impulso que llevamos no durará siempre y tenemos que fomentarlo **sin cesar**.*
  - **Repetición** → *erre que erre, dale que dale, con insistencia, una y otra vez*:
    – *Pasamos como cuatro horas **dale que dale** atornillando y conectando tubos.*
  - **Duración y transcurso** → *de por vida, por espacio de, a lo largo del día, en un pispás, pasarse la vida, en un abrir y cerrar de ojos, en el transcurso de, en un tiempo récord, en un santiamén*:
    – *Puedes enviar una foto a uno o varios de tus amigos o compañeros **en un pispás** seleccionándola con el ratón, arrastrándola hasta el escritorio y soltándola sobre el icono de la aplicación Mail.*
  - **Frecuencia** → *una noche sí y otra no, cada dos por tres, muy de tarde en tarde, muy de vez en cuando, de continuo, con asiduidad, a cada rato*:
    – *Es un tema muy importante que merecería algo más que la clásica encuesta superficial que se nos ofrece **cada dos por tres**.*
  - **Cambio** → *de golpe y porrazo, para variar, dar un giro (de 180 grados)*:
    – *Seguro que más una vez te has preguntado cómo sería vivir en los 70. Pues a Samuel Santos no le dio tiempo a preguntárselo, ya que **de golpe y porrazo** hizo un viaje en el tiempo de 30 años.*

2. Marcadores de evidencialidad

Los **marcadores de evidencialidad** son formas propias de los textos explicativos, académicos, científicos, etc. Se emplean para expresar el modo en el que el conocimiento ha sido adquirido y se incluyen, entre ellas, desde las expresiones más explícitas y concretas de la fuente del saber, a alusiones más imprecisas.

Sus funciones en el texto son diversas:

- Aportan objetividad al texto:
  - *Los resultados del estudio* ***demuestran*** *que el ambiente afecta al sabor del vino.*
- Aportan autoridad:
  - *La mayoría de especialistas* ***considera*** *que el hombre es un ser social.*
- Al atribuir las ideas a otra persona, permiten expresar ideas con las que no se está necesariamente de acuerdo:
  - ***Según*** *Freud, las mujeres son propensas a desarrollar la histeria y la melancolía.*

Marcadores de evidencialidad

✕ La evidencialidad se manifiesta en el discurso mediante una variedad muy extensa de categorías morfológicas, léxicas, sintácticas y prosódicas, algunas de las cuales no transmiten exclusivamente contenidos de evidencialidad:

- **Verbos** de **comunicación** o **presentación** de la **información**: *decir, indicar, comunicar, advertir, precisar, definir, reseñar, subrayar, describir...*
- **Verbos** de **resultado** de un **estudio**: *revelar, demostrar, fundamentar, apuntar...*
- **Verbos** de **opinión autorizada**: *sostener, considerar...*
- **Verbos** de **inducción** y **deducción**: *inferir, concluir, implicar, obtener, hallar, suponer...*
- **Verbos** de **percepción sensible**: *parecer, aparecer, ver, observar, distinguir, apreciar, encontrar, presentar, reflejar...*
- **Sustantivos:** *evidencia, obviedad, inferencia, inducción, consecuencia, conclusión...*
- **Adjetivos:** *evidente, obvio, indiscutible, presunto, supuesto, aparente, presumible...*
- **Adverbios:** *supuestamente, aparentemente, presumiblemente...*

3. La argumentación

La argumentación es una variedad del discurso que consiste en **defender** una determinada opinión mediante **pruebas** y **razonamientos** que demuestren el valor o verdad de esa opinión con el fin de convencer a un receptor.

Los argumentos que se buscan para apoyar las premisas pueden basarse en ejemplos, analogías, criterios de autoridad, causas, consecuencias, anécdotas, etc.

Estructura del discurso argumentativo

✕ En la base de cualquier discurso argumentativo existe la siguiente estructura, manifestada de forma total o parcialmente explícita:

Nombre *Hay quien*	*dice* *piensa* *opina*	A	*y sostiene su*	*afirmación* *opinión* *idea*	con	X argumento(s)	causa/consecuencia autoridad certeza experiencia

sin embargo, *contrariamente,* *en cambio,* *ahora bien,*	*yo*	*digo* *creo* *mantengo* *pienso*	B	*y lo sostengo con*	Y argumento(s)	causa/consecuencia autoridad certeza experiencia

GLOSARIO

UNIDAD 1

afán **(m.)** Deseo vehemente.

ansia **(f.)** Angustia, inquietud o voluntad muy fuerte.

arquetipo **(m.)** Modelo original y primario en un arte u otra cosa.

bautismal **(adj.)** *(pila -)* Pieza de piedra con tapa de madera que hay en las iglesias parroquiales para realizar el bautismo.

bienestar **(m.)** *(estado del -)* Sistema social de organización en el que se procura compensar las deficiencias e injusticias de la economía de mercado con redistribuciones de renta y prestaciones sociales otorgadas a los menos favorecidos.

boceto **(m.)** Proyecto o esquema general previo a una obra artística.

bombazo **(m.)** Noticia inesperada y sorprendente.

certamen **(m.)** Concurso abierto para estimular con premios determinadas actividades o competiciones.

círculo vicioso **(m.)** Razonamiento en que dos cosas se explican o se determinan recíprocamente una por otra.

connotar **(tr.)** Conllevar, además de su significado propio o específico, otro normalmente de tipo expresivo o apelativo.

contraponer **(tr.)** Comparar u oponer un concepto con otro contrario.

cuantía **(f.)** Cantidad de dinero.

decidido, da **(adj.)** *(- apuesta, - apoyo)* Firme, claro, seguro.

denotado, da **(adj.)** Significado de forma explícita y objetiva.

desdibujado, da **(adj.)** Indefinido, difuminado, que tiene el contorno o la forma imprecisos.

desierto, ta **(adj.)** *(declarar/dejar/quedar -)* Dicho de una subasta, de un concurso o de un certamen, que no ha tenido adjudicatario o ganador.

destrozar **(tr.)** Destruir un objeto haciéndolo pedazos.

emblemático, ca **(adj.)** *(un edificio -)* Significativo, representativo.

ermita **(f.)** Capilla o santuario, generalmente pequeño y situado en lugares despoblados, que no suele usarse de forma permanente.

explícito, ta **(adj.)** Que es exacto y claro, no solamente insinuado o dado por sabido.

extralimitarse **(prnl.)** Actuar más allá del límite lícito o razonable.

fallo **(m.)** *(emitir/proclamar/hacer público un -)* Decisión tomada por persona competente sobre cualquier asunto dudoso o disputado.

fastuoso, sa **(adj.)** *(un palacio -)* Lujoso, magnífico, digno de verse.

fielmente **(adv.)** *(reproducir -)* Exactamente, con fidelidad absoluta a la realidad.

figurativo, va **(intr. coloq.)** **(adj.)** Dicho del arte o de un artista: que representa cosas reales, en oposición al arte y artistas abstractos.

flipar **(intr. coloq.)** Asombrase o entusiasmarse.

galardón **(m.)** *(otorgar/conceder/obtener un -)* Premio o recompensa de los méritos o servicios.

grafiti **(m.)** Dibujo o letrero hecho en un espacio público.

guadamecí **(m.)** Cuero adobado y adornado con dibujos de pintura o relieve.

habilitar **(tr.)** Hacer a alguien o algo hábil, apto o capaz para una cosa determinada.

implícito, ta **(adj.)** *(significado -)* Incluido en una cosa sin que esta lo exprese.

importe **(m.)** Cuantía de un precio, crédito, deuda o saldo.

incentivar **(tr.)** Estimular para que algo se acreciente o aumente.

incongruente **(adj.)** Que no es coherente ni lógico.

jugársela Arriesgar la vida o cualquier cosa que tenga mucho valor.

legible **(adj.)** Que se puede leer.

legítimo, ma **(adj.)** Conforme a la justicia y a la norma moral.

masas **(f. pl.)** *(medios de comunicación de -, cultura de -)* Mayoría de personas. Se usa, normalmente, como opuesto a 'élite'.

minucioso, sa **(adj.)** Que se detiene en las cosas pequeñas.

monástico, ca **(adj.)** Relativo al monasterio, a las casas o conventos donde viven en comunidad los monjes.

oblicuo, a **(adj.)** Dicho de un plano o de una línea, que corta a otro u otra, formando un ángulo que no es recto.

obligado, da **(adj.)** *(visita -)* Dicho de una cosa, que no debe faltar.

ocre **(adj.)** Color amarillo oscuro.

palatino, na **(adj.)** *(ciudad -)* Perteneciente o relativo a palacio.

parroquial **(adj.)** *(iglesia -)* Iglesia que es sede de una comunidad particular de fieles.

percibir **(tr.)** Recibir a través de los sentidos imágenes, sonidos o sensaciones externas.

perpendicular **(adj.)** Dicho de una línea o de un plano, que forma ángulo recto con otra línea o con otro plano.

plástico, ca **(adj.)** *(artista -, manifestación -, artes - s)* Relativo a aquellas artes, como la pintura o la escultura, que usan materiales que pueden ser creados o modificados según la voluntad del artista.

postura **(f.)** Opinión.

proliferación **(f.)** Multiplicación abundante de un fenómeno.

recogimiento **(m.)** Retiro, apartamiento de cualquier distracción externa a uno.

revuelo **(m.)** Confusión, alboroto que produce un hecho.

románico, ca **(adj.)** *(iglesia -, arquitectura -)* Estilo arquitectónico que dominó en Europa durante los siglos XI, XII y parte del XIII.

seudónimo **(m.)** Nombre utilizado por un artista en sus actividades, en vez del suyo propio.

soberbia **(f.)** Actitud de la persona que se cree superior a los demás.

soltar **(tr. coloq.)** *(- la noticia)* Decir con violencia o franqueza algo que se sentía contenido o que debía callarse.

subconsciente **(adj.)** Relacionado con los procesos mentales que no dependen de la razón y que no son conscientes ni voluntarios.

sutil **(adj.)** Que es fino y delicado.

tallar **(tr.)** Dar forma o trabajar un material.

tender *(-a)* **(intr.)** Tener o mostrar una determinada tendencia.

tieso, sa **(adj. coloq.)** *(estar -)* Que no tiene dinero.

transgresor, ra **(adj.)** Que viola una ley, una norma moral o una costumbre.

trazado **(m.)**. Recorrido o dirección de un camino sobre el terreno.

triplicado, da **(adj.)** *(por -)* Multiplicado por tres o aumentado tres veces.

tutor, ra **(m., f.)** Persona que ejerce la autoridad que, en defecto de la paterna o materna, se confiere para cuidar de la persona y los bienes de aquel que, por minoría de edad o por otra causa, no tiene completa capacidad civil.

vandalismo **(m.)** Espíritu de destrucción salvaje que no respeta nada.

visual **(adj.)** Perteneciente o relativo a la vista.

UNIDAD 2

abigarrado, da **(adj.)** Decorado en exceso.

acogedor, ra **(adj.)** *(lugar -, sitio -)* Agradable por su ambientación, comodidad, tranquilidad, etc.

allegado, da **(adj.)** Dicho de una persona, cercana o próxima a otra en parentesco, amistad, trato o confianza.

amonestación **(f.)** Advertencia para que algo se considere, procure o evite.

añoso, sa **(adj.)** *(aspecto -)* De muchos años.

balance **(m.)** *(hacer -)* Revisión de los aspectos buenos y malos de una situación.

cargante (adj.) *(resultar -)* Que carga, molesta, incomoda o cansa por su insistencia o modo de ser.

ceviche (m.) Plato de pescado o marisco crudo cortado en trozos pequeños y preparado con jugo de limón o naranja agria, cebolla picada, sal y ají.

cofradía (f.) Gremio, compañía o unión de gentes para un fin determinado.

colar (tr. coloq.) Hacer creer algo con engaño.

***comer a besos* (loc. verb.)** *(a alguien)* Besarlo con repetición y vehemencia.

comezón (f.) Picazón que se padece en alguna parte del cuerpo o en todo él.

contundente (adj.) *(plato -, comida -)* Dicho de un alimento: que sacia o llena.

coso (m.) *(- taurino)* Plaza, sitio o lugar cercado, donde se corren y lidian toros y se celebran otras fiestas públicas.

curiosear (tr.) Observar algo superficialmente, sin mucho interés.

desafuero (m.) Arcaísmo: acción contraria a las buenas costumbres o a los consejos de la sana razón.

desamparo (m.) Abandono, sin amparo ni favor a alguien o algo que lo pide o necesita.

divulgación (f.) *(- científica)* poner al alcance del público algo.

efímero, ra (adj.) Pasajero, de corta duración.

engendrar (tr.) *(- un hijo)* Dar origen a un nuevo ser.

especie (f.) Categoría básica de clasificación de los seres vivos, que comprende a un grupo de individuos de características semejantes que son capaces de cruzarse y producir descendencia fértil.

estigma (m.) Cuerpo glanduloso, colocado en la parte superior del pistilo y que recibe el polen en el acto de la fecundación de las plantas.

etnia (f.) Comunidad humana definida por afinidades raciales, lingüísticas, culturales, etc.

exhibirse (intr.) Exponerse o mostrarse en público para llamar la atención.

exiguo, gua (adj.) *(número -)* Insuficiente, escaso.

extensivo, va (adj.) *(hacer – a)* Que se puede aplicar a más cosas.

fastuoso, sa (adj.) Lujoso.

filamento (m.) Parte del estambre de las flores que sujeta la antera.

flanquear (tr.) Estar colocado al flanco o lado de algo.

gen (m.) Secuencia de ADN que constituye la unidad funcional para la transmisión de los caracteres hereditarios.

hebra (f.) Porción de hilo, estambre, seda u otra materia hilada, que para coser algo suele meterse por el ojo de una aguja.

impecable (adj.) *(trato -, servicio -)* Sin ninguna falta, imperfección o defecto.

manjar (m.) Comida exquisita.

mimo (m.) *(hacer algo con -)* Cuidado, delicadeza con que se hace algo.

monógamo, ma (adj.) Con una sola pareja.

moribundo, da (adj.) Que está muriendo o muy cercano a morir.

mozo, za (m., f.) Camarero.

neuronal (adj.) *(red -)* Relativo a las neuronas.

no hay quinto malo Expresión que nace en el mundo taurino. Se utiliza para referirse a lo buenas o especiales que pueden ser las cosas que ocurren u ocupan un quinto lugar, o que simplemente están relacionadas con el número cinco.

paladear (tr.) Disfrutar con un alimento.

pillar (tr. coloq.) Coger.

primate (m.) Orden de mamíferos placentados, que tienen el pulgar oponible al índice y el cráneo de notable volumen.

puer aeternus (latín) eterna juventud.

reacción en cascada Secuencia de reacciones en la que cada producto recién formado provoca la transformación subsiguiente de otro.

regentar (tr.) *(- un negocio, - un restaurante)* Dirigir un negocio.

rendimiento (m.) *(a pleno -)* Al máximo de sus posibilidades.

salivar (intr.) Producir saliva ante un alimento.

sucedáneo (adj.) (m.) Dicho de una sustancia, que, por tener propiedades parecidas a las de otra, puede reemplazarla.

suculento, ta (adj.) *(plato -, menú -, comida -)* Sabroso, delicioso.

versar (intr.) *(- acerca, - sobre)* Tratar de una materia determinada.

UNIDAD 3

acentuarse (prnl.) Adquirir intensidad o importancia.

adular (tr.) Mostrar admiración o estima a alguien para conseguir algo de él.

afectar (tr.) *(- a, - a alguien, - a algo)* Hacer impresión en alguien, causando en él alguna sensación.

agitado, a (adj.) Movido y sacudido con fuerza de un lado a otro.

alcance (m.) *(a tu/su/nuestro -, al - de)* Fácil de conseguir.

campaña (f.) *(- electoral, - de marketing)* Conjunto de actos o esfuerzos diversos que se aplican a conseguir un fin determinado. Periodo de tiempo en el que se realizan estos actos.

compensación (f.) Ventaja o beneficio que produce un esfuerzo, un perjuicio o un gasto.

competidor, ra (adj.) Que lucha con alguien para conseguir el mismo fin.

contribuir (intr.) *(- a, - al éxito, - a la mejora de, - decisivamente)* Ayudar con otros al logro de algún fin.

correr (tr.) *(- el riesgo de)* Estar expuesto a ciertas contingencias.

creerse (prnl.) Estar convencido uno mismo de poseer una cualidad o un estatus.

deponer (tr.) Privar a alguien de su empleo, o degradarlo de los honores o dignidad que tenía.

derrocar (tr.) En política especialmente, derribar, arrojar a alguien del estado o fortuna que tiene. Dicho de una persona, derribar a alguien luchando.

desbordar (tr.) Sobrepasar la capacidad o límite fijado de una persona o cosa.

desconfianza (f.) Sospecha, falta de fe o confianza en algo o en alguien.

despreciar (tr.) Negar valor o importancia o rechazar algo o a alguien.

despuntar (intr.) Manifestar agudeza e ingenio.

disimular (tr.) Ocultar lo que se piensa o se siente.

elocuente (adj.) Que habla con fluidez, propiedad y eficacia.

embotellamiento (m.) Atasco.

encandilar (tr.) Deslumbrar, alucinar, embelesar.

energético, ca (adj.) Que proporciona energía.

entorno (m.) *(- cultural)* Ambiente, lo que rodea.

esnobismo (m.) Actitud superficial consistente en seguir afectadamente la moda en costumbres o creencias sin convicción ni profundidad.

estrecho, cha (adj.) *(relación -)* Íntimo, muy cercano.

exigencia (f.) Cosa que se requiere como imprescindible para que se produzca algo.

firmemente (adv.) *(creer -)* Sin dudas, con total convicción.

fomentar (tr.) Excitar, promover, impulsar o proteger algo.

hilo conductor Elemento común que da coherencia a un discurso o pensamiento.

inspirar (tr.) Sugerir ideas para la creación de la obra literaria o artística.

***leer entre líneas* (loc. verbal)** Descubrir un sentido oculto, una segunda intención o una alusión velada, en lo que se ha dicho o escrito.

lucrativo, va (adj.) *(actividad -, negocio -)* Que produce utilidad y ganancia.

mediocre (adj.) De poco mérito o valor.

medirse (intr.) *(- con, - cara a cara, - cuerpo a cuerpo)* Compararse, competir, someterse a un duelo o debate.

nato, ta (adj.) *(emprendedor -, triunfador -)* Con predisposición natural para algo.

patrón (m.) *(- de conducta, - de comportamiento)* Esquema o modelo que se repite.

paz (f.) *(- interior)* Virtud que pone tranquilidad y sosiego en el ánimo.

plenitud (f.) Apogeo, momento álgido o culminante de algo.

popularidad (f.) Conocimiento y aceptación que alguien tiene en la sociedad.

por los pelos En el último instante, en el límite.

pormenorizado, da **(adj.)** Detallado.

potencial **(m.)** *(enorme -, - incalculable, tener un gran -)* Capacidad, posibilidad de hacer algo.

precisamente **(adv.)** Con exactitud.

presunto, ta **(adj.)** Que se supone o se sospecha que es o ha hecho algo.

puntero, ra **(adj.)** *(empresa -)* Más avanzado y reciente dentro de su sector.

pyme **(f.)** Siglas correspondientes a "Pequeña y Mediana Empresa".

rendimiento **(m.)** Producto o utilidad que rinde o da alguien o algo.

revestir **(tr.)** *(- importancia, - gravedad)* Presentar determinado aspecto, cualidad o carácter.

revolucionar **(tr.)** *(- un sector)* Producir cambios profundos.

rivalidad **(f.)** Competencia u oposición entre dos o más personas.

sumirse **(prnl.)** *(- en)* Hundirse o meterse debajo de la tierra o del agua.

táctica **(f.)** Método o sistema para ejecutar o conseguir algo.

templanza **(f.)** Moderación, sobriedad y continencia.

tener (mucha) miga **(loc. verbal)** Se emplea cuando un escrito o asunto en general tiene un contenido muy interesante o con mucha intención.

timidez **(f.)** Cobardía en la relación con los demás y en la expresión de los sentimientos propios.

tónico **(m.)** *(- capilar, - facial)* En cosmética, loción ligeramente astringente para limpiar y refrescar el cutis, o para vigorizar el cabello.

traer por la calle de la amargura **(loc. verbal)** Se usa cuando algo o alguien te hacen sufrir durante largo tiempo y no sabes cuál es la posible solución.

velar **(tr.)** Observar atentamente algo.

virtuoso, sa **(adj.)** Que tiene muchas virtudes.

UNIDAD 4

adivinar **(tr.)** Predecir el futuro por medios no racionales.

anomalía **(f.)** Hecho anormal, que se sale de la regla.

asignatura pendiente **(f.)** Asunto o problema que aún no se ha solucionado.

avidez **(f.)** *(leer con -)* Ansia, codicia.

carencia **(f.)** Falta de algo necesario.

cauteloso, sa **(adj.)** Que actúa con precaución.

chupete **(m.)** Objeto de goma que se da a los niños para que chupen.

concienzudo, da **(adj.)** Que hace las cosas con mucha atención o detenimiento.

confiscar **(tr.)** *(- bienes)* Penar con privación de bienes, que son asumidos por el fisco.

corriente **(adj.)** *(normal y -)* Común, regular, no extraordinario.

desencantado, da **(adj.)** Decepcionado, desengañado.

eternizar **(tr.)** Hacer que algo dure eternamente.

expositor **(m.)** Mueble en que se expone algo a la vista del público, para su venta.

furtivo, a **(adj.)** *(cazador -)* Que se hace sin permiso y clandestinamente.

interjección **(f.)** Palabra usada para expresar un sentimiento fuerte o una apelación al interlocutor.

luto **(m.)** *(estar de -)* Mantener, durante algún tiempo, el comportamiento y atuendo tradicionales tras la muerte de un pariente o de una persona querida.

marchitarse **(prnl.)** Perder la frescura o la juventud.

multiplicidad **(f.)** Variedad grande.

pavimento **(m.)** Suelo de una calle o carretera.

prevalecer **(tr.)** Tener mayor importancia o rango.

promesa **(f.)** *(joven -)* Persona o cosa que promete por sus especiales cualidades.

propósito **(m.)** *(con el - de)* Con el objetivo de.

reconfortar **(tr.)** *(- a alguien)* Animar, alentar o consolar a alguien que está afligido.

remedio **(m.)** *(no tener más - que)* No tener otra opción.

risotada **(f.)** **(loc. verbal)** Carcajada, risa estrepitosa.

rudo, da **(adj.)** Tosco, descortés, áspero, grosero.

tener en cuenta **(loc. verbal)** Considerar o atender algo o a alguien.

tómbola **(f.)** Rifa pública de objetos diversos.

tributo **(m.)** *(rendir -)* Muestra de reconocimiento, respeto o consideración que se manifiesta hacia una persona como prueba de agradecimiento o admiración.

unipersonal **(adj.)** Formado por una sola persona.

UNIDAD 5

(no) dar crédito (no) Creer.

adherirse **(prnl.)** *(- a)* Sumarse a una causa política, religiosa, etc.

adhesión **(f.)** *(- a, - a la causa, - al régimen, - la Constitución)* Acto de sumarse a una causa, normalmente, política.

cicuta **(f.)** Hierba venenosa que provoca la muerte.

condicionar **(tr.)** Influir en la forma de ser de algo.

constitutivo, va **(adj.)** *(- de)* Que forma parte esencial o fundamental de algo y lo distingue de los demás.

convención **(f.)** *(convenciones sociales)* Norma o práctica admitida tácitamente, que responde a la costumbre.

convicción **(f.)** *(tener la - de que, fuertes convicciones)* Idea a la que se está fuertemente adherido.

credo **(m.)** *(rezar un -)* Oración en la que se contienen los principales artículos de la fe enseñada por los apóstoles. *(libertad de - /- cristiano)* Conjunto de doctrinas comunes a una colectividad.

crédulo, la **(adj.)** *(ser un -)* Que cree ligera o fácilmente.

cúmulo **(m.)** *(un - de)* Montón.

delimitar **(tr.)** Determinar o fijar con precisión los límites de algo.

digresivo, va **(adj.)** Se dice de la forma de hablar o tipo de discurso en que el hablante habla a menudo de cosas que no tienen conexión con el tema general.

duradero, ra **(adj.)** *(relación -)* Que dura o puede durar mucho.

enraizado, da **(adj.)** *(estar - en)* Arraigado, plenamente establecido.

estrato **(m.)** *(de ideas)* capa o nivel.

gafe **(m. f.)** *(ser un)* Persona que da mala suerte.

generar **(tr.)** *(- beneficios, - expectativas)* Producir, causar.

imaginario, a **(adj.)** Que solo existe en la imaginación.

incidencia **(f.)** *(- directa, tener una - directa en)* Influencia o repercusión.

indagación **(f.)** Investigación.

inquerir o **inquirir** **(tr.)** Indagar, averiguar o examinar cuidadosamente algo.

instituciones **(f. pl.)** *(las -)* Órganos constitucionales del poder soberano en la nación.

ironía **(f.)** Burla fina y disimulada.

memorándum **(m.)** Informe en el que se exponen hechos que deben considerarse para tomar una decisión.

memorizar **(tr.)** Aprender de memoria.

meterse con Provocar o molestar a alguien con intención ofensiva.

neófito, ta **(adj.)** Persona recién convertida a una causa o a una actividad.

puñado **(m.)** Cantidad pequeña.

rememorar **(tr.)** Traer algo a la memoria.

reproche **(m.)** Crítica que se le hace a alguien de su conducta.

sobrentendido, da **(adj.)** Que no está expresado, especialmente lo que se da por supuesto en una declaración, en una conversación, etc.

suplantar **(tr.)** *(a alguien)* Ocupar con malas artes el lugar de alguien, defraudándole el derecho, empleo o favor que disfrutaba.

tiquismiquis **(m., coloq.)** Persona que plantea continuamente objeciones en asuntos de poca importancia.

UNIDAD 6

acoplar **(tr.)** Ajustar o unir entre sí las cosas en que había alguna discrepancia.

adular **(tr.)** Hacer o decir con intención, a veces inmoderadamente, lo que se cree que puede agradar a otro.

afecto **(m.)** Cariño, simpatía hacia una persona o cosa.

amenizar **(tr.)** *(- la fiesta/el local/la velada)* Hacer algo grato, placentero, deleitable.

anomia **(f.)** *(Psicol. y Sociol.)* Conjunto de situaciones que derivan de la carencia de normas sociales o de su degradación.

apego **(m.)** *(sentir/mostrar/tener -)* Afición o inclinación hacia alguien o algo.

atropellarse **(prnl.)** Apresurarse demasiado en las obras o palabras.

baturro, - rra **(m., f.)** Rústico aragonés.

cauteloso, - sa **(adj.)** Que actúa con precaución, reserva o cuidado.

clínico, ca **(adj.)** *(psicólogo/caso/historial/diagnóstico -)* Perteneciente o relativo al ejercicio práctico de la medicina basado en la observación directa de los pacientes y en su tratamiento.

deleitar **(tr.)** Producir placer.

destinatario, a **(m., f.)** Persona a quien va dirigido un mensaje o un objeto.

discrepancia **(f.)** Disentimiento personal en opiniones o en conducta.

dotado, a **(adj.)** Con particulares condiciones o facultades para una actividad o talento.

efecto **(m.)** Resultado de una acción.

emancipación **(f.)** *(edad de -)* Liberación de la patria potestad, de la tutela o de la servidumbre. Independencia.

encarar **(tr.)** *(- un problema/una situación/el futuro)* Hacer frente a un problema, dificultad.

enfatizar **(intr.)** Expresarse con énfasis.

enhorabuena **(f.)** Felicitación.

esgrimir **(tr.)** *(- una razón/un argumento/un pretexto)* Usar una cosa o medio como arma para lograr algún intento.

estar de capa caída **(loc. verb.)** Gran decadencia en bienes, fortuna o salud.

forense **(adj.)** *(médico/psicólogo -)* Relacionado con los tribunales o con la administración de justicia.

fruncir **(tr.)** *(- la boca/el ceño/el gesto/el entrecejo)* Arrugar la frente y las cejas en señal de desabrimiento o de ira.

halitosis **(f.)** Fetidez del aliento.

impostergable **(adj.)** *(decisión/elección/tarea/asunto -)* Que no se puede atrasar ni posponer.

inclinar la balanza **(loc. verbal)** *(en favor de alguien)* Inclinar un asunto a favor de alguien o de algo.

irresoluble **(adj.)** *(problema/cuestión/conflicto -)* Que no se puede resolver o determinar.

lapso **(m.)** Tiempo entre dos límites.

lidiar **(intr.)** *(- con)* Batallar, pelear, litigar.

magistral **(adj.)** Hecho con maestría.

minucioso, sa **(m., f.)** *(observador/análisis/examen/registro -)* Que se detiene en las cosas más pequeñas.

paradigma **(m.)** Modelo, esquema, corriente.

parental **(adj.)** Perteneciente o relativo a los padres o a los parientes.

partido **(m.)** *(sacar -)* Provecho, ventaja o conveniencia.

persisitir **(intr.)** *(- en)* Mantenerse firme o constante en algo.

poner el broche **(loc. verb.)** *(de oro/final)* Remate de un acto público, de una reunión, de una gestión, etc., especialmente si le proporciona un tono brillante o excepcional.

pronunciar **(tr.)** Emitir y articular sonidos al hablar.

puntualizar **(tr.)** Añadir una o más precisiones a algo con el fin de aclararlo, completarlo o corregirlo.

sensibilidad **(f.)** Capacidad de entender y sentir el mundo artístico y emocional.

UNIDAD 7

académico, ca **(adj.)** *(diccionario -, gramática -)* Que sigue las pautas de la Real Academia Española (RAE).

acervo **(m.)** *(- lingüístico, - artístico, - documental)* Conjunto de bienes morales o culturales acumulados por tradición o herencia.

aféresis **(f.)** Supresión de algún sonido al principio de un vocablo.

agregación **(f.)** Agrupación de partículas sólidas formando un conjunto homogéneo.

anacrónico, ca **(adj.)** *(traje lingüístico -)* Incongruencia que resulta de presentar algo como propio de una época a la que no corresponde.

arraigar **(intr.)** *(- entre, - en)* Establecerse, hacerse firme.

artefacto **(m.)** *(- artesanal/casero/explosivo/rudimentario)* Conjunto de piezas que no constituye una máquina definida, sino que se hace adaptándolo a un fin determinado. Objeto construido según las reglas de un arte.

artilugio **(m.)** Mecanismo, artefacto, sobre todo si es de cierta complicación.

asentar **(tr.)** Establecer, fijar.

atisbo **(m.)** *(sin el menor - de arrepentimiento/de cordura/de duda/de emoción/de interés)* Indicio o iniciación todavía débil de una cosa.

autoaprendizaje **(m.)** Aprendizaje autónomo sin ayuda de profesor.

binario, a **(adj.)** *(sistema -)* Compuesto de dos elementos, unidades o guarismos. El sistema binario utiliza como cifras exclusivamente el 0 y el 1. Es la base de los sistemas informáticos.

blanco **(m.)** *(dar en el)* Fin u objeto al que se dirigen las cosas.

cargarse **(tr.)** Coloquial: matar, quitar la vida.

castizo, za **(adj.)** *(palabra -, expresión -, tono -):* Típico, puro, genuino de cualquier país, región o localidad.

claudicación **(f.)** Rendición, cesión o sometimiento ante una presión o tentación. Abandono del esfuerzo en una empresa.

conciso, sa **(adj.)** Breve.

conectividad **(m.)** Capacidad de estar conectados por medios informáticos o telefónicos.

consentimiento **(m.)** Permiso para hacer algo.

crónico, ca **(adj.)** *(dolor/enfermedad/paciente -)* Dicho de una enfermedad, larga.

dilucidar **(tr.)** *(- una conclusión, - el significado, - las causas)* Declarar y explicar un asunto, una proposición o una obra de ingenio.

emitir **(tr.)** *(- programas)* Lanzar ondas hercianas para hacer oír señales, noticias, música, etc.

encuadernación **(f.)** Acción y efecto de juntar, unir, coser varios pliegos o cuadernos y ponerles cubiertas.

enredar **(tr.)** *(- con)* Jugar, entretenerse, revolver.

epidérmico, ca **(adj.)** Relativo al tejido más externo que envuelve el cuerpo de los animales.

estilístico, ca **(adj.)** *(corrección -)* Perteneciente o relativo al estilo de quien habla o escribe.

etiología **(f.)** Estudio de las causas de las enfermedades.

exacerbar **(tr.)** Agravar o avivar una enfermedad, una pasión, una molestia.

explicitar **(tr.)** Expresar clara y determinadamente una cosa.

fomentar **(tr.)** Promocionar o apoyar una iniciativa pública.

híbrido, da **(adj.)** *(lengua -, texto -, planta -, deporte -)* Producto de elementos de distinta naturaleza.

HLA **(m.)** Los antígenos leucocitarios humanos –abreviados HLA (acrónimo inglés de *Human Leukocyte Antigen*)– son antígenos formados por moléculas que se encuentran en la superficie de casi todas las células de los tejidos de un individuo, y también en los glóbulos blancos. Cumplen con la función de diferenciar lo propio de lo ajeno y aseguran la respuesta inmune, capaz de defender al organismo de algunos agentes extraños que generan infecciones.

hurgar **(tr.)** *(- en la basura/el bolsillo/la herida/la vida privada de alguien)* Revolver o menear cosas en el interior de algo. Fisgar, husmear.

imponerse **(prnl.)** *(lograr -)* Asentarse, establecerse, fijarse.

inaugural **(adj.)** *(discurso -, oración -, ceremonia -)* Relativo a la inauguración o inicio de algo.

inmune **(adj.)** *(sistema -)* Conjunto de estructuras y procesos biológicos en el interior de un organismo que le protege contra enfermedades identificando y matando células patógenas y cancerosas.

interactivo, va **(adj.)** Dicho de un programa, que permite una interacción, a modo de diálogo, entre el programa y el usuario.

lesión **(f.)** *(- leve/grave/superficial)* Daño o detrimento corporal causado por una herida, un golpe o una enfermedad.

lexicógrafo, fa **(m., f.)** Recopilador de los vocablos o palabras que han de entrar en un léxico o diccionario.

malsonante (adj.) *(palabra -, expresión -)* Dicho especialmente de una doctrina o de una frase, que ofende los oídos de personas piadosas o de buen gusto.

merma (f.) Disminución.

meter cuchara (loc. verbal) Coloquial: entrometerse en asuntos o conversaciones ajenas.

mitosis (f.) División de la célula en la que, previa duplicación del material genético, cada célula hija recibe una dotación completa de cromosomas.

molleja (f.) Estómago muscular que tienen las aves. Puede cocinarse asada o cocida a modo de guiso, rebozada y frita, según la costumbre de cada lugar.

monocigótico, ca (adj.) Dícese de los gemelos que tienen una placenta común, procedentes de la división anormal de un único óvulo y un único espermatozoide.

mucosa (f.) Membrana húmeda que reviste una cavidad fisiológica que tiene contacto con el exterior y que segrega moco.

neologismo (m.) Vocablo, acepción o giro nuevo en una lengua.

parabólico, ca (adj.) *(antena, pantalla)* Se dice de la antena radioeléctrica con forma de parábola, y especialmente de la televisión, que permite captar emisoras situadas a gran distancia.

penuria (f.) Escasez, falta de las cosas más precisas o de alguna de ellas.

poligénico, ca (adj.) Rasgo fenotípico o enfermedad causado por la interacción de varios genes.

potencial (adj.) *(cliente -, usuario -, lector -)* Posible.

primate (m.) Se dice de los mamíferos de superior organización, plantígrados, con extremidades terminadas en cinco dedos provistos de uñas, de los cuales el pulgar es oponible a los demás, por lo menos en los miembros torácicos.

reforzar (tr.) *(- el mensaje)* Hacer que algo sea más poderoso o eficaz.

repercusión (m.) Efecto y consecuencia de un hecho.

significativo, va (adj.) Que da a entender algo con precisión.

tedioso, sa (adj.) Que produce aburrimiento, hastío, rechazo o falta de interés.

ubicar (tr.). Colocar, situar o instalar algo en determinado lugar.

voz (f.) Palabra o vocablo.

UNIDAD 8

acreditar (tr.) Demostrar una circunstancia o un hecho mediante un documento o una prueba válida en Derecho.

afecto, ta (adj.) *(ser - a)* Partidario de alguien o algo.

apelación (f.) *(derecho/recurso de -)* Acción de recurrir al juez o tribunal superior para que revoque, enmiende o anule la sentencia que se supone injustamente dada por el inferior.

apoderar (tr.) *(- a una persona)* Dar poder a otra para que la represente en un juicio o fuera de él.

arancel (m.) Tarifa oficial que determina los derechos que se han de pagar en varios ramos, como el de costas judiciales, aduanas, ferrocarriles, etc.

arcaico, ca (adj.) Muy antiguo o anticuado.

ascendiente (m.) Padre, madre o cualquiera de los abuelos de los que desciende una persona.

caciquismo (m.) Intromisión abusiva de una persona o una autoridad en determinados asuntos, valiéndose de su poder o influencia.

capitulaciones (f. pl.) Acuerdos que se hacen entre los futuros esposos.

casación (f.) *(recurso de -)* Anulación o derogación. El recurso de casación se interpone ante el Tribunal Supremo (o ante el Tribunal Superior de la Comunidad Autónoma) contra fallos definitivos o laudos, en los cuales se suponen infringidas leyes o doctrina legal, o quebrantada alguna garantía esencial del procedimiento.

circunscripción (f.) División administrativa, judicial, militar, electoral o eclesiástica de un territorio.

clase (f.) *(- social, lucha de -)* Conjunto de personas que pertenecen al mismo nivel social y que presentan cierta afinidad de costumbres, medios económicos, intereses, etc.

contraprestación (f.) Prestación de un servicio o entrega de dinero o de un bien que debe una parte contratante por razón de la que ha recibido o debe recibir de la otra.

cónyuge (m.) Término genérico que designa al marido respecto de la mujer o a la mujer respecto del marido.

cuantía (f.) Cantidad.

custodia (f.) *(guardia y -)* Cuidado y asistencia de los hijos menores por parte del progenitor que vive con ellos.

desalojar (tr.) *(- un edificio, - una zona)* Sacar o hacer salir de un lugar a alguien o algo.

despojar (tr.) *(a alguien de algo)* Privar a alguien de lo que goza y tiene, desposeerle de ello con violencia.

dirimir (tr.) Ajustar, concluir, resolver una controversia.

en aras de (loc. verbal) En honor o en interés de.

entablar (tr.) *(reclamación)* Dar comienzo a una conversación, batalla, amistad, etc.

entidad (f.) *(- autónoma/estatal/bancaria/financiera/pública)* Colectividad considerada como unidad. Especialmente, cualquier corporación, compañía, institución, etc., tomada como persona jurídica.

formalidad(es) (f.) Cada uno de los requisitos para ejecutar algo.

heterónomo, ma (adj.) Sujeto a un poder externo o ajeno que impide el desarrollo de su voluntad y naturaleza.

hijo adoptado (m., f.) Menor de edad que sin ser hijo biológico es legalmente reconocido y aceptado como hijo por sus padres.

inmueble (m.) Casa, edificio para habitar.

inquietudes (f. pl.) *(- sociales)* Intereses o preocupaciones.

instancia (f.) *(juzgados de primera -)* Cada uno de los grados jurisdiccionales que la ley tiene establecidos para ventilar y sentenciar, en jurisdicción expedita, lo mismo sobre el hecho que sobre el derecho, en los juicios y demás negocios de justicia.

jurar (tr.) *(- la Constitución)* Someterse solemnemente y con juramento a los preceptos constitucionales de un país.

jurisdicción (f.) Poder que tienen los jueces y tribunales para juzgar y hacer ejecutar lo juzgado.

justiciable (m.) Persona que se somete a la acción de los tribunales de justicia. Litigante.

lacra (f.) Vicio físico o moral que marca a quien lo tiene.

lícito, ta (adj.) Justo, permitido, según justicia y razón.

liquidación (f.) Final de algo.

litigio (m.) Pleito o disputa judicial.

magistrado, da (m., f.) Miembro de una sala de Audiencia Territorial o Provincial, o del Tribunal Supremo de Justicia. A diferencia del juez, que actúa de modo independiente, los magistrados toman las decisiones de modo colegiado. A pesar de esta diferencia, a veces se usan como sinónimos en la lengua corriente.

masas (f. pl.) *(entretenimiento de -, espectáculo de -)* Mayoría de personas.

modalidad (f.) Clase o forma en la que se manifiesta un hecho.

mordaza (f.) *(- digital)* Instrumento que se pone en la boca para impedir el hablar. U. t. en sent. fig.

nudo gordiano (m.) Nudo que ataba al yugo la lanza del carro de Gordio, antiguo rey de Frigia, el cual dicen que estaba hecho de tal manera que no se podía descubrir ninguno de los dos cabos.

obsoleto, ta (adj.) Anticuado, inadecuado a las circunstancias actuales.

patria potestad (f.) Relación existente entre los progenitores y los hijos y que lleva aparejada el conjunto de deberes y derechos de los padres en relación con los hijos menores de edad no emancipados, y su protección. Tiene por objeto el cuidado, desarrollo y educación integral de los mismos. Comprende la guarda, representación y la administración de sus bienes.

punitivo, va (adj.) Perteneciente o relativo al castigo.

reagrupación familiar (f.) Hecho de que uno o varios familiares vuelvan a vivir juntos después de que uno de ellos haya emigrado a otro país.

recabar (tr.) Pedir, reclamar algo alegando o suponiendo un derecho.

recaudatorio, a (adj.) Relativo a la acción de pedir o cobrar dinero.

regularizar (tr.) *(- una situación)* Legalizar, adecuar a derecho una situación de hecho o irregular.

reiterativo, va (adj.) *(lenguaje -)* que vuelve a ser dicho o hecho.

remontarse (prnl.) *(- a)* Pertenecer a una época muy lejana.

represión (f.) *(- política)* Acto, o conjunto de actos, ordinariamente desde el poder, para contener, detener o castigar con violencia actuaciones políticas o sociales.

requerir (tr.) Obligar a hacer algo como condición para obtener un permiso, una autorización o un derecho.

revista (f.) *(pasar -)* Dicho de una autoridad o de un personaje, pasar ante las tropas que le rinden honores.

revocar (tr.) *(- totalmente, - parcialmente)* Dejar sin efecto una concesión, un mandato o una resolución.

rotundidad (f.) *(negar/afirmar con -)* Cualidad de lo que es completo, preciso y terminante.

segundas nupcias (f. pl.) Matrimonio que contrae una persona después de haber fallecido el esposo o tras un divorcio.

sufragar (tr.) *(- un gasto/una deuda/el coste/una beca/una campaña electoral)* Costear, pagar, satisfacer una suma de dinero.

supuesto (m.) Hecho hipotético.

tener a su cargo (loc. verbal) Tener a alguien bajo su responsabilidad o cuidado legalmente reconocido.

tramitar (tr.) Hacer pasar un negocio por los trámites debidos.

trámite (m.) *(- administrativo)* Cada uno de los estados y diligencias que hay que recorrer en un negocio hasta su conclusión.

tutela (f.) *(- judicial)* Dirección, amparo o defensa de una persona respecto de otra.

ultramar (m.) *(colonia de -, territorio de -)* País o sitio que está de la otra parte del mar, considerado desde el punto en que se habla.

vitalicio, a (adj.) *(sueldo -, senador -)* Dicho de un cargo, de una merced, de una renta, etc., que duran desde que se obtienen hasta el fin de la vida.

UNIDAD 9

aborigen (m., f.) Se dice del primitivo morador de un país, por contraposición a los establecidos posteriormente en él.

amarrar (tr.) Atar y asegurar por medio de cuerdas, maromas, cadenas, etc.

ámbito (m.) Espacio real o conceptual en el que existe un hecho.

asertivo, va (adj.) Hacerse valer y defender una postura con confianza en uno mismo y en su propio juicio. Afirmativo.

bagaje (m.) *(cultural/intelectual/artístico)* Conjunto de conocimientos o noticias de que dispone alguien.

cepo (m.) Instrumento hecho de dos maderos gruesos, que unidos forman en el medio unos agujeros redondos, en los cuales se aseguraba el cuello o la pierna del reo, juntando los maderos.

clérigo (m.) Hombre que ha recibido las órdenes sagradas.

coetáneo, a (adj.) Contemporáneo.

cutre (adj.) Persona tacaña y miserable. Objeto de mala calidad.

dicción (f.) *(técnicas de -)* Manera de pronunciar.

distendido, da (adj.) *(conversación -)* Relajado, sin tensión.

falla (f.) *(- de memoria, concentración)* Defecto, falta.

garito (m.) Establecimiento de diversión, especialmente de mala fama o de carácter informal.

jerga (f.) Lenguaje especial no perteneciente al uso común del idioma utilizado por un grupo social particular para expresar su identidad.

meridional (adj.) Perteneciente al sur.

meseta (m.) Terreno llano situado a una considerable altura sobre el nivel del mar.

molar (intr.) Gustar mucho, resultar agradable o estupendo.

paisano, na (m., f.) Campesino, que vive y trabaja en el campo.

petar (intr.) Coloquial: llenar. Estallar.

reo (m.) Persona que por haber cometido una culpa merece castigo.

tropa (f.) Conjunto de militares (en particular, de cabos y soldados).

túnica (f.) Vestidura exterior amplia y larga.

UNIDAD 10

alabar (tr.) Hablar muy bien de algo o de alguien.

auditoria (f.) *(externa, interna)* Revisión de una empresa, de una sociedad, etc., realizada por un auditor.

campo (m.) *(trabajador de -, trabajo de -)* Dicho de un trabajo o de una investigación, que se realiza mediante desplazamiento del investigador al medio donde se encuentra el objeto o se produce el fenómeno estudiado.

causa (f.) Proyecto o pensamiento ideal que una persona considera como un valor superior.

cometido (m.) Misión o trabajo particular asignado a una persona o institución.

congresista (m., f.) Miembro de un congreso científico, económico, etc.

conllevar (tr.) Implicar, traer consecuencias.

corporativo, va (adj.) Perteneciente a una empresa o colectivo profesional.

cuantioso, sa (adj.) *(suma/recompensa/herencia -)* Grande en cantidad o número.

chapuza (f.) *(hacer una -)* Obra o labor de poca importancia o hecha sin arte ni esmero.

decano, na (m., f.) Persona que con título de tal es nombrada para presidir una corporación o una facultad universitaria, aunque no sea el miembro más antiguo.

derroche (m.) Gasto excesivo.

desheredar (tr.) Excluir a alguien de la herencia forzosa, expresamente y por causa legal.

desposarse (prnl.) *(- con)* Anticuado: casarse, contraer matrimonio.

electorado (m.) Conjunto de los electores, personas que eligen de una circunscripción.

filtro (m.) Sistema que selecciona personas o cosas, impidiendo el paso de los elementos no deseados.

fiscalizar (tr.) Controlar y supervisar algo o a alguien.

frente (m.) *(- de batalla)* Lugar donde se produce una batalla.

granito de arena (m.) Auxilio pequeño con que alguien contribuye para una obra o fin determinado.

indignarse (prnl.) *(- ante)* Enfadarse o irritarse mucho.

involucrarse (prnl.) *(- en)* Comprometerse con una causa.

macabro, bra (adj.) Que participa de la fealdad de la muerte y de la repulsión que esta suele causar.

malinterpretar (tr.) Interpretar erróneamente un mensaje.

maltrato (m., también en **pl.** *malos tratos*) *(sufrir/padecer/recibir/ser víctima de -)* Acción o efecto de tratar mal a alguien de palabra u obra.

mentalidad (f.) Forma de pensar.

metonimia (f.) Tropo que consiste en designar algo con el nombre de otra cosa tomando el efecto por la causa o viceversa, el autor por sus obras, el signo por la cosa significada, etc.; p. ej., las canas por la vejez; leer a Virgilio, por leer las obras de Virgilio; el laurel por la gloria, etc.

morboso, sa (adj.) Que provoca reacciones mentales moralmente insanas o que es resultado de ellas.

paternalista (adj.) Que emplea formas de autoridad y protección propias del padre en la familia tradicional en las relaciones laborales, políticas o empresariales.

perpetuar (tr.) *(- una situación)* Hacer perpetuo o perdurable algo.

reacio, a (adj.) Contrario a algo, que muestra resistencia a hacer algo.

recaudar (tr.) *(- fondos)* Conseguir dinero para un fin.

reclutar (tr.) Reunir gente para un propósito determinado.

redentor, ra (adj.) Salvador o liberador.

respaldar *(- a alguien en algo)* (tr.) Proteger, apoyar, garantizar.

revolotear (intr.) Volar haciendo tornos o giros en poco espacio.

rótulo (m.) Título de un escrito o de una parte suya.

subastar (tr.) Vender algo en pública subasta. Venta pública de bienes o alhajas que se hace al mejor postor, y regularmente por mandato y con intervención de un juez u otra autoridad.

subvención (f.) Ayuda económica concedida por una institución pública.

vehemente (adj.) *(discurso -/persona -/actitud -)* Que tiene una fuerza impetuosa.

UNIDAD 11

aniquilamiento (m.) *(masivo)* destrucción.

apacible (adj.) Manso, dulce y agradable en la condición y el trato.

bordar (tr.) Bordar una tela con figuras en relieve.

carabela (f.) Antigua embarcación muy ligera, larga y estrecha, con una sola cubierta, espolón a proa, popa llana, con tres palos y cofa solo en el mayor, entenas en los tres para velas latinas, y algunas vergas de cruz en el mayor y en el de proa.

caricia (f.) Demostración cariñosa que consiste en rozar suavemente con la mano el cuerpo de una persona o animal.

cóncavo, va (adj.) Superficie o curva parecida al interior de una circunferencia o una esfera.

convenio (m.) Acuerdo vinculante entre los representantes de los trabajadores y los empresarios de un sector o empresa determinados, que regula las condiciones laborales.

espoleado, da (adj.) Avivado, incitado, estimulado para hacer algo.

evocación (f.) Pensamiento o relato que trae a la memoria recuerdos pasados o imaginarios.

flota (f.) *(- de guerra/pesquera)* Conjunto de embarcaciones que tienen un destino común.

Guanahaní Nombre de la isla en la que desembarcó Cristóbal Colón cuando llegó por primera vez a América. A la isla la bautizó con el nombre de San Salvador.

insoslayable (adj.) Que no puede ser pasado por alto o de largo, dejando de lado alguna dificultad.

lustre (m.) Brillo de las cosas conseguido mediante cuidados.

majara (adj.) Coloquial: loco, chiflado.

mercaderías (f., pl.) Trato de vender y comprar comerciando en géneros. Mercancía.

mesa camilla (f.) Mesa redonda con faldas.

modista (f.) Persona que tiene por oficio hacer prendas de vestir.

pesadumbre (f.) Molestia o sufrimiento.

póstumo, ma (adj.) *(premio -, obra -, hijo -)* Que sale a la luz después de la muerte del padre o autor.

prisma (m.) Punto de vista, perspectiva.

recelo (m.) Desconfianza.

recostado, da (adj.) Reclinado sobre la parte superior del cuerpo.

snob/esnob (m., f.) Persona que imita con afectación las maneras, opiniones, etc., de aquellos a quienes considera distinguidos.

sugerente (adj.) Que provoca emociones o ideas.

tentativa (f.) Intento no cumplido.

ultramarino (adj.) *(comercio -)* Que está o se considera del otro lado o a la otra parte del mar.

UNIDAD 12

apnea (f.) *(- del sueño)* Estado patológico caracterizado por accesos irresistibles de sueño profundo.

armonioso, sa (adj.) Pacífico, sin conflictos entre sus partes.

arropar (tr.) *(- con)* Cubrir o abrigar con ropa.

banalización (f.) *(de algo)* Acción y efecto de dar a algo aspecto de trivial, común, insustancial.

basarse (prnl.) *(- en)* Estar fundado o apoyado.

brotes verdes (m., pl.) Expresión para indicar que algo empieza a manifestarse.

canon (m.) *(- de belleza)* Regla de las proporciones de la figura humana.

carta blanca (f.) *(tener -, dar -)* Facultad amplia para actuar libremente.

conciliar (tr.) *(- el sueño)* Alcanzar o llegar a dormirse. Dormirse.

consenso (m.) Acuerdo entre todos los miembros de un grupo o entre varios grupos.

consolidar (tr.) Asegurar del todo, afianzar.

constructivo, va (adj.) Que sirve a una persona o sociedad para ser mejor o crecer.

descabellado, da (adj.) *(sueño -/noticia -)* Que va fuera de orden, concierto o razón.

despuntar (tr.) *(- el alba/el día/año, siglo)* Empezar a manifestarse. Nacer.

desvanecerse (prnl.) Quitar de la mente una idea, un recuerdo, un sueño, etc.

desvelar (tr.) *(- por completo/totalmente/completamente)* Despertar, espabilar. Quitar, impedir el sueño, no dejar dormir.

distorsionar (tr.) *(- la realidad/ imágenes/sonidos/señales)* Deformar.

eclecticismo (m.) Modo de juzgar u obrar que adopta una postura intermedia, en vez de seguir soluciones extremas o bien definidas.

edulcorado, da (adj.) Endulzado con sustancias naturales, como el azúcar, la miel, etc., o sintéticas, como la sacarina. En sentido estético, falsamente embellecido.

emocional (adj.) Relacionado con las emociones.

en su haber (loc. adv.) Tener, poseer, contar con.

encarar (tr.) *(- una situación/una operación)* Hacer frente a un problema, dificultad, etc.

espabilado, da *(despabilado)* (m., f.) Persona lista, viva, despierta.

fisiología (f.) Ciencia que tiene por objeto el estudio de las funciones de los seres vivos.

fisiológico, ca (adj.) *(necesidad -)* Relacionado con las funciones de los seres vivos.

fundamentar (tr.) *(- las teorías)* Basar.

habida cuenta de (loc. verb.) Teniéndolo en cuenta, a la vista de ello.

idiosincrasia (f.) Rasgos, temperamento, carácter, etc., distintivos y propios de un individuo o de una colectividad.

inferir (prnl.) *(- que)* Sacar una consecuencia o deducir algo de otra cosa.

injerto (m.) *(- de pelo, de piel)* Fragmento de tejido que se implanta en una parte del cuerpo para reparar una lesión, o con fines estéticos.

interrogante (m.) Pregunta.

maniqueísmo (m.) Tendencia a interpretar la realidad sobre la base de una valoración dicotómica.

mecha (f.) *(ponerse - s)* Mechón de pelo, especialmente el teñido de un tono diferente al resto del cabello.

michelín (m.) Pliegue de gordura que se forma en alguna parte del cuerpo.

narcolepsia (f.) Estado patológico caracterizado por accesos irresistibles de sueño profundo.

niño de papá (m., f.) Joven de familia acomodada un tanto vacuo y presuntuoso.

pijo, ja (adj.) Dicho de una persona, que en su vestuario, modales, lenguaje, etc., manifiesta gustos propios de una clase social acomodada.

primordial (adj.) Fundamental, esencial.

recurrente (adj.) *(un sueño -, una frase -)* Que vuelve a ocurrir o a aparecer, especialmente después de un intervalo.

rechinar (intr.) *(- los dientes)* Dicho de una cosa, hacer o causar un sonido, comúnmente desapacible, por rozar con otra.

reprimido, da (adj.) *(deseo -)* Contenido, frenado, no expresado.

sonámbulo, la (adj.) *(andar -, ser -, estar -)* Dicho de una persona, que mientras está dormida tiene cierta aptitud para ejecutar algunas funciones correspondientes a la vida de relación exterior, como las de levantarse, andar y hablar.

suma y sigue Denota la repetición o continuación de algo, provocando enfado o irritación.

suplicio (m.) Grave tormento o dolor físico o moral.

tecno (adj.) *(música -)* Del inglés *techno*: estilo de música surgido en EE.UU. en los años 80, cuyo origen se encuentra en la fusión de ciertas corrientes de música europea, basadas en el uso experimental del sintetizador, con diferentes estilos de música de raíz afroamericana como el *funk*, el *free jazz* o el primer electro. A esto se añade la influencia de una estética y temática de corte futurista.

terapéutico, ca (adj.) *(uso -, utilidad -)* Que puede emplearse para tratar una enfermedad.

versatilidad (f.) Capacidad de adaptarse con facilidad y rapidez a diversas funciones.

TRANSCRIPCIONES

UNIDAD 1: *ENSEÑ*ARTE

1. **Rafael Moneo**

El jurado ha acordado otorgar el Premio Príncipe de Asturias de las Artes a Rafael Moneo Vallés, arquitecto español de dimensión universal, cuya obra enriquece los espacios urbanos con una arquitectura serena y pulcra. Maestro reconocido en el ámbito académico y profesional, Moneo deja una huella propia en cada una de sus creaciones, conjugando estética con funcionalidad, especialmente en los interiores diáfanos que sirven de marco impecable a las grandes obras de la cultura y del espíritu.

Sistema Nacional de Orquestas Juveniles e Infantiles de Venezuela

El jurado ha acordado otorgar el Premio Príncipe de Asturias de las Artes al Sistema Nacional de Orquestas Juveniles e Infantiles de Venezuela, fundadas por el maestro D. José Antonio Abreu, por haber combinado, en un mismo proyecto, la máxima calidad artística y una profunda convicción ética aplicada a la mejora de la realidad social. En colaboración con primeras figuras de alcance universal, el sistema creado por el maestro Abreu ha formado a directores e intérpretes del más alto nivel, a partir de una confianza audaz en el valor educativo de la música para la dignidad del ser humano.

Pedro Almodóvar

El jurado ha acordado otorgar el Premio Príncipe de Asturias de las Artes al cineasta Pedro Almodóvar, tanto por la maestría y sinceridad de sus realizaciones, como por la alegría y vitalidad de sus textos, y, sobre todo, por la integración de sus raíces, que son las nuestras, en la sociedad de un planeta al borde de un ataque de nervios y a caballo de dos siglos.

Tamara Rojo

El jurado ha acordado otorgar el Premio Príncipe de Asturias de las Artes a Tamara Rojo, bailarina, por su excepcional trayectoria en el mundo de la danza, en el que es reconocida como una de sus más altas expresiones.

Tamara Rojo ofrece una combinación perfecta entre la mejor tradición clásica y la exigencia de superar nuevos retos, prueba de una madurez interpretativa que le otorga una posición de privilegio en los más relevantes escenarios internacionales.

Paco de Lucía

El jurado ha acordado otorgar el Premio Príncipe de Asturias de las Artes a Francisco Sánchez Gómez, artísticamente conocido como Paco de Lucía. Este gaditano, de Algeciras, ha trascendido fronteras y estilos y es hoy un músico de dimensión universal. A partir de la guitarra flamenca ha profundizado también en los más distintos estilos musicales, desde la emoción de la *bossa nova* al sentimiento del *jazz*. Todo cuanto puede expresarse con las seis cuerdas de la guitarra está en sus manos, que se animan con la emocionante hondura de la sensibilidad y la limpieza de la máxima honradez interpretativa.

Miquel Barceló

El jurado ha acordado otorgar el Premio Príncipe de Asturias de las Artes a Miquel Barceló, nacido en Felanitx, Mallorca, en 1957. El jurado le considera, en su juventud, uno de los máximos exponentes de la pintura europea contemporánea. Desde su revelación en la década de los 80, este gran creador plástico entronca con la mejor tradición española y, a partir de la naturaleza, vive consagrado a su obra, no solo pictórica, sino también escultórica y cerámica. En él se refleja, a través de un prisma mediterráneo, la proximidad a la realidad vital.

2. Locutora: Hoy hemos asistido a un taller de fotografía titulado *Fotografiar sin ver*. Sí, lo ha oído usted bien, y la persona que lo imparte tiene una discapacidad visual. Estamos en la segunda planta del Centro Cultural Conde Duque de Madrid. La fotógrafa barcelonesa Carme Ollé está terminando de preparar la clase de hoy.

Carme Ollé: Hoy haremos una práctica de bodegón, es decir, de estudio... con los ojos tapados para los que ven. Después lo vamos a pasar por el escáner y lo vamos a proyectar sobre la pared. Hombre, los que no ven no lo verán, porque no lo pueden tocar, pero participarán activamente en todo el proceso y, por supuesto, habrán tocado primero el material y lo habrán puesto a su aire, como les guste, dentro de un espacio. Así que la fotografía será suya.

Locutora: Comienzan a llegar los alumnos. Son catorce, la mitad de ellos sin nada de visión. Miguel llega con su perro guía, Teo, un simpático labrador que le acompaña a todas partes. Muy ilusionado, Miguel nos cuenta por qué se ha apuntado a este taller.

Miguel: Me llama la atención, la verdad, fotografía ciega. Vengo a ver qué nos enseñan, no sé, para saber si, sin utilizar la vista, se pueden hacer buenas fotos o al menos, fotos pasables.

Locutora: Y vaya que si se puede. Carme, la profesora, nos explica los objetivos del taller.

Carme Ollé: Es un taller destinado a personas ciegas o con discapacidad visual grave, pero al que hemos invitado también a personas sin problemas visuales. Vamos a hacer fotos tanto interiores como exteriores..., si el tiempo lo permite.
Elegimos la fotografía porque es una disciplina artística típicamente visual, digamos, no se concibe sin que el ojo participe, no se concibe sin ver. Pero para las personas ciegas el verbo *ver* también está en su vocabulario, ya que lo utilizan de una forma bastante habitual para referirse a una forma de percibir que no se realiza con la vista, sino como resultado de la percepción que se obtiene a través de los otros sentidos: oído, tacto, olfato y gusto, y es precisamente en este ámbito donde se pretende enmarcar este taller.

Locutora: ¿Pero cómo se le ocurre la idea del taller?

Carme Ollé: Pues hace ya diez años que entré en contacto con un grupo de artistas y de fotógrafos ciegos... Y, a través de ellos, aprendí a hacer estos talleres. Ellos me explicaron que llevaban tiempo haciendo fotos acompañados por un ayudante. Y yo, que había hecho fotos desde siempre, pero en aquel momento estaba muy desanimada, pues eso fue la chispa que a mí me dio el empuje para hacer fotografías de nuevo.

Locutora: Algo similar le pasó a otro alumno de este taller, Matías.

Matías: Yo siempre hice fotos... Y lo dejé durante una temporada porque mi vista bajó. Esta es la razón por la que me apunté al taller, para animarme más todavía y hacer más cosas. Y ver qué puedo aprender.

Carme Ollé: Pues vamos a empezar aprendiendo el manejo de la cámara, una cámara semiautomática, que siempre es importante, y luego ya iremos profundizando hasta aprender que la fotografía no es un acto meramente mecánico, ni mucho menos.

Locutora: Pero no se piense usted que los únicos interesados en el taller han sido personas con discapacidad visual. Eva se apuntó por otros motivos.

Eva: Esto de fotografiar sin ver me llamó muchísimo la atención. Primero para saber cómo podría hacerlo yo, como podría hacerlo sin ver. No sé, utilizando otras cosas, utilizando más el tacto, el olfato. No sé, todavía, cómo lo vamos a hacer. Pero el hecho de que dijeran que tenías que hacer las fotos con antifaz me llamaba más la atención. Y luego, también, pues por conocer mejor cómo perciben otras personas, cómo ven, qué otro tipo de técnicas utilizan. Bueno, una fotografía vista de otra manera y hecha de otra manera.

Locutora: Pues si quiere ver una muestra de este taller *Fotografiar sin ver*, puede hacerlo en la Bienal de Arte contemporáneo del Centro Conde Duque de Madrid.

Adaptado de *Para que veas*. Radio Nacional de España.

3. Entrevistador: 11 y 31 minutos de la mañana, 10 y 31 en las islas Canarias. Nuestro invitado de hoy es músico, escritor, poeta, cineasta, en definitiva, artista. Antón Reixa, buenos días.

Antón Reixa: Buenos días a todos y a todas.

Entrevistador: Gracias por desplazarte a los estudios de Radio Nacional en Prado del Rey y bienvenido a la radio, un medio que, por cierto, no te es extraño porque durante un tiempo condujiste un programa que se llamaba Bule, bule...

Antón Reixa: Bule, bule, sí, sí... Fue una experiencia la radio; la verdad, yo amo la radio, pocas sensaciones hay tan balsámicas como meterse en un estudio de radio... y es como si se parase el tiempo y a partir de ahí es un mundo aparte. La verdad es que disfruté mucho mi trabajo en la radio.

Entrevistador: Bueno, tu principal actividad en este momento es el musical que acabas de presentar y que se llama *Galicia Caníbal*. Es un recorrido por los años 80, en Galicia, y especialmente por su movida musical. Pero es más un recorrido por una etapa de la historia española, incluso por una forma determinada de vida. No es necesario haber vivido aquella época para disfrutar el musical.

Antón Reixa: No, en absoluto. Yo tenía la ilusión de recoger todo el repertorio musical de aquella época. Pero, sobre todo, yo tenía la ilusión de contar aquella época, aquella visión que teníamos de la vida...

Entrevistador: Este musical nos traslada al año 1986. En ese momento tú tenías unos 30 años, ¿no? ¿Cómo recuerdas aquello? ¿Qué similitudes tienen los años 80 con lo que se está viviendo ahora?

Antón Reixa: Bueno, los ochenta fueron una época, efectivamente, de crisis. Ahora tenemos una visión un tanto idealizada de aquellos tiempos. Y, efectivamente, fueron unos tiempos de una gran creatividad musical, pero la verdad es que la realidad de aquellos años era muy dura. Fueron unos tiempos en los que se vivió la reconversión industrial en varios sitios de España, en muchas zonas había unos índices de paro similares a los del momento actual. Muy duro...

Pero había una gran diferencia y era que había ese antídoto, que fue la conquista popular del ocio y que significaba la creación colectiva, la imaginación popular, el no renunciar a pasarlo bien a pesar de que se estuviese pasando muy mal... Por eso me temo, y siento mucho decirlo, que la crisis actual es peor que la que vivimos en los años 80, pues entonces, con un alto nivel de paro, había una gran producción cultural, una exaltación de la creatividad, y, sin embargo, ahora, la cultura es vista como superflua.

Entrevistador: Mm...

Antón Reixa: Y quizá esa es la gran diferencia con la crisis actual. En la crisis actual no parece existir esa esperanza en lo que es la cultura como celebración. Se cuestiona incluso lo que es la necesidad de la cultura, aunque eso no es extraño si tenemos en cuenta que se cuestionan hasta servicios sociales tan básicos como la sanidad o la educación.

Entrevistador: Ya.

Antón Reixa: Por eso, yo tengo esperanzas de que nuestro espectáculo sirva por lo menos para hacer ver la necesidad de intervenir en la sociedad, y de hacerlo de una forma creativa, compartir el espectáculo y la diversión. Y eso, si se hace de una forma autocrítica, es una forma de salir adelante. Y esto es un poco lo que yo echo en falta hoy por hoy respecto a los 80, porque yo estoy seguro de que hoy se hace mejor y más música de la que hacíamos nosotros en los años 80.

Entrevistador: La canción *Galicia Caníbal* es una crítica de muchas cosas, entre otras, de las diferencias sociales.

Antón Reixa: Sí, tenía mucha ironía... Bueno, tenía mucha ironía sobre la situación social, sobre las diferencias sociales. Era cuando empezaba el trabajo de solidaridad y cooperación con países del llamado *tercer mundo*... Nosotros reivindicábamos la igualdad, ironizábamos sobre nuestro propio país...

Entrevistador: El musical trata sobre una adolescente que no le encuentra sentido a la vida y la movida gallega se convierte en su salvación. Vamos a ponernos serios, si te parece, ¿la cultura puede ser la salvación de una sociedad desencantada?

Antón Reixa: Bueno, tiene que tener, desde luego, ese efecto de revulsivo, de efecto antídoto, de un efecto balsámico. Es decir, con la cultura, se vive, se vive mejor y se analiza y se interpreta la vida de una forma más crítica. Y, sobre todo, porque la vida es tan dura que tenemos derecho, por lo menos, a pasarlo bien, a construir nuestro ocio de forma inteligente y activa. Y, por eso, es fatal, y lamento volver sobre un tema del que se está hablando constantemente, pero es que es fatal esta subida del IVA, la subida del impuesto sobre los espectáculos del 8 al 21%, eso es..., eso incide directamente sobre el acceso de los ciudadanos a los espectáculos. Eso es terrible... Además va a tener una incidencia en los espectadores, por supuesto, pero va a tener una incidencia muy negativa sobre todo en los puestos de trabajo que genera la industria cultural.

Entrevistador: Pero no solo ha subido el IVA de la cultura... Han subido también los impuestos de otras muchas cosas, muy importantes.

Antón Reixa: Ya, pero para mí, la subida del IVA puede ser el golpe definitivo para la cultura, un sector que nunca ha gozado de buena salud. Las cosas se van a poner verdaderamente difíciles para quienes vivimos de la cultura. Hay que tener en cuenta que, desde el año 2008, las artes escénicas ya han sufrido un descenso importantísimo en el número de representaciones... Y, además, no olvidemos que esto, en el total del presupuesto de un país, no supone nada, poquísimo... Y, en cambio, en este sector, va a tener un impacto muy grande... Me temo que, como sigamos así, la cultura se va a acabar convirtiendo en algo ornamental y accesorio.

Así que yo no me cansaré de repetir una y otra vez la necesidad de la cultura como una forma de..., como algo necesario para vivir mejor.

Entrevistador: Bueno, una de tus canciones más conocidas es la legendaria: *Malos tiempos para la lírica*... Está claro que estamos viviendo malos tiempos para la lírica...

Antón Reixa: Bueno, es verdad que no son buenos tiempos, pero, mira, la lírica, la poesía, el arte, la cultura, serán siempre necesarias.

Entrevistador: Una buena forma de terminar. Muchas gracias, Antón Reixa, y mucho éxito con *Galicia Caníbal*.

Antón Reixa: Muchas gracias a vosotros.

Adaptado de *No es un día cualquiera*, RNE.

UNIDAD 2: SE SIENTE

4. ● Verdaderamente nos gusta. Es un hombre joven que desde pequeño tuvo un sueño. Un sueño que era darle leche de tigre a toda la gente que pudiera en el barrio de La Victoria, una zona insegura, a la vuelta del estadio de Matute. Pero ese sueño no se quedaba ahí y él quería crecer y crecer y, a día de hoy, es el dueño de la cevichería más grande del Perú. Y, por supuesto, sigue soñando... Mi Barrunto es el protagonista del siguiente reportaje.

○ A Augusto Sánchez le gusta decir que Mi Barrunto es el restaurante más grande del Perú, no solo porque tiene 150 mesas disponibles todos los días de la semana, sino porque todo el barrio circundante parece servir de gigante playa de estacionamiento para el gran número de comensales que llegan a almorzar a esta especie de oasis en pleno corazón del populoso distrito de La Victoria.

Mi Barrunto es como una feria que ocurre todos los días, una feria que ha ido creciendo con los años, porque aquí, en plena selva victoriana, come gente del barrio y gente de los Barrios Altos, chicos de San Isidro y dueños de empresas. Y hasta visitantes de países con elevada tradición gastronómica. Hasta aquí llegan también estudiosos del fenómeno gastronómico nacional. Y todos lo recomiendan.

Aquí por ejemplo, están tomando unos espaguetis con langostinos, hongos y conchas. Aquí una conchas negras. Allí un tacu tacu de pallares...

Si bien en sus inicios, cuando apenas era una chingana con cuatro mesas, sirvió de centro de reuniones informal para el club Alianza Lima, cuyo estadio queda a una escasa manzana de distancia, hoy Mi Barrunto es un lugar donde come toda la fauna nacional con apetito de albañil del tren.

Augusto Sánchez es el gran hermano de la gastronomía popular, nos habla de sus orígenes:

- Nosotros empezamos de cero. Y porque el que nos ha visto crecer, nos ve a nosotros y se inspira y piensa: "Si ellos lo hicieron por qué yo no". Mire, puedo contarle que el dueño de una empresa de aquí, que ya no está, un día me silba, ¿no?, y me dice: "Ven un ratito". Yo voy. Estaba con mi buzo lleno de grasa, de olor a pescado y mis botas de bombero. Y digo: "Sí, maestro, ¿en qué le puedo servir?". Me dice: "¿Qué haces tú con dos bolsas, qué vendes?". "No, maestro, acá tengo una cevichería a la vuelta. Vendo mis ceviches, mi leche de tigre, mi marisco". Y me dice: "¿Tú crees que acá puedes tener clientes? Aquí hay delincuencia y la calle está muerta. ¿Cuántos carros pasan al día ahí?". Vamos que comenzó a matarme, ¿no? Y siguió: "Pero, ¿quién te conoce, hijo? Necesito un almacenero. Deja eso y vente a trabajar conmigo". Yo lo miré y le dije: "No, maestro, disculpe, tengo que ir a hacer mis cosas". Y me vine llorando, desde, o sea, desde la puerta de su empresa hasta aquí..., llorando como un niño, porque tenía razón. No vendía, no tenía clientes, esta avenida era muerta, todo era difícil... Pero, ¿qué pasa? Cuando alguien te humilla, ahí salen los emprendedores, compadre.
- Mi Barrunto es el sabor del barrio palpitando en una superchita frita, es el sabor de la leche de tigre rugiendo en las bocas del apetito vespertino. Este el espíritu de este local que en sus pocos años ha experimentado una expansión increíble. Es el sabor de la calle, la fritura humilde y el ceviche dominguero, transformado en un lujo de todos los días.

Adaptado de https://www.youtube.com/watch?v=-to7OtYEib8

5. **Conversación 1**

- Para mí es muy rara y me cansa la sensación que sentimos cuando vamos a un mexicano en Madrid, por ejemplo, comemos un guacamole, y alguien, en la mesa de al lado, nos dice: "No tiene nada que ver con el guacamole auténtico, no tiene nada que ver con los nachos, no tiene nada que ver con las fajitas"... Yo me resisto a creer que necesariamente la comida pierda, yo qué sé, su magia, su sabor auténtico, cuando sale de su lugar de origen.
- Mira, ¿sabes lo que pasa? Que la experiencia gastronómica es una cosa que se siente no solo por lo que estás comiendo en ese momento, sino también por el entorno, por el país, por los referentes mentales que tienes a lo largo del viaje. Es que comer no es una experiencia aislada que tú tengas metido en un cuarto oscuro con unos cascos. No, no. El ambiente importa, importa mucho. Hombre, y yo creo que comer no es solo una experiencia olfativa y gustativa, sino que es mucho más que eso.
- Pero, a ver, a ver, tú vas a México, por ejemplo, y puedes caer en un buen restaurante. Pero, como pasa aquí, tú puedes comer en un sitio donde hay una paella horrible. Entonces, tú puedes ir a México, y yo entiendo, ¿eh...?, tú puedes ir a México y puedes comer en un sitio donde la comida no es realmente rica, no está elaborada bien, los productos. Y, sin embargo, aquí puedes ir a un mexicano, por ejemplo, un lugar superexquisito, donde se respetan todas las normas de elaboración, donde los productos... Y a lo mejor puedes encontrarte aquí algo mejor a lo que has comido allí.
- Sí, pero, a ver, el placer de unos tacos comidos en la calle, en una calle de México D.F.... puede ser más intenso, más fuerte, que unos tacos maravillosamente preparados en un restaurante de Barcelona.
- Pero, a ver, para mí hay un problema fundamental aquí. ¿Quién puede marcar el estándar de lo que es el guacamole perfecto? Nadie. O sea, el guacamole que nos comemos aquí, no... ¿Y por qué? Que no, que no. Hoy en día, es una evolución en el tiempo y en el espacio.
- Por ejemplo, yo una cosa que detesto es que bajen el nivel de picante en los restaurantes asiáticos o mexicanos... o hindúes, para complacer al personal, es una cosa que me molesta... Claro que mi tolerancia al picante es muy alta...
- Ya, ya, y a los demás nos hace sentir mal. Dices, qué va, yo no aguanto esto... De todas formas, igual me equivoco pero me parece que lo bueno es que ya no se lleva eso de "yo soy español y me gusta la cocina española".

Adaptado de http://www.cadenaser.com/gastro/audios/cocina-latinoamericana-cine-gastronomico-hoy-hoy-mikel-iturriaga-isma-prados/csrcsrpor/20121119csrcsrgst_1/Aes/

Conversación 2

- Hasta hace no mucho el corcho era el rey de las bodegas, no había alternativas. Hasta que se fue desarrollando una industria de tapones sintéticos, que ha logrado tener su mercado. Al final, pues, parece que no está claro si es mejor taponar nuestras botellas de cava o de vino con plástico o con corcho.

- Yo he seguido un poco el tema porque me preocupa. Hay que tener en cuenta que es en las dehesas españolas, con bosques de alcornoques, donde se produce el 25 por ciento de la producción mundial de corcho.
- Sí, pero cada vez te encuentras más vinos australianos, y no precisamente malos, por ejemplo, con tapón de látex, o alemanes, hasta con tapón de cristal. Parece que hay alternativas.
- Ya, pero por lo que yo he podido leer, la oxigenación que permite el corcho durante los procesos en botella, cuando los vinos van ganando pues esa solera, de alguna manera una profundidad en el sabor y en las frutas, pues parece ser que sí realmente es mejor con corcho.
- Pero, a ver, sinceramente, si se hiciera la prueba de probar el mismo vino, uno embotellado y tapado con corcho, y otro con plástico, realmente, ¿crees que alguien notaría la diferencia? Sin dar ninguna pista y con los ojos cerrados. Sinceramente...
- Sin duda. Yo creo que, bueno, el corcho tiene unas propiedades que el sintético no tiene, ¿no? Y luego yo creo que hay también una cosa un poco cultural, no sé, el abrir una botella de vino y que el corcho sea de verdad, pues, no sé, tiene... Es lo que hemos hecho toda la vida, ¿no? Y no sé, a mí me pasa a veces cuando vas fuera que, bueno, que no hay tanta cultura del corcho y que hay vinos buenísimos con tapón de rosca, ¿no? Parece como que estás abriendo algo que es, no sé, como de menos valor.
- Pero, entonces, es sobre todo un convencionalismo social... Porque, por otro lado, hay vinos que son jóvenes, que no es interesante que pasen por los procesos que acarrea el corcho. Y ahí se está volviendo un poco al tapón de rosca para reivindicar esa cultura más mediterránea, y no tan europea u occidental, a la francesa, o de climas más fríos. Desde ese punto de vista, yo lo encuentro absolutamente justificable.

Adaptado de http://www.cadenaser.com/cultura/audios/tapon-corcho-tapon-sintetico/csrcsrpor/20121101csrcsrcul_9/Aes/

UNIDAD 3: TODO UN ÉXITO

6. Unos nacen con él y otros luchan durante largos años de su vida para conseguirlo. El objetivo es el mismo: alcanzar el éxito.

La palabra, tan buscada por las personas, proviene del latín *exitus* que se refiere a buscar una salida y está relacionada con *resultados felices*. Pero no todo el tiempo el éxito tiene que ver con la satisfacción que sienten los seres humanos por las metas que han alcanzado en su vida y el sistema de valores que han adoptado para regirla.

Donald Trump

Para este multimillonario ejecutivo estadounidense, dueño de empresas inmobiliarias y casinos, el secreto de su éxito radica en disfrutar y amar lo que se hace, pero sin anteponer el trabajo a la familia.

Lady Gaga

Más de una vez Lady Gaga, cuyo nombre es Stefani Angelina, ha asegurado que se inspiró en dos grandes de la música: Freddy Mercury y Madonna, tomando de ellos su música, pero también su vestuario.

Lo cierto es que es capaz de mostrar algo distinto, que no existe en la actualidad, a pesar de tomar elementos del pasado.

Brad Pitt

Según el artista, ser premiado siempre es algo fantástico, pero lo importante es sentir que el trabajo que se realiza es excelente. Esto permite seguir adelante y plantearse metas cada vez más difíciles de cumplir.

Julia Roberts

Según la propia Julia Roberts, su éxito radica en "estar feliz con lo que haces en todo momento". Por lo mismo considera que comer, rezar y amar, son las tres actividades que se necesitan para vivir, y ser feliz. "Es como si fueran una sola entidad", opina.

Carlos Slim

Son tres los elementos principales que le han ayudado a estar donde está hoy: en primer lugar, siempre tratar de hacer cosas que dejen huella, para que te recuerden cuando te vayas. En segundo lugar, ayudar a la mayor cantidad de personas; pues siempre te devolverán la mano de una forma u otra. Por último, tratar de que nuestros triunfos estén incluidos en los sueños.

Stephen Covey

Un líder exitoso, reconocido por ser el autor del libro superventas *Los siete hábitos de las personas altamente efectivas*, tiene visión, pasión, conciencia y disciplina. Pero según sus propias declaraciones, la clave de su éxito radica en tener grandes metas y además saber comunicarlas a las personas con las que se trabaja.

Covey encuentra su propia voz interior que lo guía, y ayuda a los otros a encontrar la suya. La clave está en aprender de otros y dejar un legado para que los que siguen también lo hagan.

Adaptado de http://www.altonivel.com.mx/famosos-los-secretos-de-su-exito.html

7. Entrevistador: Este programa trata sobre liderazgo. Vamos a presentar un libro diferente sobre el tema. En él intervienen varios profesores de la UNED y se titula *Liderazgo: hecho y ficción*. En este programa están presentes dos de los autores, Fernando Molero y Elena Gaviria. Vamos a comentar a los oyentes algunos aspectos de él. ¿Te apetece empezar a hablar, Fernando?

Fernando Molero: Sí, por supuesto. Comenzaré hablando del título. El título pretende ser un homenaje a una serie que publicó la editorial Penguin hace unos cuantos años. Esta serie se agrupaba precisamente bajo el título general 'Hecho y ficción'. Luego añadía un subtítulo para describir la especificidad del libro concreto, por ejemplo, *Hecho y ficción en psicoanálisis* o *Hecho y ficción en psicología evolutiva...* y así sucesivamente. La idea era clara: en muchas disciplinas no resulta fácil para el lector medio separar el grano de la paja. Para eliminar cualquier confusión, la serie 'Hecho y ficción' de Penguin ponía negro sobre blanco los descubrimientos científicos contrastados y válidos y contraponía esos descubrimientos a lo meramente opinable y a lo intencionadamente sesgado.

Pues bien, esta era desde el principio la intención de este libro, porque, si hay algún asunto donde la confusión impera, ese es, sin duda, el liderazgo. No sería una exageración decir que se han publicado cientos de libros sobre esta cuestión y, sin embargo, lo que sabemos de liderazgo es muy poco, extrañamente poco si se compara con la cantidad de literatura existente sobre el tema. La prueba de este desconocimiento es que, todavía hoy, se debate acaloradamente sobre alguno de sus aspectos básicos.

Y podría poner aquí multitud de ejemplos, pero, para no alargarme excesivamente, me referiré solo a dos: para empezar, se discute si es lo mismo liderazgo y poder. De nuevo, para muchos autores, las personas con poder son, directamente, líderes. Lo cierto es que hay personas con poder que no son líderes en absoluto. Muchos de ellos ejercen el poder mediante la coacción e incurren en errores que los descalifican totalmente como líderes. Es decir, generan resistencia, generan oposición, generan conflicto; mientras que el líder genera, habitualmente, asentimiento.

Y hay también un tercer aspecto que bien podría ser el primero porque constituye el punto de fricción más extendido. Se refiere a que el liderazgo es una característica de personalidad estable o es una función que una persona ejerce en determinadas circunstancias y contexto. Los que piensan que el liderazgo es una característica estable de la personalidad creen también que el líder lo es siempre y en cualquier contexto, sea este la familia, el deporte, la política, la religión, y así sucesivamente.

En resumidas cuentas, a través de estos ejemplos se ha visto el contraste entre hecho y ficción, que es lo que pretendía este libro. Todos los autores que participan en el libro son expertos en algún aspecto concreto del liderazgo, todos han conseguido poner de manifiesto algunos hechos del liderazgo y lo han conseguido con las herramientas científicas adecuadas, por eso el conocimiento que han generado tiene validez científica. Todo ello aleja al libro de las ficciones sobre liderazgo.

Entrevistador: La segunda diferencia con otros libros es que este hace referencia al carácter grupal del liderazgo. En casi todos los capítulos, aunque aborden temas diferentes, se presta especial atención al carácter grupal del liderazgo. Es decir, al hecho de que un líder no puede existir sin seguidores. Esto lo ha analizado una de sus autoras, Elena Gaviria, que nos va a contar ahora algo de su capítulo.

Elena, ¿en qué se diferencia el liderazgo de hoy del liderazgo de nuestros ancestros, hace millones de años?

Elena Gaviria: Bueno, pues no tanto como podríamos pensar a primera vista. Al fin y al cabo los procesos relacionados con el liderazgo y con el seguimiento no son un invento humano. De hecho, el liderazgo es uno de los rasgos humanos con más raíces prehumanas. Lo que sugiere, además, el enfoque evolucionista es que una buena combinación de líderes y seguidores ha debido de ser crucial para la supervivencia de nuestros ancestros. Tenemos que tener en cuenta que nuestra especie ha evolucionado en un contexto grupal. La vida en grupo supone una gran ventaja a la hora de hacer frente a las exigencias del medio, pero también plantea una serie de problemas que no existen para los individuos solitarios. Algunos son la necesidad de coordinación para llevar a cabo cualquier acción colectiva, otro es la inevitable aparición de conflictos. Y, sin duda, también la competición con otros grupos por los recursos del medio. La existencia de todos estos problemas daría lugar a una diferenciación entre los grupos que los resolvieran adecuadamente y los que no. Y aquí es donde entra en escena el liderazgo. Es de suponer que una buena dirección o liderazgo mejoraría la coordinación entre los miembros del grupo y contribuiría a resolver los posibles conflictos entre ellos. De ese modo, el grupo sería más eficaz y sus integrantes tendrían más posibilidades de sobrevivir y reproducirse.

Entrevistador: ¿Se puede pensar en una sociedad sin líderes?

Elena Gaviria: Bueno, lo cierto es que no existe ninguna sociedad humana, por igualitaria que sea, que no tenga alguna forma de liderazgo, ni siquiera los grupos de niños de pocos años. Y esto demostraría su carácter evolutivo. Por otra parte, la literatura psicosocial demuestra que, incluso en grupos que intencionadamente pretenden prescindir de un líder, emerge espontáneamente una estructura de liderazgo y seguimiento.

Adaptado de http://www.rtve.es/alacarta/audios/uned/uned-liderazgo-hecho-ficcion-03-03-11/1036230/

8. Entrevistador: Les invitamos a entrar en la Biblioteca Nacional. Allí ha tenido lugar un encuentro internacional de hispanistas. El arte, el lenguaje, la historia, la literatura y la música han tenido cabida en estas conferencias. Las conclusiones más destacadas: evitar conflictos lingüísticos en el territorio nacional y fortalecer el español como lengua efectiva de comunicación científica y técnica. Enseguida charlamos con el coordinador de este encuentro, Carlos Alvar. Con él abrimos hoy Un idioma sin fronteras. Gracias por este tiempo que dedica a Radio Exterior de España.

Carlos Alvar: Al contrario, muchas gracias a Radio Exterior.

Entrevistador: Usted mejor que nadie nos puede resumir las conclusiones del Congreso de Hispanistas.

Carlos Alvar: Un congreso de hispanistas siempre es un momento de aportación de conocimientos, sobre todo si es en el seno de la Biblioteca Nacional, que es el alma máter de todos nosotros, que es adonde hemos ido a aprender y a saber un poco más. El encuentro ha servido sobre todo para subrayar dos aspectos fundamentales: uno es la riqueza de los fondos de la Biblioteca Nacional de España y, en segundo lugar, la cantidad de material que todavía puede ser utilizado en colecciones muy variadas, ya sea de música, o de estampa, o de literatura, de historia de América. En fin, hay una cantidad de material a la que no se ha podido llegar porque son unos fondos... Trescientos años recogiendo documentación. Son muchísimos años y muchísima documentación.

Yo destacaría esos dos aspectos: por una parte, la riqueza de todo aquello que conocemos y por otra parte, la inmensidad de todo aquello que todavía no se conoce o que se conoce pero que no ha sido debidamente utilizado.

Entrevistador: ¿Es la contribución de la Asociación Internacional de Hispanistas al tricentenario de la creación de la Biblioteca Nacional, que es un pilar de la cultura y de la lengua?

Carlos Alvar: Es un reconocimiento representativo de los hispanistas de primera fila. Y de la relación entre la Biblioteca Nacional y los hispanistas. La Biblioteca Nacional sin los hispanistas no es gran cosa y los hispanistas sin esta biblioteca tampoco son gran cosa.

Entrevistador: Vamos a hablar del papel del hispanista en el estudio y en la enseñanza del español, ¿cuál es ese papel?

Carlos Alvar: Depende mucho de las épocas y también de los países. En el momento actual hay que distinguir los países que tienen unos estudios bien asentados, como pueden ser los países occidentales, Francia, Inglaterra, Alemania, etc., y otra cosa es lo que nosotros denominamos los hispanismos emergentes, en aquellos países donde están comenzando a tener interés en..., primero, por la lengua como una herramienta de comunicación y, después, empieza a haber un interés por todo lo que tiene que ver con España o con la cultura hispánica, incluida, pues, naturalmente, Hispanoamérica. En los países del occidente europeo tenemos investigadores de primera fila que aportan estudios profundos, interesantísimos, para el estudio de nuestro pasado y de nuestro presente... En otros casos, lo que hacen es difundir un amor hacia España y hacia lo español o lo hispanoamericano...; son fundamentales, porque constituyen la correa de transmisión entre los distintos países y el hispanismo... Estoy pensando en muchos países árabes, en Túnez, por ejemplo, donde hay un hispanismo que empieza... Hay países donde empiezan estudiando la lengua simplemente para hacer negocios, por ejemplo, para el turismo... En otros, para las relaciones comerciales y, luego, empiezan a interesarse por la literatura... y al final, se interesan por otros aspectos... Se vienen a España y hacen aquí la tesis doctoral, de manera que son dos mundos completamente distintos.

Entrevistador: Hay un dato curioso que se ha dado a conocer: los hispanistas americanos son mayoritarios.

Carlos Alvar: Eso no debe extrañar. Si España es el 10% del mundo hispanohablante, pues los americanos constituyen un 90%. Hay una abundancia enorme de estudiosos, muchos se dedican a la literatura hispanoamericana pero hay muchos que se dedican a la enseñanza del español como segunda lengua... Todo eso contribuye a hacer que lo hispánico tenga tantos hispanistas. Hay que considerar que hay 20 millones de estudiantes de español en el mundo... Fíjese, por ejemplo, en la cantidad de profesores que hacen falta en Brasil porque tienen el español como segunda lengua en el bachillerato... o México, donde muchos jóvenes estudian la lengua y la literatura como lengua propia y aportan muchos hispanistas.

Entrevistador: ¿Está en crisis la enseñanza del español?

Carlos Alvar: El español es la segunda lengua más estudiada del mundo.

Entrevistador: ¿Cómo ve la enseñanza del español como segunda lengua? ¿Hay diferencias en la enseñanza del español entre los países hispanohablantes?

Carlos Alvar: Es cierto que la enseñanza del español como segunda lengua es una disciplina que no lleva tantos años. Hay un cierto retraso respecto del inglés. La actividad de la RAE que se esfuerza en que haya una gramática panhispánica o una serie de normas comunes a todo el mundo hispánico da un impulso a la unidad y no a la dispersión.

Entrevistador: Seguimos exigiendo la presencia del español como lengua científica.

Carlos Alvar: El peso del español será mayor cuanto más se practique como lengua de investigación científica.

Adaptado de http://www.rtve.es/alacarta/audios/un-idioma-sin-fronteras/idioma-sin-fronteras-19-11-12/1583437/

9. "Aprendí a leer a los cinco años en la clase del hermano Justiniano en el Colegio de la Salle. Es la cosa más importante que me ha pasado en la vida. Casi setenta años después recuerdo con nitidez cómo esa magia, traducir las palabras de los libros en imágenes, enriqueció mi vida, rompiendo las barreras del tiempo y el espacio y permitiéndome viajar con el capitán Nemo, veinte mil leguas de viaje submarino, luchar junto a D´Artagnan, Atos, Portos y Aramís contra las intrigas que amenazan a la reina, en los tiempos del sinuoso Richelieu, y arrastrarme por las entrañas de París convertido en Jean Valjean con el cuerpo inerte de Marius a cuestas. La lectura convertía el sueño en vida y la vida en sueño y ponía al alcance del pedacito de hombre que era yo el universo de la literatura".

Entrevistadora: Así, como han escuchado, empezaba su discurso en Estocolmo Mario Vargas Llosa, agradeciendo el Nobel de Literatura. Un escritor explicando su experiencia como lector, las historias que le marcaron desde la infancia, la magia que le atrapó para siempre y que marcó su vida hasta llegar a ese momento cumbre de su carrera. ¿Puede un niño hoy en día quedarse atrapado por esos mismos libros? Los libros están al alcance de cualquiera, pero también es verdad que compiten de manera feroz con otros medios para llegar al cerebro de los más jóvenes: la televisión, los videojuegos... ¿Cómo seducir a los más jóvenes a través de la literatura? ¿Cómo llegar a esas historias que luego nuestro cerebro recrea de una forma particular? ¿Cómo iniciar a los más pequeños en el placer de la lectura? ¿Son los libros obligatorios en el colegio un buen anzuelo para pescar a nuevos lectores?

Hoy en día se editan más libros que nunca, pero se hace cada vez más difícil iniciar a los jóvenes en el acto de leer. Los barómetros de lectura indican que un 40% de los jóvenes declaran leer en cualquier tipo de materia, formato o soporte con una frecuencia al menos trimestral. De esta gran mayoría, un 60% dice leer libros de forma habitual. No se entiende, con estos datos, cómo este país no es un ejemplo de civilización y cultura. Tampoco cuadran con estos datos las cifras del informe PISA, que sitúa a los españoles por debajo de la media de los países de la OCDE en comprensión lectora. Dejando las cifras un poco de lado, el tema nos lo sugirió, además del discurso maravilloso de Vargas Llosa, la carta de un profesor de secundaria que leíamos hace un par de semanas en EL PAÍS. Él se llama Fernando López y es profesor de secundaria y bachillerato en el Instituto San Juan Bautista de Madrid. Fernando, ¿por qué escribiste esa carta?

Fernando López: Pues escribí esa carta porque como profesor de literatura y como escritor estoy realmente asustado ante el acoso y derribo que está sufriendo la literatura en los planes de estudio, desde el punto de vista del no fomento de nuevos lectores. Estamos creando estudiantes que son capaces de obtener información mecánica de un texto, que memorizan muy bien los datos sobre los autores que escriben dichos textos, pero que no infieren nada sobre ellos y que sobre todo no se apasionan con esos libros. Actualmente la selectividad madrileña prohíbe literalmente que el texto que se comenta en la prueba de lengua y literatura sea un texto literario, lo cual es una aberración porque de repente el comentar textos literarios en clase pierde sentido con los alumnos que, a fin de cuentas, tienen que ir a la universidad.

Y, después, ese pequeño reducto que nos quedaba que era la literatura universal, una asignatura sin examen, lo cual daba más libertad al profesor para experimentar algo, se convierte en una asignatura con examen de selectividad, en una materia donde las lecturas elegidas son contrarias en casi todos los casos al interés de nuestros alumnos.

Entrevistadora: ¿Cómo les puede interesar la lectura? ¿Qué lecturas pueden ser obligatorias que echan para atrás a los chavales?

Fernando López: Yo decidí que mis alumnos leyeran una serie de cuentos interesantes del *Decamerón*. Les fascinó y les pareció sorprendente que un señor en esa época escribiera unos cuentos tan especiales, tan divertidos y tan eróticos. No solo lo leyeron mis alumnos, sino que se lo recomendaron. Al mes me convocan a una reunión en la que nos dicen lo que tenemos que leer: solo se seleccionan los tres únicos cuentos moralistas, tristes y realmente deprimentes de ese libro, con lo cual esos alumnos nunca más volverán a acercarse a Bocaccio. Es necesario que les des algo que les motive, que les interese, que les emocione y luego ya les llevaremos a otro tipo de lecturas.

Entrevistadora: ¿Quién elabora esas listas?

Fernando López: Esas listas de lecturas, en teoría, salen de las comisiones universitarias que preparan la prueba de acceso a la universidad, no los profesores que damos la materia. Necesitamos unos estudios más coherentes. Tampoco hay lectores porque no saben lo que leen: es absurdo que un chaval de doce años, bueno, de catorce, tenga que leer textos de la literatura medieval, cuando todavía no ha estudiado historia medieval... Es un horror tener que acercarse a un milagro de Gonzalo de Berceo, con todos mis respetos, y hacerlo, además, sin tener ni la más remota idea de la historia en la que esos milagros tienen lugar.

Entrevistadora: No lo puede situar en un contexto.

Fernando López: Y si lo hace, es a duras penas y con una dificultad enorme. Y, luego, después, cuando llega a cuarto de la ESO vamos a pretender que *lea El árbol de la ciencia* o *San Manuel Bueno, mártir* o que lea un texto de *Poeta en Nueva York*. Y es una utopía maravillosa pero no es real. Así no tenemos nuevos lectores. Vargas Llosa empezaba con esos autores que a él le habían invitado a leer, autores que te acercan a comprender que la literatura es algo maravilloso. Y otras cosas que echo en falta son autoras y, por otro lado, la literatura española acaba en 1975... A partir de ahí no se ha escrito nada... Cuando hay libros como el de Andrés Barba, *Agosto, octubre*, o el de Belén Gopegui, *Deseo de ser punk*... Son libros que llegan muy bien a los chavales.

Adaptado de http://www.ivoox.com/por-a-jovenes-les-cuesta-leer-audios-mp3_rf_453704_1.html

10. **¿Existen los gafes?**

Entran en nuestro hogar sonrientes, pero de golpe la luz se va, comienza a dolernos alguna parte del cuerpo, o algún objeto se escurre entre nuestros dedos y va a parar al suelo. Se trata de individuos que producen modificaciones negativas en la energía que les rodea: los gafes.

No se han realizado suficientes investigaciones acerca de la existencia de los gafes, pero se sabe que son capaces de transformar la energía sin que medie su voluntad, la tornan adversa y la transforman en un conjunto de perturbaciones capaces de afectar a gente, animales u objetos.

Los gafes, tanto hombres como mujeres, son personas proclives a la desgracia, y normalmente carecen de independencia emocional, en tanto necesitan el sostén de otros, lo que les proporciona la seguridad que les falta. A pesar de estos apoyos, quien es gafe tiene una idea fija en su cabeza, y es que "lo que sucede a mi alrededor no es tan bueno como pareciera, y en cualquier instante, todo puede cambiar para mal". No se trata de que sean negativos, o que tengan inclinación a la depresión. El gafe puede ser alegre, gracioso y amante de las relaciones sociales, el problema es que siempre pone en medio un *pero*, un espacio de duda.

¿Cómo superar la convivencia con un gafe?

Por más que hagamos lo posible por animar a un gafe, nuestra acción no tiene efecto en su energía, y el gafe no cambia. La manera de coexistir con él o con ella es no comunicarles cuáles son nuestros miedos o inquietudes, ya que en su cabeza pueden multiplicarse y perjudicarnos aún más. Lo más indicado es no hacerle partícipe de ninguno de nuestros proyectos hasta el momento en que se conviertan en realidad, y contárselo como una cosa muy positiva. No podemos tampoco permitir que recaigan en él o ella todo el peso de una responsabilidad, sino solo, solamente, una fracción. Una buena manera de contrarrestar sus efluvios negativos es despreocuparnos cuando está en la misma habitación, permitir que corra el aire y, cuando se retire, fregar el suelo con una solución de agua y sal. Eso sí, intentaremos que solo permanezca el tiempo estrictamente necesario en nuestro hogar, y elegiremos siempre sitios de reunión en el exterior, como una terraza o un jardín. En caso de enfermar, lo más indicado es evitar que se entere de nuestra dolencia, y no permitir que nos visite. Su negatividad energética nos puede perjudicar.

El gafe es una persona perceptiva, que quizás tuvo una infancia complicada, marcada por la soledad, pero, además, es alguien que tiene, aunque no sepa utilizarlo, un poder mental enorme. Sus pensamientos, su vibración, sus inquietudes, provocan la formación de un gran campo energético que emana de él cada vez que habla, con su simple presencia o cuando lleva a cabo alguna acción. Su potente psiquismo es el responsable de las transformaciones que sufren los vegetales (que pueden morir), en las cosas (que se quiebran o rompen), y en los seres humanos.

Adaptado de http://www.productoskarma.com/MAGAZINE.aspx?Pag=MAGAZINE/saber/05ENIGMAS/070601GAFES.htm

11. ● Hay personas que creen que todo en la vida depende de la suerte. Es muy discutible que los aspectos más importantes de nuestra vida los decida exclusivamente la pura casualidad. ¿Tú qué piensas de la suerte?

○ Pues yo pienso que la suerte existe y trata de la mismísima coincidencia, o sea, es un concepto completamente real. No se puede negar su existencia, lo cual no significa creer en cualquier fenómeno sobrenatural.

● Yo pienso que hay sucesos afortunados y desafortunados, éxitos y fracasos, que dependen de circunstancias que no siempre controlamos. En lo que no creo es en que exista un destino escrito. Si bien es cierto que no todo en la vida depende del esfuerzo humano, pues a dos personas que tienen los mismos méritos y asumen los mismos riesgos no siempre les va igual.

○ Claro, ese hecho demuestra lo importante que es la suerte en la vida. No tienes lo que te mereces, sino lo que te cae del cielo.

● Quizá no siempre tengas lo que te mereces, pero no todo lo que te pasa en la vida depende de la pura casualidad. Si te ocurre algo malo, simplemente la gente alega que ha tenido *mala suerte*, refiriéndose a que le ha ocurrido algo malo. Si, en cambio, te encuentras una moneda en la calle, dirás que has tenido *buena suerte*, debido a lo positivo de aquella casualidad. Estas cosas ocurren de manera "poco frecuente", lo que tiende a llamarse pues, *suerte*. A algo frecuente no se le llama *tener buena suerte/mala suerte*, si es frecuente, es cotidiano, con lo cual vives ya con ello. Por lo cual, la suerte ocurre de manera casual. Todo se basa así en probabilidades de tener *buena* o *mala suerte*, basándose en hechos poco frecuentes.

○ Pero la probabilidad estadística, la frecuencia, es un concepto matemático. La lotería, por ejemplo, tienes un mínimo porcentaje de que te toque. Es que, es obvio, la suerte existe y es un hecho completamente real, matemáticamente verificable. Ahora, que empiecen con cosas como pasar debajo de una escalera, es absurdo. ¿Qué podría tener que ver un gato negro con sacar una mala nota, por ejemplo?

● Es que eso no es suerte, es solo creer en supersticiones. Creo que la suerte, simplemente, es la coincidencia de nuestros deseos con las acciones aleatorias (o dichas por el *destino*). Si esa coincidencia nos beneficia, es buena suerte, si perjudica, mala. El concepto de la suerte lo hemos inventado los seres humanos y, en mi opinión, no existe; lo que tiene que pasar pasará, no depende de la suerte, depende del ser en sí mismo.

- Pero lo cierto es que hay personas que tienen más suerte en la vida que otras. No podemos controlar todo lo que nos va a pasar. Hay que confiar en la suerte. Y pienso que la suerte la tienen los que la buscan, los que tienen fe en ella. Tienen más suerte las personas positivas que las que se dan por vencidas.
- Pero eso no es suerte, sino saber adaptarse a las circunstancias para superar las dificultades. Estamos hablando de cómo el optimismo favorece que el destino nos sea más favorable. Y eso yo sí lo creo.
- Entonces no estamos tan en desacuerdo. Tenemos que buscar la suerte. Yo no te estoy hablando de elementos sobrenaturales que no controlemos, pero sí de la importancia del factor azar en la vida y nuestra predisposición para aprovechar las circunstancias favorables.
- Buscar la suerte es un deseo muchas veces imposible. ¿Cómo vas a saber de antemano cuál es la mejor decisión que se puede tomar? Es que depende de tantas cosas que no sabemos... Estas creencias pueden servir para un anuncio comercial de un refresco o de una marca para jóvenes: crea ilusiones, pero es todo un espejismo.
- Entonces sí hay un factor aleatorio, que solo depende del azar, como cuando te toca la lotería. Y hay personas y familias que, sin merecerlo, todo les ha salido bien o todo les ha salido mal. La suerte depende del azar. Que hayamos nacido o no es una circunstancia del puro azar. El azar es lo que gobierna el mundo. Luego se ha intentado someter todo a la razón porque todos queremos una explicación racional de las cosas.
- Pero es que hay muchas cosas en la vida que dependen de nuestra conducta y de nuestro raciocinio. Por ejemplo, tener buena salud. Tú puedes llevar una vida sana, no fumar, hacer ejercicio, controlar la dieta, no acumular demasiado estrés. No tienes por qué jugarte la vida siempre a una carta, puedes tomar decisiones para evitar tener problemas médicos.
- Pero no se puede lograr todo en el campo de la salud con nuestra voluntad y nuestra constancia. Puedes tener una predisposición genética a contraer una determinada enfermedad... Conocemos a personas que llevaban una vida sana, no fumaban, no bebían, no asumían ningún riesgo y, sin embargo, al final han muerto de un cáncer, no han podido hacer nada... Han tenido la mala suerte de que sus genes les han llevado a tener cáncer. Y ese es un factor del destino que no es supersticioso ni irracional.
- Hombre, en esos casos es verdad. Pero la mayoría de las muertes prematuras se deben a todo tipo de imprudencias: con la carretera, con los malos hábitos de salud, con los riesgos que asumimos. Claro que no podemos controlar nuestro destino, pero no podemos echar la culpa a la suerte de todo lo que nos pasa, porque lo que nos pasa muchas veces nos lo merecemos.
- ¿Que nos lo merecemos? ¿Merecen los pobres haber crecido en una familia sin recursos? ¿Merecen las personas que tienen una tara de nacimiento su desgracia? La vida es casi siempre injusta y muy pocas cosas dependen de los méritos que cada uno haya hecho a lo largo de su existencia.
- Entonces, ¿lo mejor es no hacer nada? ¿Dejarlo todo al azar? Como todo lo que nos pasa depende de la pura suerte, entonces, ¡hala!, a esperar que venga nuestro destino a visitarnos.
- Yo no digo eso. Claro que la voluntad es muy importante y está claro que en la vida tenemos que tomar decisiones y aceptar nuestras responsabilidades, pero los límites de la voluntad humana son muy grandes. Y poco o muy poco podemos hacer para cambiar nuestro destino.
- No estoy de acuerdo. Claro que no podemos cambiar el mundo que nos rodea ni las circunstancias en las que nos ha tocado vivir, pero todas las personas disponen de un amplio margen para poder influir en la realidad y hacer que la vida les vaya de una manera o de otra. Es una cuestión de cálculo de probabilidades. Si estudias y te cualificas más, tendrás más probabilidades de obtener un buen empleo, por ejemplo.
- Pero encontrar trabajo también depende de que, cuando seas joven, la economía vaya bien o mal, de que conozcas a alguien, de las influencias de tu familia...
- Claro, hombre, hay muchos factores. Pero si no has hecho nada de nada, tendrás menos probabilidades de lograr algo. Si has elegido una carrera sin salidas, es más improbable que logres un buen empleo a partir de esos estudios. Ahora, es verdad que la vida depende de tantos factores...

Adaptado de *Hora 25*, cadena SER, http://foros.pkparaiso.com/archive/index.php/t-5318.html

UNIDAD 6: NI CONTIGO... NI SIN TI

12. Diálogo 1

- Oye, ¿te pasa algo? ¿Estás disgustada conmigo?
- ¿A mí? ¿Qué me va a pasar? ¿No ves lo contenta que estoy?

Diálogo 2

- Oye, ahora que me doy cuenta, ¿ha pagado Lluís lo que se ha tomado?
- Parece mentira que no le conozcas...

Diálogo 3

- ¿A ti no te parece que Menchu y su marido andan un poco mal? No sé, tú tienes más trato con ella...
- Yo no digo nada, que después todo se sabe...

Diálogo 4

- Papá, ¿me dejarías el coche este fin de semana? Es que quiero ir con mis amigos a Benicasim a un festival que hay...
- Mira, dicen en el periódico que el Madrid puede remontar la Liga.

Diálogo 5

- ¿A ti te han gustado las fotos de la exposición de Martín?
- Había más gente de la que esperaba, la verdad...

Diálogo 6

- Así no podemos seguir, Sonia; si no hacemos nada por salvar lo nuestro, es mejor que lo dejemos y vayamos cada uno por nuestro lado.
- La puerta está ahí.

13. Entrevistadora: Seamos sinceros, a todos nos gustaría tener capacidad de influencia sobre los demás, ser irremediablemente seductores e interesantes. Pero esto no se consigue solo con palabras; también hay un lenguaje no verbal. Un lenguaje silencioso que a veces no controlamos y que nos vuelve irresistibles. Deteneos delante de un espejo que tengáis a mano. Contemplaos. ¿Sabéis a ciencia cierta lo que transmitís a los demás? ¿A que no? Bueno, pues para ayudaros contamos esta noche con Teresa Baró, experta en comunicación que ha pasado de la pasión por la palabra a la pasión por la palabra que no se escucha, sino que se ve. Hola, Teresa, muy buenas, ¿cómo estás?

Teresa Baró: Buenas, muy bien, muy bien.

Entrevistadora: Qué pena que no nos veamos porque...

Teresa Baró: ¡Sí!

Entrevistadora: ...tú estás en nuestra emisora de Barcelona y no nos podemos poner cara para ver cómo es nuestro lenguaje no verbal.

Teresa Baró: No, pero sí podemos deducir muchas cosas por la voz, por el tono...

Entrevistadora: ¡Ah, qué interesante!

Teresa Baró: Mm, sí, porque sé, por ejemplo, que estás sonriendo.

Entrevistadora: ¡Anda!

Teresa Baró: Lo podemos asegurar, aunque no te vea.

Entrevistadora: Bueno, pues es verdad, es verdad. Nada en esta vida es inocente; tampoco nuestra manera de caminar, ni de peinarnos, ni de sonreír, ni de cómo usamos la voz ni el espacio. Y sobre todo, cómo miramos, esto a mí me fascina mucho.

Teresa Baró: Claro...

Entrevistadora: Así que la primera pregunta que tengo que hacerte es si podemos llegar a descifrar con total certeza el lenguaje no verbal de los demás.

Teresa Baró: Con absoluta certeza no... Hay momentos en que sí podemos estar seguros de las señales que nos envían los demás, pero siempre y cuando conozcamos bien el contexto, a esta persona, sean personas de la misma cultura, porque a veces nos encontramos con personas que no comparten los mismos códigos, o la misma forma de comportarse. Eh... siempre tenemos que tener un... una prudencia al interpretar los gestos de los demás, porque podríamos equivocarnos; no se puede asegurar al cien por cien. Pero sí nos da muchas pistas, sí.

Entrevistadora: O sea, que nuestra actitud corporal revela en gran parte quiénes somos...

Teresa Baró: ¡Sí, claro! Revela la personalidad, costumbres, cultura, orígenes. También clase social. Revela las emociones que estamos sintiendo en ese momento, la actitud y qué intención tenemos. ¿Tenemos intención de agredir a alguien, o de pasarlo bien, o de quedarnos? Todo esto lo revela nuestro lenguaje corporal.

Entrevistadora: Hay un capítulo muy interesante de un libro tuyo que es el que trata del poder de la belleza.

Teresa Baró: Sí.

Entrevistadora: Porque aunque decimos que el hábito no hace al monje, está claro que, muchas veces, las personas más atractivas, que más se arreglan, pues suelen ser juzgadas más favorablemente. Incluso se les atribuye, aunque no sea verdad, más éxito profesional, más capacidad intelectual o de persuasión...

Teresa Baró: Sí, sí, es así; nos gustan las personas más atractivas. Estamos más tiempo con ellas, y a veces les abrimos las puertas más fácilmente; físicamente –es decir, la de nuestro despacho o de nuestra casa–, pero también la puerta del corazón, más metafóricamente. Y esto no lo podemos evitar. ¿Qué lección sacamos de esto? Pues que la belleza realmente no lo es todo, no, y además esto depende también de los modelos de cada sociedad y de las modas... Pero sí hay algo que es permanente, que es que la persona tenga un aspecto cuidado. ¿Por qué es tan importante? Si yo me cuido, quiere decir que me quiero, y la primera condición para que los demás me quieran es quererme a mí misma. Y, además, es una forma de decirle al otro "me importas; me importa lo que tú opines de mí, y me he arreglado, quiero estar bien".

Entrevistadora: Pero bueno, ya que hablamos de belleza, hay que preguntar también por el carisma porque, ¿se puede trabajar, o es un don natural que solo algunos tienen la fortuna de poseer?

Teresa Baró: Es curioso, porque claro, esto del carisma, si no lo tienes, ¿qué puedes hacer? Se puede cultivar el carisma, porque es un conjunto, no es una sola habilidad, de características; entre ellas está el atractivo físico, pero también la inteligencia o la habilidad para comunicarte, o el poder de seducción, o ser diferente, ser original, ser creativo... O sea que, a ver... cada uno debería analizar qué tiene en sus manos, qué habilidades tiene, qué puntos fuertes, y aprovecharlos al máximo. Y hay habilidades que se pueden entrenar, como el poder de seducción.

Entrevistadora: ¡Se puede entrenar la capacidad de seducción!

Teresa Baró: Sí, sí...

Entrevistadora: Yo... ¿qué hay que hacer, qué hay que hacer?

Teresa Baró: Bueno, pues, en primer lugar, pensar más en los demás que en uno mismo. Cuando tú estás con alguien y te interesas por esta persona, y le miras de forma que le estás diciendo "¡Qué bien estoy aquí contigo ahora!" o "¡Qué interesante lo que me estás contando!" o "¡Qué guapo eres!" y esto lo estamos diciendo solo mirando o escuchando, pues estamos seduciendo. ¿Quién no seduce? No seduce el que está hablando todo el rato, y sobre todo si está hablando de sí mismo: lo que ha hecho, logros, sus éxitos, sus habilidades... Este no seduce.

Entrevistadora: ¿Seduce el que escucha a los demás?

Teresa Baró: El que escucha y el que atiende a los demás. Esta es la primera norma.

Entrevistadora: ¡Ay, danos alguna más!

Teresa Baró: Después, bueno, ser optimista, que se refleja también en el lenguaje corporal: sonreír, mirar, tener palabras positivas, ¡repartir elogios, que faltan! Que no sé por qué parece que nos cuesta elogiar a los demás. No sé... tratar bien a la gente, con respeto, y tener sentido del humor... Todo esto es seductor. Y otra cosa es ser distinto en algo a los demás, diferenciarte. Porque si estás entre el montón, y nadie te puede distinguir, pues tampoco podrás seducir mucho...

Entrevistadora: ¿Seducen igual los hombres que las mujeres? ¿Miramos igual, reímos de las mismas formas si estamos intentando conquistar al que tenemos enfrente?

Teresa Baró: ¡Qué va, qué va! Aquí justamente, en el proceso de seducción sexual, es donde más diferencias hay entre el lenguaje no verbal femenino y el masculino. ¿Por qué? Porque el hombre necesita resaltar su masculinidad y la mujer su feminidad. Y entonces, claro, nos comunicamos completamente distinto.

Entrevistadora: ¿Cómo miran un hombre y una mujer en pleno cortejo?

Teresa Baró: Bueno, el hombre, claro, tiene que expresar su poder, su coraje, su valentía, y además tiene que demostrar que es él quien toma la iniciativa (aunque... no sea así) pero tiene que demostrarlo. Y entonces mira a la mujer que le gusta, de una forma incluso a veces un poco descarada. Entonces, la mujer se da cuenta y baja enseguida la mirada en señal de aparente sumisión. O en señal de aparente timidez. Y, entonces, el hombre parece ser que se siente atraído por mujeres que se muestran así. Todo esto que estamos hablando no tiene nada que ver con los derechos, con la igualdad de oportunidades en el trabajo, ¿eh? Estamos hablando del cortejo, que está marcado especialmente por la biología. Y entonces la mujer entrará en un juego de repetir la mirada a este hombre varias veces ¡si es que le interesa! Porque si no, no volverá a mirar. Pero si se siente atraída por el hombre, volverá a mirar para comprobar si él todavía está mirando. Y así puede ser hasta cinco veces.

Entrevistadora: ¡Están hasta contadas!

Teresa Baró: ¡Sí, sí! Más de cinco veces parece que la cosa cansa y que alguien tiene que tomar la decisión de sonreír o de acercarse o decir una palabra... y empezar la relación.

Adaptado de *Tolerancia Cero* (RNE). *El sexo del lenguaje no verbal*,
http://www.rtve.es/alacarta/audios/tolerancia-cero/sexo-del-lenguaje-verbal/1643946/

UNIDAD 7: LOCOS POR LA CIENCIA

14. **Fragmento 1**

En primer lugar hay que tratar de desterrar algunos prejuicios con respecto a qué cosa es el lenguaje, qué cosa... qué son las variedades de lenguas habladas, habladas por ejemplo por los jóvenes o por los sectores sociales, por las personas de los sectores sociales menos favorecidos... Por lo general, se cree que, por ejemplo, los jóvenes de la villa no saben hablar o tienen un caudal de palabras demasiado escaso. En realidad, lo que ocurre es que la variedad de lengua que emplean para determinadas situaciones es absolutamente útil para las situaciones o los contextos en los que les toca estar. No es que, por ejemplo, un chico villero no sepa hablar. Sabe hablar perfectamente en función del medio, de los contextos en que le toca sobrevivir. Esto se ha conocido durante mucho tiempo como la teoría del déficit; es decir, la idea de que a esa variedad de lengua le falta algo y hay que suplementarla con algún tipo de inyección de vocabulario, de gramática o de adoctrinamiento especial. Eso es un error porque –insisto– esa variedad de lengua es perfectamente adecuada y útil en el medio en que ese individuo simplemente habla.

Fragmento 2

Bueno, claro. La cuestión de la cantidad de palabras siempre es difícil de determinar porque ¿cuáles son? Habría que ver, por ejemplo, en el caso de estas investigaciones, en qué contexto se hizo el registro de esa cantidad de palabras y en qué situaciones y de qué manera se pudo hacer una recolección que efectivamente documente que se utilizan 250 palabras. Pero eso no es una cuestión que repercute exclusivamente en los jóvenes. Muchas veces creemos que hablamos igual en todo tipo de situación, pero resulta que en entornos familiares seguramente usamos una cantidad de palabras muy escasa bien diferente del supuesto repertorio amplio que usamos en una clase, en la presentación en los medios de comunicación, o cosas por el estilo, ¿no?

Fragmento 3

Desde luego la idea de un lenguaje homogéneo es una ilusión; no existe algo como la lengua castellana. Creer que la lengua castellana está depositada en el diccionario de la Real Academia Española o en una gramática es decididamente una ilusión. Como vos sugerís, hay muchas variedades de lengua que se corresponden con diferentes grupos sociales; hay muchos dialectos sociales y regionales que dificultan o favorecen (según cómo se mire) la comunicación. Este... además de estas existen también diferencias de orden con las situaciones que comúnmente se denominan *registros*; no es lo mismo el tipo de diálogo que estamos teniendo ahora que la forma en la que yo me manejo en mi casa con mi nene o con mi señora. Este... el problema está cuando a lo mejor algunos hablantes solamente son eficaces o son capaces de comunicarse en una variedad muy escasa de registros o de dialectos. Y ahí sí hay un problema que es diferente de lo que hablábamos hoy. Los prejuicios hay que superarlos; no hay que creer que los hablantes de los sectores sociales menos favorecidos, o por ejemplo los jóvenes, hablan mal. Hablan como hablan y eso es perfectamente adecuado en el medio en el que están. Pero, por otro lado, no hay que perder de vista que la escuela, la universidad, los medios... sobre todo la escuela, tienen la obligación de favorecer la igualdad de oportunidades por medio de la enseñanza de lo que se llamarían las variedades más formales de lengua, porque si no ellos no van a tener la posibilidad de interactuar eficazmente en ámbitos educativos, en ámbitos políticos...

Fragmento 4

Bueno, uno de los principios fundamentales de la lengua es que cambia de forma constante. Podríamos decir para simplificar y exagerar un poco que lo que hablamos es un latín deformado que ha estado sujeto a la influencia de montones de factores. También es cierto que el contacto con..., o mejor, el surgimiento de nuevas técnicas modifica radicalmente nuestra forma de pensar. Sócrates se enojaba con la escritura; Sócrates pensaba que la escritura era un recurso que iba a impedir que la gente utilizara razonablemente o de la mejor manera posible la memoria.

Fragmento 5

Es más, cuando se habla de lenguaje se habla fundamentalmente de lenguaje oral, que es otro problema a tener en cuenta. La oralidad... el lenguaje es fundamentalmente oral: el chico que aprende a hablar aprende a partir de la realidad y la escritura aparece muchísimo más tarde. No hay comunidades que carezcan de lenguaje, pero sí hay comunidades que carecen de escritura, y en la historia de la humanidad la escritura es un invento relativamente nuevo.

Fragmento 6

Por un lado, no hay que preocuparse demasiado por estos informes; no es... esto la lingüística lo ha tratado durante muchísimo tiempo: los hablantes de los diferentes sectores sociales hablan como hablan, y es adecuado que así ocurra porque les sirve para el medio en el que les toca estar. Si hablamos de este modo en la tribuna de lo civil no nos iría demasiado bien, por ejemplo. Pero por el otro es..., sí, es preocupante el hecho de que la escuela a lo mejor no logre en estos momentos el equilibrio y la provisión de la igualdad de oportunidades que debería dar sobre todo a los chicos de los sectores sociales menos favorecidos por medio de la enseñanza de los registros formales o de la lengua estándar. Digamos: el problema educativo no se resuelve –por más que sea importante– con la asignación de *notebooks* o el problema salarial de los docentes.

15. Las mujeres acceden en número creciente a los más altos niveles educativos, así como a variados dominios profesionales. En el profesorado universitario se han repartido por igual entre Ciencias Experimentales y de la Salud, Ciencias Sociales y Humanidades (en alrededor de un 30% en cada una de ellas), al menos desde la década de los sesenta. Esta realidad no ha evitado el estereotipo de que las mujeres sean consideradas de letras y los hombres de ciencias.

Este estereotipo forma parte de la construcción de las expectativas formativas y profesionales de las niñas y de las adolescentes, es decir, permanece incorporado al talante de muchos educadores y es un factor cultural arrastrado de antiguo con alcance en la actualidad. Estos patrones siguen afectando a las jóvenes a la hora de optar por las distintas vías que el sistema educativo ofrece hoy, consolidando esos estereotipos, especialmente en la formación profesional.

La distinción entre ciencias y letras resulta hoy resbaladiza, si es que no del todo inútil, dado que las ciencias sociales han incorporado muchos conocimientos técnicos y matemáticos; por no mencionar el caso de las ciencias jurídicas, área que forma parte de la tradición masculina de legisladores y administradores de la justicia y que es una de las que cuenta con mayores porcentajes de mujeres estudiantes.

El acceso a la formación universitaria mantiene porcentajes similares de mujeres y hombres. El sistema, sin embargo, debe de resultar disuasorio, pues el porcentaje de mujeres respecto al de hombres empieza a disminuir precisamente a partir de la formación posdoctoral, nivel considerado el primer paso hacia la especialización en la investigación y en la docencia universitaria.

Las ingenierías son áreas donde los porcentajes de mujeres se mantienen bajos. Y ahí está uno de los principales problemas pendientes, pues si las jóvenes demuestran cualidades para el estudio y la especialización –sabemos que abandonan menos el sistema educativo que los chicos y que obtienen mejores calificaciones que estos–, pensamos que existen barreras diferentes a las cualificaciones que están interviniendo a la hora de disuadirlas a optar por las áreas más tecnológicas, en las que los hombres son mayoría y en las que el acceso a la vida laboral resulta más difícil para las mujeres que para los hombres. Téngase en cuenta que las empresas suelen preferir contratar a varones y así suelen reconocerlo en las entrevistas destinadas a la selección de personal.

Los datos disponibles y las series históricas que pueden construirse sugieren que, si bien el tiempo hasta ahora no ha jugado a favor de una inclusión general de las mujeres en los sistemas productivos, científicos y técnicos en todas sus áreas en España, se cuenta ya con varias generaciones de mujeres cualificadas, licenciadas y doctoradas en las universidades, que pueden contribuir a superar barreras históricas. Al ser varias las generaciones, el efecto umbral y de acumulación está preparado para manifestarse. Sin embargo, en el mundo profesional de la investigación y de la docencia universitaria, las cifras distan de reflejar esa preparación profesional de tan alta y numerosa cualificación femenina en España.

En los estudios sobre la producción científica desagregada por sexo del Consejo Superior de Investigaciones Científicas se concluye que no hay diferencias significativas en lo que atañe al número de publicaciones y a su calidad entre hombres y mujeres del mismo nivel académico. Las estadísticas por sexo muestran variedad de porcentajes de hombres y mujeres por área de especialización, con los correspondientes sesgos discriminatorios sexistas por la permanente cifra más alta de hombres respecto de la de mujeres en los puestos de mayor rango académico, diferencias que se mantienen estables en las series históricas. Desde las Ciencias de Materiales y la Física a la Química y a la Biomedicina, el patrón del CSIC no se ajusta a modelos que expliquen las discriminaciones en otros países, donde la profesión científica goza de un prestigio social y profesional mayor del que tiene en España. Las mujeres estarían ocupando en España puestos menos atractivos para sus pares varones, los cuales estarían optando por carreras profesionales de más prestigio y mejor remuneradas.

Adaptado de http://pendientedemigracion.ucm.es/cont/descargas/documento6241.pdf?pg=cont/descargas/documento6241.pdf

16. Entrevistadora: Damos la bienvenida al señor Gerardo Piña Rosales Presidente de la Academia Norteamericana de la Lengua Española en los EE.UU., lo cual significa que usted... ustedes son la cátedra, los que están analizando si nosotros, los hispanohablantes, hablamos bien en los EE.UU.... La primera pregunta que le quiero hacer es: los medios de comunicación en español en los EE.UU., ¿utilizamos el idioma correctamente? ¿Hablamos bien? ¿Hacemos buen trabajo?

Gerardo Piña: Yo creo que sí, que en general sí; además, yo como llevo aquí en este país tantos años he podido notar que ha habido una mejoría. Una mejoría en...

Entrevistadora: ¿Y por qué? ¿En algún momento lo estábamos haciendo mal?

Gerardo Piña: Bueno, hubo un momento en el que, digamos, la fuerza, digamos, hispana, en el país, no era lo que es hoy. Hoy en día hablamos ya de 35-40 millones de hispanos, es decir, que el futuro del español... el futuro del español está en EE.UU.

Entrevistadora: ¿El futuro del español? Cuénteme qué quiere decir con eso... ¿No está en América Latina?

Gerardo Piña: Lo que quiero decir es que ya se está creando una variedad más del español; hay un español de Puerto Rico, un español de, de cualquier país, de Colombia, etcétera, y aquí lo que pasa es que hay gente de todo el mundo, ¿no? Pero nosotros lo que buscamos ante todo en la Academia es que haya un español internacional con el cual nos podamos entender todos.

Entrevistadora: ¿Y usted no piensa que ese español internacional en este momento existe? ¿No lo piensa?

Gerardo Piña: Yo creo que estamos empezando ahora; ese es el pre..., digamos, el siguiente paso, eso llevará algunos años...

Entrevistadora: Cuando usted me dice “español internacional”, ¿qué me quiere decir?

Gerardo Piña: Le quiero decir que hay que evitar siempre los regionalismos; por ejemplo: si tengo una posibilidad –para un público en general, me refiero, ¿no?– de decir *carro* ¿no? o de decir *coche*, pues ni uno ni otro: *automóvil*.

Entrevistadora: *Automóvil*, claro, para que todo el mundo entienda...

Gerardo Piña: Exacto.

Entrevistadora: Otra cuestión es el *spanglish*... *Spanglish* es tres palabras en español, dos en inglés... y usted dice que eso es terrible, porque entonces no hablamos ni uno ni el otro idioma, ¡lo cual es verdad!

Gerardo Piña: Bueno, a ver: en principio no es que digamos –no soy yo tampoco, es la academia, ¿no?... – que el *spanglish* sea terrible. El *spanglish* existe, es un fenómeno natural...

Entrevistadora: Pero usted considera que el que lo habla está destinado al fracaso...

Gerardo Piña: No, yo creo que no, yo creo que no... Yo creo que lo importante es ser consciente de lo que se habla; y normalmente la persona que utiliza el *spanglish* sin ser consciente de que lo está usando, ese es el que está destinado al fracaso. No nosotros, que podemos pasar al inglés y volver después al español; es lo que se llama el cambio de código. El cambio de código no es necesariamente el *spanglish*.

Entrevistadora: Pero en esta ciudad, en Miami, los hijos de los hispanos, los nacidos en EE.UU. pero que aprendieron español en la casa, no son puros en ninguno de los dos idiomas... Cuando están delante de una persona que saben que entiende ambas lenguas, entonces van al *spanglish*...

Gerardo Piña: Pero es que la pureza no existe en las lenguas.

Entrevistadora: Bueno... pero...

Gerardo Piña: Es decir, las lenguas son siempre, ¿no? Una... un..., lo que se llama un *mudejarismo* cultural, lingüístico, ¿no? Es decir, que ahora lo que pasa es que en cuanto tenemos dos lenguas importantes, universales, como el español y el inglés, lo que se trata es que los chicos, los jóvenes, ¿no?, tengan acceso a la educación. No es un problema lingüístico, es un problema social ante todo, ¿eh? Cuando nuestros chicos tengan acceso a la educación, desde luego el *spanglish* disminuirá.

Entrevistadora: ¿Usted considera entonces que el español que se habla ahora se va a poder mantener en los EE.UU. en los próximos cincuenta, cien años?

Gerardo Piña: Sin ninguna duda...

Entrevistadora: Y no va a desaparecer el idioma...

Gerardo Piña: En absoluto, en absoluto.

Entrevistadora: ¿Y por qué usted está tan convencido de eso?

Gerardo Piña: Bueno, en parte, por el número enorme de hablantes... somos el segundo país después de México... y además el mundo... En un mundo como el nuestro de globalización no es como antes, es decir, hay un continuo ir y venir, ¿no? Y eso yo creo que es... son como inyecciones a la lengua.

Entrevistadora: Pues muchísimas gracias y, bueno, me gustaría que nos vigilara muy de cerca y nos escriba cuando cometamos un anglicismo, ¿vale?

Gerardo Piña: No, no, usted lo hace muy bien.

Entrevistadora: Gracias por estar con nosotros, felicidades por su trabajo.

Gerardo Piña: Gracias a usted, gracias a usted.

Adaptado de http://www.youtube.com/watch?v=-Kva9qM6BLg

UNIDAD 8: LEY Y ORDEN

17. **1.** Sentencia que habría surgido de un texto escrito por Fosco Maraini en su libro *Secreto Tíbet*. Allí se narra la historia de unos monjes japoneses que solo podían comer carne de algún animal marino, pero como su obtención era trabajosa y en aquel lugar abundaban los cerdos, decidieron catalogar a los puercos como *ballenas silvestres*. De tal forma, pudieron mantener en pie su disciplina a la vez que extender considerablemente su dieta. Desde entonces, se ha incorporado la expresión...

2. El término *ley del talión* (del latín: *lex talionis*) se refiere a un principio jurídico de justicia retributiva en el que la norma imponía un castigo que se identificaba con el crimen cometido. El término *talión* deriva de la palabra latina *talis* o *tale* que significa idéntica o semejante, de modo que no se refiere a una pena equivalente, sino a una pena idéntica. Históricamente, constituye el primer intento por establecer una proporcionalidad entre daño recibido en un crimen y daño producido en el castigo, siendo así el primer límite a la venganza. La expresión más conocida de la ley del talión es...

3. En tiempos antiguos, cuando los grupos sociales no tenían debidamente constituido lo que hoy conocemos como Estado, no existían lo que denominamos Tribunales de Justicia, órganos creados con el tiempo con la finalidad de dirimir los conflictos entre particulares en materia económica, propiedad, integridad de las personas y la vida. Cuando se presentaban conflictos, estos eran resueltos de manera simple: el agraviado o su familia, perseguían al autor y, una vez capturado, le hacían pagar el hecho delictivo, aplicando la máxima de...

18. ● Según tengo entendido, la custodia compartida es un modelo de guarda de los menores después de la separación o el divorcio de los progenitores, de modo que los menores quedan a cargo de los dos, alternando la residencia, y pasan una temporada con el padre y otra con la madre, o bien también puede ser que se mantengan en la misma residencia y sean los padres quienes entren y salgan. En síntesis, se trata de establecer un modelo igualitario en que ambos padres tengan la misma presencia y protagonismo en la educación y el cuidado de los hijos.

○ Yo añadiría que lo que resume bien la esencia de la institución, es lo que se llama la coparentalidad, o igualdad de derechos y obligaciones sobre los menores una vez que la pareja se ha roto. Pero no se trata de equiparar los derechos de los padres en cuanto al cuidado y la educación de los hijos; desde la psicología lo entendemos como el derecho del menor a seguir contando con sus progenitores y con sus familias extensas. ¿Esto significa siempre el 50% de convivencia con uno y con otro? No. Sobre todo es la filosofía de que no haya una apropiación de los menores, estableciendo un progenitor y una familia de primera, y otro de segunda. La pregunta es por qué esta solución no se aplica.

● Bueno, yo estoy de acuerdo en que es el ideal, es a lo que se debe tender, porque esa corresponsabilidad de que hablas es importante, y hay que buscar siempre el beneficio del menor. Ahora bien, ¿qué ocurre? Que no podemos dejar de lado lo que la legislación dice: únicamente puede establecerse en el caso de que ambos cónyuges estén de acuerdo. ¿Por qué? Porque de no ser así, y tratándose de una separación o divorcio contencioso, es difícil que el menor pueda estar en un entorno estable adecuado. Deberíamos hablar mejor de custodia responsable. Pero, lamentablemente, la realidad de las crisis matrimoniales no es esa, de modo que la situación ha de regularizarse de otra manera.

○ Yo quería hacer una puntualización, si me dejas... Efectivamente, se habla de que es inviable cuando no hay un pacto; bien, podríamos debatir esta hipótesis. Sin embargo, es necesario que nos preguntemos qué significa que haya acuerdo o no. Si los modelos educativos, sanitarios, etc., de ambos padres son muy discrepantes por cuestiones de ideología –por ejemplo, una vivencia religiosa estricta...– efectivamente se corre el riesgo de desorientar al menor. Pero esto es más la excepción que la norma. Lo que se critica es que la posibilidad de una solución ideal quede bloqueada porque una de las partes plantee un desacuerdo de tipo instrumental; si hasta ahora estaban de acuerdo en cómo educar y cuidar a los hijos, ¿por qué ahora no quiere seguir así? Pues porque seguramente hay detrás ventajas añadidas a la separación, y nadie quiere renunciar a unos privilegios. Por lo tanto, se ejercería un derecho de veto instrumental, y no esencial.

● Bueno, yo creo que en el fondo estamos de acuerdo, pero en lo que disentimos es en que hay quien propone que sea la norma y hay quien defiende que sea la excepción; porque insisto en que, sin acuerdo, se hace harto complicado y lo único que se consigue es judicializar el problema, enquistar la situación y que, al final, quien pague los platos rotos de la separación sean los hijos. Pero por mi experiencia puedo aclarar que, en el caso de los divorcios de mutuo acuerdo, rara vez se da la custodia compartida. Los cónyuges tienden a darle contenido, en cambio, a la patria potestad, que es algo más grande; y que es algo que, incluso en los procedimientos contenciosos, se está concediendo de modo compartido. No es importante quién duerme o quién desayuna con el menor, sino que ambos tienen derecho a educar a ese hijo, a estar con él...

○ Pero estarás de acuerdo conmigo en que la patria potestad es un concepto vacío y muy difícil de ejecutar; hablamos de situaciones en las que hay problemas graves simplemente para acceder a las notas del colegio, las dificultades para intervenir real y efectivamente en la educación, en los problemas médicos... Entonces, desde el punto de vista legal queda muy bien cubierto, pero a la hora del derecho efectivo no es así... Y volviendo al tema del acuerdo, te pregunto: ¿en qué medida la custodia monoparental es la responsable del desacuerdo? Y es que, donde la custodia compartida no es la norma, impera el desacuerdo; es más, en los países en que se ha implantado, han disminuido los divorcios drásticamente porque no hay interés por pelear en un juego de ganancias y pérdidas, y esto facilita el acuerdo. Y como solo el 2% de los varones logra la custodia –frente al 98% de las mujeres– se fomenta el conflicto en perjuicio de los propios menores.

Adaptado de https://www.youtube.com/watch?v=nkcjlFCQ-cA y https://www.youtube.com/watch?v=qO9UQRS_cfU&feature=endscreen&NR=1

UNIDAD 9: DARLE A LA LENGUA

19. ● ¿Lo oyen? ¿Ah, no? Pues les puedo asegurar que mi corazón está aquí, si no, yo no podría estar presentando. Bueno, pues algo similar ocurre con las palabras que utilizamos. Aunque a simple vista no se vea, las palabras esconden tras de sí una historia que las ha convertido en lo que hoy en día son. Para descubrirla contamos con la ayuda del profesor José Enrique Gallardo, profesor de Filología Románica. Hoy nos hablará del origen de la palabra *corazón*.

○ De corazón es de lo que hoy vamos a tratar. *Corazón*, quién lo diría, en tiempos lejanos era un aumentativo. Piénsese por ejemplo en la palabra *hinchazón* que sí que nos hace ver algo grande, algo que parte de la voz *hinchar*. En cambio, *corazón*, posiblemente, no lo relacionemos con la palabra de la cual procede, *cor*, en latín, que hoy subsiste, por ejemplo, en catalán (*cor*) y un poquito variado en una forma como el italiano *cuore* o en francés *couer*.

En cambio el castellano *corazón* que va de la mano de su congénere occidental en la península, el gallego, *corazón*, o el portugués, *coração*, remite a un antiguo aumentativo. Y no nos ha de extrañar. Solemos decir con frecuencia que 'alguien tiene un gran corazón'. Posiblemente por la tendencia a relacionar esa parte del cuerpo tan importante, tan vital, con la magnanimidad del amante, el arrojo, la valentía del guerrero, se generó esta forma aumentativa que ha persistido en castellano, aunque hoy no la entendamos como tal aumentativo.

Corazón tiene derivados como *corazonada* que, en una interpretación no recta y literal, significa *intuición*, como acabo de decir, pero que puede tener un valor literal: *corazonada* es 'asadura de una res'. Hay otros derivados, no del castellano *corazón* que es de época más reciente, sino del latín *cor*. Por ejemplo, *corada* que recoge el diccionario como propio de algunas partes del oriente de España precisamente con el sentido antes aludido de asadura de una res.

Hay una voz que reconoceremos mucho más común en nuestra lengua, que es *coraje*, con este sufijo de origen no castellano pero que es muy frecuente en la lengua de hoy. *Coraje* viene del francés antiguo y ha mantenido tanto el valor original de *valor* como otro secundario que sería el de *ira*, *rabia*, *irritación*... "¡Qué coraje me da esto!".

Hay una serie de voces que, además de la parte etimológica *cor*, añade tras este segmento una *d*, una *d* que viene del latín *cor-cordis* y que reconocemos en vocablos procedentes de las lenguas clásicas como *cordial*, o en verbos como *concordar*: literalmente 'poner dos corazones o dos pareceres juntos', *discordar*, el antónimo, y sus correspondientes derivados: *concordia*, *concordar* (ya lo he dicho), *concordato*, *discordia*, *discordancia*... Y hay un par de verbos, son muy frecuentes en la lengua, que también vienen remotamente de *cord*, con esta *d* tras la base *cor*: *acordar*, que puede significar ponerse de acuerdo con alguien, y *acordarse*, que ya significa otra cosa, traer a la memoria, junto a su homólogo *recordar*. *Corazón* ha dado lugar en nuestra lengua a numerosas expresiones: si confiamos en alguien, somos capaces de *abrir el corazón;* si nos ponemos tristes, se nos *parte el corazón*, y si alguien nos conmueve, *nos toca el corazón*.

Es interesante que en la lengua antigua, y de eso puede quedar algún resquicio en hablas populares, tanto *acordar* como *recordar* significaron *despertar*. Así nos lo testimonia, por ejemplo, un pasaje célebre que figura al principio de las *Coplas a la muerte de mi padre*, de Jorge Manrique, que vienen a decir así:

Recuerde el alma dormida,
avive el seso e despierte
contemplando
cómo se pasa la vida
cómo se viene la muerte
tan callando...

Adaptado de http://www.rtve.es/alacarta/videos/para-todos-la-2/para-todos-2-origen-palabras-corazon/1228723/

UNIDAD 10: PRINCIPIOS

20. Desde 1995, la fundación Funcal trabaja por la cooperación internacional poniendo en marcha el programa de becas América Latina, que facilita que titulados universitarios latinoamericanos vengan a realizar prácticas laborales mientras estudian un máster en España.

"Cumplir una meta.
Educación continuada.
Oportunidad de crecimiento.
Superación personal.
Experiencia laboral.
¡Es conocimiento! ¡Es una aventura!"

Así como la creación de residencias universitarias para estudiantes con escasos recursos en Colombia, Ecuador, El Salvador y Nicaragua.

Funcal apuesta también por el turismo solidario. El turismo solidario combina el descanso con la acción responsable en el destino elegido. Esta actividad requiere el compromiso y participación del turista en los proyectos de cooperación y desarrollo en las comunidades en riesgo. Las Organizaciones No Gubernamentales son las impulsoras de travesías a los países necesitados. Los tours proceden de Europa o EE.UU. y se dirigen principalmente a América Latina y África. En pequeños grupos, se les da la posibilidad de conocer otras realidades y costumbres; a cambio, tendrán que colaborar en los trabajos de la colectividad. Lo que se pretende con este tipo de turismo es abrir un canal de solidaridad entre los países del norte y los países del sur, es decir, entre los países más desarrollados y los más desfavorecidos.

En el turismo solidario no solo gana la comunidad de destino, sino que el propio turista aprende e interioriza a lo largo de su viaje una serie de valores que podrá aplicar a lo largo de la vida en su propio entorno, beneficiándose así de los aspectos positivos que puede ofrecer la gente con la que se cruce en su viaje. De esta manera, la propia experiencia del viajero, será la simiente de un proceso de sensibilización contra las injusticias sociales y humanitarias que se viven en estos países. Sin duda, los viajes solidarios son una opción de turismo que aporta grandes beneficios a ambas partes.

Es difícil definir el concepto de turismo solidario. Algunos lo llaman turismo alternativo, turismo sostenible, turismo justo, turismo responsable, comunitario, etc. En un principio el concepto básico es el de la solidaridad y todo lo que ello conlleva: respeto y codesarrollo. El turismo solidario debe ayudar a fortalecer y mejorar el lugar que se visita, y de forma recíproca, todo lo que el turista encuentra en su viaje debe ayudarle a enriquecerse de alguna manera. Por otro lado, el turismo solidario debe ser un turismo respetuoso con el medioambiente y las costumbres del destino anfitrión. Debe ser un turismo justo y sostenible, que ayude al desarrollo económico y que cree empleo en la zona que visitamos, que suponga una herramienta de erradicación de la pobreza. Y, por supuesto, el turismo solidario se constituye como un tipo de turismo alternativo, para aquellos viajeros que buscan la autenticidad de una zona, y no las inmensas construcciones realizadas para el turismo de masas, que recrean paraísos artificiales, que nada tienen que ver con la realidad de la zona.

Por todo esto, desde la fundación Funcal se ha creado el proyecto Turismo Solidario. Con él se da la oportunidad a jóvenes de toda la nación de viajar de forma diferente recorriendo los cuatro países en los que la fundación Funcal tiene proyectos de cooperación. Antes de emprender la marcha, los participantes de Turismo Solidario se reúnen en Valencia para asistir a una jornada de formación. Allí comienzan a conocerse e intercambian experiencias y cargan pilas para la aventura que les espera. En grupos reducidos y de la mano de asociaciones sociales locales se conoce el país, su cultura, sus proyectos solidarios y lo mejor, su gente.

"El turismo solidario te da la oportunidad de conocer un país, precioso, pero a la vez con muchos inconvenientes que no estamos acostumbrados a asumir. Entonces, yo lo considero una gran oportunidad, porque tampoco es una aventura que pone en riesgo o que asuste, sino que es algo que se disfruta desde el primer día hasta el último. Y si hay alguien a quien le guste la aventura, va a tener aventura. Si hay alguien que venía porque quería tocar y ver la pobreza en primer plano, la va a ver. Hacer buenos amigos, también".

Una de las experiencias más enriquecedoras del viaje fue conocer a los chicos de la residencia.

"Hay ONG que te dan la oportunidad de estudiar. Valoraban mucho esa oportunidad. Nosotros aparecíamos allí por la mañana en la residencia y estaban todos estudiando o en sus investigaciones".

A pesar de su juventud, cada uno tiene una larga historia de lucha y sacrificio para llegar a dónde están.

"Pues hemos estado viajando por todo el país, de punta a punta, furgoneta para arriba furgoneta para abajo. Tuvimos unos días que dormimos en una comunidad, distribuidos por familias. Fue una experiencia preciosa, increíble: comimos con ellos, nos reunimos con ellos, estuvimos haciendo la cena con ellos, con lo que ellos tenían, con su ducha, con su baño y la verdad es que nos costó bastante adaptarnos, pero se agradece el acercamiento ese de estar allí en la familia como si fuera tu casa, porque te acogen como si fueras uno más de la familia y es duro pero merece la pena".

"Yo me voy más rico, me voy más lleno y sobre todo, pues me voy con más ganas. Me llevo unas sonrisas muy especiales, me llevo alguna tristeza. Y la tristeza que me llevo, me la llevo para cambiarla por alegría a través de los actos, ¿no?".

"Yo creo que turismo solidario es recuperar el concepto que antiguamente se tenía de viajar, de conocer otras culturas, de interesarse por los demás, ¿no?, y por cómo se vive en otros lugares. Es un turismo necesario. Si vienes con un poco de corazón y sensibilidad... es el mejor viaje del mundo".

Experiencias, amistad, solidaridad, cooperación, diversión, curiosidad, naturaleza, aventura, cultura, historia, mucho corazón y mucho, mucho más es Turismo Solidario. ¿Te vienes?

Adaptado de http://www.youtube.com/watch?v=eU5YQCzlmz8

21. Humanidad. Imparcialidad. Neutralidad. Independencia. Voluntariado. Unidad. Universalidad.

Todo ser humano está dotado de dignidad y de unos derechos inviolables y universales, que deben ser respetados en todas las circunstancias sin discriminación de sexo, raza, origen, credo o condición social. Construir entre todos una sociedad más justa y solidaria, ese es el propósito de Cruz Roja.

Miles de personas que definen este movimiento humanitario. Nuestra misión es estar cada vez más cerca de las personas vulnerables en los ámbitos nacional e internacional a través de acciones de carácter preventivo, asistencial, rehabilitador y de desarrollo, realizadas esencialmente por voluntarios.

Una institución presente en multitud de lugares, con multitud de planes y proyectos. Para estar día a día, las veinticuatro horas, cada vez más cerca de las personas.

Porque dar significa intervenir, proteger (casas tuteladas para menores) y ayudar (deporte para la integración).

Se trata de acompañar a las personas afectadas por una enfermedad (infancia hospitalizada), por una discapacidad y conseguir mejorar las condiciones de vida de todos aquellos otros que lo necesitan.

Significa extender brazos y manos y trabajar para todos aquellos que viven en situación de vulnerabilidad y riesgo de exclusión (teleasistencia veinticuatro horas).

Se trata de ofrecer calor a las personas que buscan refugio perseguidas por sus creencias políticas o religiosas.

Conjugando verbos como prevenir (servicios preventivos), asistir y rehabilitar, porque todos necesitamos aunque sea un poquito de calor humano para poder vivir.

Cruz Roja atiende cada año en España a cerca de un millón de personas en situación de vulnerabilidad social (centros de acogida de inmigrantes) y lo hace dando los pasos necesarios que ayuden a mitigar las causas que provocan su exclusión.

Poniendo a su disposición espacios donde puedan formarse en igualdad de condiciones y reafirmar su identidad como individuos (talleres de formación).

Todo ello en busca un futuro mejor. Cruz Roja, cada vez más cerca.

Adaptado de http://www.youtube.com/watch?v=4R09kQbyrD4&feature=relmfu

UNIDAD 11: CAMBIOS

22. Conversación 1

- En *La casa de Bernarda Alba* podemos ver una presencia obsesiva de la represión de las mujeres. Es atroz esta película, verdaderamente atroz. Ahora no nos asusta, las cosas han cambiado mucho, pero pensemos que ese era el mundo que conoció Lorca y que, por eso, lo reflejó, tuvo la valentía de reflejarlo. Gracias a él, podemos tener un retrato de cómo era la situación de la mujer en aquella época.
- Sí, sí, eso está claro. Ha tenido un enorme valor y pongamos esta película en muchos lugares del mundo porque aún hoy es significativa y ni siquiera cambia tanto el atrezo.
- Yo todavía recuerdo en España, en los años sesenta, el tardofranquismo hizo un eslogan que era *Conozca usted España*. Como no te dejaban salir, así, de paso, te ibas enterando. ¿Y qué veías? Pues a unas señoras vestidas de negro con un pañuelo atado y un mantón negro en la mayoría de los pueblos, ¿no? ¿Qué es lo que ha cambiado en España? Pues las mujeres. La libertad de las mujeres ha cambiado el paisaje, el paisaje moral en que nos movemos.
- Y que seguro que en estos momentos, en algunos países la situación no debe ser muy distinta a la que Lorca reflejó.
- Lorca hizo una fotografía exacta de ese paisaje moral.
- Eso te iba a decir, esta obra es un retrato social completamente intemporal, ¿no?
- Efectivamente, es un gran clásico. Es el gran testamento de Lorca.
- De todas formas, han pasado muchos años desde la muerte de Federico García Lorca y estamos aquí hoy hablando de la mujer a partir de su obra y seguimos sin poder hablar de igualdad. Es verdad que la gente tiende a vivir en el presente y a olvidar cómo era el pasado. ¿Qué tenemos en el pasado? Pues *La casa de Bernarda Alba*. ¿Qué tenemos delante? ¿Por delante? Pues una ley de paridad que está muy lejos de conseguirse. El problema de las mujeres es la primera fila, que está muy ocupada, y hay que ir haciéndose hueco.
- Mirar al futuro sí, pero hay que tener cuidado. Cuando las cosas ya han transcurrido las vemos como comedia y la tragedia implícita no la ves. Y más nos vale que guardemos esa memoria. Realmente hemos dejado atrás un capítulo muy sombrío en relación a la libertad de las mujeres.
- Estoy de acuerdo, menudo capítulo hemos cerrado. Pero mirando al futuro... Bueno, en el mundo de la opinión, en los medios, por ejemplo, las mujeres tienen una presencia muy pequeña todavía, el ocho por ciento de la plantilla. En el mundo del saber, en la Academia, en la Universidad, etcétera, el once, doce..., catorce por ciento. El mundo económico financiero sigue siendo sumamente resistente.
- Y, de hecho, hay una idea de promover una directiva europea para que se abra, ¿no?
- Pero tenemos más...
- Fíjate, yo pensaba, yo pienso como tú en el sentido de que las mujeres aún tienen muchos espacios por abrir y llenar, pero yo pienso que en algunos casos...
- ...Y hay otro que quiero decir y me vas a permitir porque es ya un vicio: la política.
- En la política, al menos, tienes que llevar tantos varones como mujeres en las listas. Eso está bien.

Adaptado de http://www.rtve.es/alacarta/videos/version-espanola/version-espanola-montaje-especial-para-rtvees-del-coloquio-sobre-casa-bernarda-alba/1367645/#aHR0cDovL3d3dy5ydHZlLmVzL2FsYWNhcnRhL2ludGVybm8vY29udGVudHRhYmxlLnNodG1sP3BicT02Jm1vZGw9VE9DJmxvY2FsZT1lcyZwYWdlU2l6ZT0xNSZjdHg9MTc0MiZhZHZTZWFyY2hPcGVuPWZhbHNl

Conversación 2

- El cambio climático está causado por el hombre, me refiero al que ahora estamos viviendo. Ahora sabemos más y mejor por qué se está produciendo.
- Yo no niego que se esté produciendo un cambio climático; es más, yo creo que ha habido cambio climático desde que el mundo es mundo. Lo que creo es que los científicos no se han puesto de acuerdo en que haya nada alarmante. Incluso hay una reducción del alarmismo con respecto a informes de años anteriores. Ahora la posibilidad

de que sea el hombre el que está influyendo se reduce en un tercio y, sobre todo, es importante el dato de que la Antártida no se está calentando.

- Corren rumores de que los modelos que se han utilizado para las mediciones podrían ser falsos, es decir, que el calentamiento y la subida del nivel del mar habrían sido más rápidos que lo pronosticado por los modelos. Por tanto, yo disiento de lo que dices. Es cierto que sabemos más y mejor lo que está ocurriendo, que el hombre es el causante y, así lo afirman en este informe los científicos con una certidumbre del noventa por ciento, que a nivel científico viene a ser con total seguridad. Claro que antes ha habido cambio climático, pero como el que estamos viviendo ahora y con las magnitudes y celeridad que lo estamos viviendo, no ha habido ningún otro.
- Pero se ha demostrado que ha desaparecido ya el famoso *palo de hockey* que era la base fundamental que se utilizaba hasta ahora para decir que el calentamiento era alarmante. Además, el informe dice que adoptar medidas como el protocolo de Kioto no soluciona ningún problema, y lo dicen cuatro mil científicos, setenta y pico premios nobel, no son unos don nadie.
- ¡Por favor...! Esas declaraciones se hicieron en el año noventa y dos. Por otro lado, ¿estás afirmando que los políticos de la ONU nos han engañado a todos y han falseado las informaciones científicas?
- No, yo no. El cuarenta y siete por ciento de los científicos de Estados Unidos no cree que Kioto sea un instrumento eficaz para evitar el calentamiento, si es que lo hay. El treinta y cuatro por ciento de los científicos cree que el calentamiento global no es un problema serio. Pero es que, además, vamos mucho más allá, resulta que estamos dedicando recursos ingentes al tema del calentamiento cuando no está nada claro. De hecho, por eso la ONU dice que es el principio de precaución. No sabemos si se está produciendo, pero dedicamos muchos recursos.
- Lo que no se puede seguir afirmando una y otra vez es que la comunidad científica no se pone de acuerdo, eso es una gran falsedad. La comunidad científica está absolutamente de acuerdo en este tema. Y lo que hay que hacer, y así lo dicen todos, es reducir las emisiones de CO_2, que son las causantes de este problema y hacerlo, pero ya.

Adaptado de http://www.youtube.com/watch?v=MTM1VoAFv6w&list=PL8E96639B38F5E29B

UNIDAD 12: LA NOCHE Y EL DÍA

23. Siempre he sido algo gordita, es herencia de familia, y he hecho dieta desde siempre. Aunque iba al gimnasio, tenía michelines y la celulitis concentrada en las caderas, muslos y rodillas y no me gustaba. Iba por la calle acomplejada. Fue mi pareja la que me convenció de que me hiciera una liposucción y pidió una cita para mí, él siempre me apoyó mucho. Después de la operación empecé a sentirme guapa, delgada, empecé a conocer a otros chicos y dejé a mi novio. Pero pronto todo volvió a lo de siempre, volví a engordar y los otros chicos ya no me llamaban porque está claro que solo me querían por mi físico. Así que el error fue garrafal y al cabo de un año estaba igual que siempre pero sin mi novio. De haberlo sabido no me opero.

A raíz de la enfermedad tan grave que viví, decidí someterme a una operación de pecho. La intervención fue muy rápida, fenomenal. La recuperación también lo ha sido. El cirujano entendió enseguida qué era lo que yo quería, me hicieron todas las pruebas y en la misma operación me pusieron unos implantes. Hacerme esta operación ha sido una de las cosas más importantes que he hecho en mi vida, bueno, aparte de que me siento más segura de mí misma, estoy más feliz. Quería hacerlo desde siempre, pero no me atrevía porque le tenía miedo a la anestesia. Como después de mi enfermedad ya no tenía más remedio que pasar por el quirófano, maté dos pájaros de un tiro. Bendito el momento.

Yo siempre había tenido un exceso de párpado, tanto que casi no podía abrir el ojo, era incomodísimo. Este problema lo había consultado hacía tiempo con varios cirujanos plásticos que ya me habían advertido que, con los años, esta operación me la tendría que hacer obligatoriamente, y que era mejor ser más joven para entrar en quirófano que con más edad. Además, como tenía poca distancia del ojo al párpado, todavía se notaba más. Mi problema era de familia, ya que mi padre también tiene los párpados igual. Ahora fíjate qué ojos más grandes tengo: es para verte mejor.

Tenía la nariz curvada, del tipo aguileña, y siempre he tenido complejo por la forma. No me hacía fotos nunca porque no me gustaba. Vamos, que mi nariz era fea. De pequeña me di un golpe en la nariz y se me fue curvando con los años. Además, tenía problemas respiratorios de sinusitis y rinitis. Me decidí a pasar por el quirófano y menudo fracaso. La operación no salió como el doctor esperaba. Cuando me miro al espejo no me reconozco, y para colmo los problemas de sinusitis y rinitis continúan. Si lo sé, no me opero.

Fui a informarme a la clínica por primera vez hace un año, pero entonces no me decidí a realizarme el tratamiento. Aunque llevo diez años con problemas de caída de cabello por temporadas, no era un tema que me preocupara excesivamente. Ahora tampoco, pero si existen avances en cirugía estética con resultados naturales y efectivos contra la calvicie, ¿por qué no probarlos algún día?

Adaptado de http://www.corporaciondermoestetica.com/testimonios-detalle.html?idSeccion=152&id=2073

24. Profesora Martínez: Buenas tardes, ¿me oyen bien...? Dentro del encuentro de profesores de español que estamos celebrando, tenemos el placer de contar con el profesor César Elvira, especialista en didáctica de lenguas extranjeras, uno de los especialistas más brillantes en este campo, que nos ilustrará a continuación con sus amplios conocimientos sobre la enseñanza de la pronunciación. Bienvenido, profesor, adelante...

César Elvira: Muchas gracias... Ante todo, quisiera iniciar esta presentación agradeciéndoles su asistencia y exquisita puntualidad. Y gracias también a la profesora Martínez por los elogios inmerecidos que me ha dedicado en su amable presentación.

¿Me pueden oír bien todos ustedes? ¿Al fondo también?

Bien...Voy a comenzar recordándoles las frases de algunos de nuestros alumnos: "lo que siempre he echado de menos es más actividades de pronunciación, repetir y repetir hasta decirlo perfecto", "con lo difícil que es la pronunciación, ¿por qué no se le dedica más tiempo?" o "A mí me gustaría tener más correcciones de pronunciación, corregirme cada vez que digo algo mal". En estos breves minutos que tenemos reflexionaremos sobre estas y otras cuestiones.

Bien, en primer lugar, no son infrecuentes los casos de hablantes no nativos de español –o de cualquier otra lengua– que poseen un dominio muy elevado de los recursos lingüísticos gramaticales, léxicos o pragmáticos y que, sin embargo, tienen dificultades para comunicarse con los nativos porque en ello interfieren negativamente sus problemas de pronunciación y su incapacidad para incorporar los nuevos patrones fonéticos. Es evidente, además, que la forma en que un extranjero pronuncia la lengua de la comunidad que lo acoge influye en gran medida en la consideración que despierta entre los integrantes de ese medio: por lo general, cuanto más se aproxime su acento al modelo nativo, mayor será el grado de aceptación social –y admiración encubierta– con que cuente, en tanto que una pronunciación claramente deficiente le supondrá una gran traba en su vida profesional y en sus relaciones personales. En este sentido, las actitudes desfavorables que a menudo suscita en los oyentes nativos una mala pronunciación de su propio idioma pueden ir desde la ligera impaciencia ante la lentitud y la vacilación del hablante extranjero, hasta la más patente irritación, pasando por un sentimiento impreciso de falta de simpatía e intimidad, de extrañeza, a veces contaminado por la sospecha de que el mal acento del foráneo esconde una cierta despreocupación o incluso desprecio por la nueva lengua.

Por otra parte, salvo en los casos en los que el hablante desea retener algunos rasgos fónicos de su primera lengua por considerarlos identificativos de su cultura o de su etnia, la aspiración de la mayoría de los aprendices de lenguas extranjeras es llegar a sonar como un nativo.

No obstante, a pesar de la influencia de todas estas variables propicias que en principio deberían favorecer y facilitar la tarea docente, la enseñanza de la pronunciación resulta especialmente compleja, quizá más difícil de abordar que cualquier otra de las facetas que integran la labor de un profesor de lenguas extranjeras. Y ello es así porque la forma en la que hablamos, la manera en que estamos habituados a articular los sonidos de nuestra lengua materna, está tan inextricablemente unida a nuestra propia forma de ser, que la adopción de un nuevo sistema y de unos nuevos hábitos perceptivos y articulatorios conlleva, como han señalado numerosos estudios, una especie de desdoblamiento individual, no equiparable en modo alguno con el proceso que implica la adquisición de otros aspectos de la lengua, como el vocabulario o la sintaxis.

El profesor tiene que transmitir al alumno la idea de que es factible adquirir una pronunciación clara, aceptable y comprensible para el hablante nativo, pero que no lo es tanto conseguir una pronunciación cuasi perfecta, equivalente a la de los hablantes nativos, precisamente porque en el proceso de adquisición entran en juego muchas variables, que, con frecuencia, escapan a su propio control.

Por otra parte, en cuanto a los métodos de enseñanza de la pronunciación, dada la complejidad que implica tanto la enseñanza como el aprendizaje de la pronunciación, parece lógico pensar que el profesor no tiene por qué ceñirse a un único modelo metodológico. Una buena parte de los especialistas en didáctica de la pronunciación de segundas lenguas propugna en la actualidad una orientación ecléctica y de naturaleza integradora, en la que eventualmente tengan cabida las aportaciones de cada uno de los modelos existentes que se hayan demostrado positivas.

Me gustaría terminar diciendo que el profesor que aspire a obtener un buen resultado en esta tarea no solo debe estar preparado académicamente para adaptar sobre la marcha el método seguido a las necesidades manifestadas por los alumnos, sino que ha de saber integrar las prácticas fonéticas correctivas en el conjunto de actividades interactivas del modo más natural posible. Por consiguiente, su papel no lo puede desempeñar ni un programa informático ni una grabación de vídeo, ni ninguna otra herramienta de las que a menudo se ofertan como recursos sustitutivos del profesor, quien, por lo demás, puede aprovechar las ventajas que todas ellas le ofrecen como meros instrumentos complementarios.

Por mi parte, esto es lo que quería decir. Si tienen ustedes alguna pregunta, sería para mí un honor tratar de contestarla.

Adaptado de *Pronunciación y prosodia*. (Introducción), PCIC, niveles C1 y C2, pág. 127-129

SOLUCIONARIO

UNIDAD 1: *ENSEÑARTE*

1. Respuesta en los cuadros del libro de ejercicios.

2. 1. automedicarse; 2. autoinculparse; 3. autoengañándose; 4. se autoabastecen; 5. se autocensuran; 6. autorregularse.

3. Respuesta abierta.

4. 1. c; 2. d; 3. a; 4. Contradecir a alguien y culparle en cuanto dice o hace; 5. b; 6. e; 7. Esperar para decidir algo, un suceso futuro o la resolución que tome otro; 8. f. a. *Me las vi y me las deseé;* b. nos lo pasamos; c. se la dieron con queso; d. me las va a pagar; e. se la juega; f. la ha tomado conmigo; g. verlas venir; h. se las ha arreglado.

5. 1. *Lo que yo no entiendo;* 2. Estoy encantada con lo buen estudiante que es; 3. Lo único bueno del negocio es que no hemos perdido dinero; 4. Lo barato sale caro; 5. Me espanta lo ruidoso que es Madrid; 6. No me puedo creer lo (mucho) que cuesta una entrada para el fútbol; 7. Es increíble lo mucho que sabe siendo tan pequeño.

6. 1. g; 2. a; 3. h; 4. d; 5. e; 6. j; 7. b; 8. i; 9. f; 10. c.

7. Descripción: A, D, C, B; Movimiento: realismo, impresionismo, cubismo, surrealismo, arte pop, arte abstracto.

8. Rafael Moneo: arquitectura; Tamara Rojo: danza; Miquel Barceló: pintura; Pedro Almodóvar: cine; Paco de Lucía: música; Orquestas…: música clásica.

9. Rafael Moneo: por su arquitectura serena y pulcra, su estilo propio, la combinación de funcionalidad y estética…; Orquestas: por combinar calidad artística y compromiso social, haber formado a profesionales de primer nivel, creer en el valor educativo de la música; Pedro Almodóvar: por su maestría y sinceridad, la alegría y vitalidad de sus textos, por la integración de sus raíces; Tamara Rojo: por su trayectoria, por combinar la tradición clásica y la exigencia, por su madurez interpretativa; Paco de Lucía: por profundizar en distintos estilos, por ser capaz de expresar las más distintas emociones con la guitarra; Miquel Barceló: es uno de los principales nombres de la pintura contemporánea, entronca con la mejor tradición española, refleja la realidad vital.

10. Fiarse: confiar; Fiar: vender sin cobrar, para recibir el dinero en adelante; Colarse: entrar sin permiso; Colar: pasar un líquido por un cedazo o colador; Colar (en el contexto del ejemplo): no ser creído; Negarse: excusarse de hacer algo; Negar: decir que algo no existe, no es verdad, o no es como alguien cree o afirma; Prestarse: Ofrecerse; Prestar: entregar algo a alguien para que lo utilice durante algún tiempo y después lo restituya o devuelva; Aprovecharse: abusar; Aprovechar: emplear útilmente algo; Fijarse: prestar atención, observar, notar; Fijar: asegurar un cuerpo en otro, establecer.

11. 1. c; 2. a; 3. b; 4. b; 5. c; 6. c; 7. a; 8. b; 9. a; 10. b; 11. c; 12. a.

12. A, B, F, G, L.

13. Respuesta abierta.

UNIDAD 2: SE SIENTE

1. 1. fantástica; 2. productivo; 3. salarial; 4. láctea; 5. estudiantil; 6. ocular; 7. arrocero; 8. presupuestario; 9. vinícola; 10. vacuno.

2. 1. alimentario; 2. paternal; 3. provinciano; 4. laboral; 5. musculoso; 6. harinoso.

3. 1. alimenticio/alimentario; 2. paternal/paterno; 3. provinciano/provincial; 4. laboral/laborable; 5. musculoso/muscular; 6. harinero/harinoso.

4. 1. b; 2. d; 3. a; 4. e; 5. c; 1. permiso paterno; 2. sector alimentario; 3. día laborable; 4. sistema muscular; 5. calendario laboral.

5. 1. *Para niños;* 2. Caprichoso, propio de un niño, aunque la persona a la que se refiere ya no sea un niño; 3. Sobre textos y espectáculos de teatro; 4. Exagerada en su forma de expresar sus ideas y emociones; 5. Sobre hechos del pasado; 6. Muy importante, de mucha repercusión; 7. Con la familia; 8. En el que todos se conocen y las relaciones son muy estrechas; 9. Nacido en Inglaterra; 10. Mantiene todos sus hábitos ingleses.

6. Platos recomendados: tacu tacu con pallares, ceviche, conchas negras, espaguetis con hongos y langostinos, chicha frita; Servicio: bueno, rápida atención, los mozos saben ganarse al cliente; Local: muy lindo, parece una isla; Ubicación: zona peligrosa.

7. 1. Orígenes muy modestos. Su dueño vendía leche de tigre en el barrio. Su primer local era punto de encuentro de los jugadores del equipo de la zona; 2. Muy diversa. De todas las zonas de Lima y de diversas clases sociales; 3. Barrio de La Victoria, una zona insegura; 4. Un empresario de la zona le dijo que dejara su negocio y fuera a trabajar con él, que su negocio nunca iba a salir bien. Él se sintió humillado pero gracias a ese sentimiento, se empeñó en salir adelante y lo consiguió.

8. 1. E; 2. F; 3. G; 4. B; 5. D; 6. C.

9. Conversación 1: 1. N; 2. M; 3. N; 4. H; 5. H; 6. N; 7. H; 8. M; Conversación 2: 9. M; 10. N; 11. H; 12. M; 13. H; 14. H; 15. M.

10. Modelo de texto corregido.

Etiquetas de vino y otros asuntos

Hola a todos.

He leído un artículo muy interesante sobre las etiquetas de los vinos del que me gustaría destacar dos ideas.

Por un lado, el artículo dice: "Para elegir un buen vino hay que leer bien las etiquetas". Curiosamente yo veo cada día más etiquetas de diseño que, en cambio, contienen muy poca información. A veces, incluso, pienso que no merece la pena el esfuerzo de leer toda la letra pequeña de esas etiquetas, ya que es muy fácil coger el móvil e informarse en una de las muchas webs que hay. Aunque igual es verdad que uno termina acostumbrándose a todo y lo que tengo que hacer es acostumbrarme a estas etiquetas nuevas tan modernas. Pero, de momento, yo sigo teniendo la peor opinión sobre las etiquetas de diseño. De todas formas, como dice un amigo mío, la etiqueta dice de un vino lo mismo que un director de un banco sobre un producto financiero: lo que quiere colarte.

La otra idea que quería destacar es que, según el artículo, "muchos vinos caros son difíciles de beber". Este es un detalle que hay que tener en cuenta. El problema es saber cuál es el nivel necesario para disfrutar cada vino y ser consciente de ello. Creo que, quizá, lo que pasa es que te gusta un vino, pero no tanto como para pagar un precio tan alto. Te ponen, por ejemplo, una botella de 200 euros y, aunque no seas muy experto, te gusta, pero no tanto como para pagar ese precio. También es posible que tenga que ver con lo que esperas de un vino. A más precio, más expectativas. Y claro, la realidad no es siempre así.

11. Respuesta abierta.

UNIDAD 3: TODO UN ÉXITO

1. 1. i; 2. g; 3. d; 4. a; 5. f; 6. c; 7. h; 8. b; 9. e.

2. 1. Cruzarse con alguien (encontrar a alguien), cruzarse de brazos (no hacer nada); 2. Curarse de algo (sanar una enfermedad), curarse en salud (prevenir); 3. Dar por (juzgar, considerar), dar con (hallar, encontrar); 4. Dejar de (cesar), dejar por (abandonar), dejar sin (privar); 5. Deshacerse de (librarse), deshacerse en (manifestar mucho aprecio); 6. Hacerse con (lograr algo), hacerse de (cambiar de naturaleza); 7. Meterse con (criticar), meterse en (dejarse llevar); 8. Ponerse a (empezar), ponerse de (adoptar una posición); 9. Quedar en (llegar a un acuerdo), quedar para (resultado); 10. Romper a (iniciar súbitamente una acción), romper con (terminar una relación o amistad).

3. 1. plantees; 2. preocupara; 3. agobies; 4. puedas; 5. oyes/oyeras; 6. dictan; 7. guíen; 8. sea; 9. hacen; 10. ha dicho.

4. 1. Aprovechar las circunstancias en beneficio propio; 2. Tener éxito; 3. Conseguir lo que se disputa; 4. Equivocarse en todo; 5. Obtener el resultado contrario al deseado; 6. Conseguir lo que nos hemos propuesto.

a. arrimar el ascua a su sardina; b. no das una a derechas; c. salió a pedir de boca; d. les salió el tiro por la culata; e. le va bien; f. se han llevado el gato al agua.

5. 1. Julia Roberts; 2. Stephen Covey; 3. Carlos Slim; 4. Lady Gaga; 5. Brad Pitt; 6. Donald Trump.

6. 1. F; 2. V; 3. V; 4. F; 5. F; 6. F.

7. 1. competitividad; 2. comunicador; 3. sabiduría; 4. delicadeza; 5. elocuencia; 6. dinámico; 7. liderazgo.

8. 1. extravagantes; 2. centró; 3.esporádicos; 4. faceta; 5. sombra; 6. Probó; 7. piel; 8. desligarse; 9. rostro; 10. rodadas; 11. saga; 12. presupuesto; 13. recondujo; 14. doblaje.

9. Respuesta abierta.

10. 1. *P*, *a*; 2. N, f; 3. =, j; 4. N, d; 5. N, g; 6. =, h; 7. N, e; 8. P, c; 9. P, i; 10. P, b.

11. 1. C; 2. C; 3. F; 4. B; 5. D; 6. E; 7. D; 8. A.

12. 1. a; 2. a; 3. c; 4. c; 5. b; 6. a.

13. Respuesta abierta.

14. Respuesta abierta.

UNIDAD 4: PALABRAS EN EL TIEMPO

1. 1. c; 2. h; 3. f; 4. e; 5. d; 6. g; 7. b; 8. a. Las greguerías originales son: La P es la bandera del abecedario; La tinta es la sangre de los bolígrafos; El pulpo es el bailarín del mar; La cabeza es la pecera de las ideas; El tenedor es el peine de los tallarines.

2. Respuesta abierta.

3. 1. sublime; 2. sublime; 3. sublimidad; 4. trágico; 5. patético; 6. cómico; 7. ridículo; 8. humorístico; 9. humorismo.

4. 1. f; 2. e; 3. d; 4. h; 5. b; 6. g; 7. Montar una escena: reaccionar públicamente de forma airada o exagerada; 8. Pasar página: olvidar o superar un problema del pasado; 9. Ser como un libro abierto: dejar traslucir las emociones; 10. Tener muchas tablas: tener desenvoltura y fluidez hablando en público.

1. pasar página; 2. hizo mutis por el foro; 3. tiene mucho cuento; 4. es un verso suelto; 5. tiene muchas tablas; 6. Es muy prosaico; 7. al pie de la letra; 8. es un poema; 9. montes una escena; 10. es como un libro abierto.

5. 1. Confirmar una información; 2. Ficción; 3. Cortesía; 4. Acción que no se realizó; 5. Sorpresa; 6. Deseo; 7. Tiempo pasado, marco de una acción; 8. Condicional en la lengua informal; 9. Confirmar una información; 10. Tiempo pasado, habitual.

6. Respuesta abierta. Los títulos originales son: 1. *Cruce*; 2. *El hombre invisible*; 3. *La oveja negra*; 4. *El drama del desencantado*.

7. 1. H; 2. C; 3. F; 4. K; 5. D; 6. M; 7. *A*; 8. I; 9. L; 10. B.

8. Respuesta abierta.

9. 1. a; 2. a; 3. c; 4. a; 5. b; 6. c; 7. a; 8. c; 9. a; 10. a; 11. b; 12. b.

10. D, G, H, J, L.

11. Respuesta abierta.

UNIDAD 5: ¡NO TE LO VAS A CREER!

1. 1. b; 2. c; 3. e; 4. j; 5. g; 6. k; 7. a; 8. h; 9. i; 10. f; 11. d.

2. Posible respuesta. 1. *El garaje era el único sitio donde podía dejar el coche*; 2. (El asunto del que me hablas) no es mi problema; 3. Presumes de hacer empanadillas y no sabes hacerlas; 4. Te estuve esperando para cenar pero no viniste ni me avisaste; 5. Cállate; 6. Pienso que es mejor consultar a un psiquiatra; 7. No sé lo que ha querido decir; 8. Te pido que me acerques el vaso./Acércame el vaso, por favor; 9. España es realmente una gran potencia turística; 10. Yo no sabía que era sordo; 11. Te invito a tomar un café.

3. 1. *Hace unos años la gente no creía que* + pretérito imperfecto de subjuntivo; 2. *Es probable que en un futuro* + presente de subjuntivo; 3. *Es evidente que* + presente de indicativo; 4. *No me puedo creer que en el futuro* + presente de subjuntivo; 5. *Poníamos en duda que* + pretérito imperfecto de subjuntivo; 6. *Tengo la absoluta certeza de que* + indicativo o futuro simple; 7. *Es imposible predecir si* + indicativo o futuro simple; 8. *Nadie habría asegurado nunca que* + condicional simple.

4. Respuesta abierta.

5. 1. V (http://www.listindiario.com/la-vida/2007/7/20/ 21380/ Policia-regala-chocolate-a-buenos-choferes).
2. F.
3. V (http://www.noticiaslocas.com/EEZFVuFuuy.shtml).
4. V (http://elpais.com/elpais/2007/01/25/actualidad /1169711330_850215.html).
5. F.
6. V (http://www.lavozdegalicia.es/sociedad/2007/08/ 24/000396720413D4A6BC8301461829D84F990F.htm).
7. V (http://www.lasprovincias.es/valencia/20080827/local/ vida-ocio/tomatina-bunyol-celebracion- 200808271314. html).

6. 1. V; 2. F (Se sabe que son capaces de transformar la energía sin que medie su voluntad); 3. V; 4. F (No se trata de que sean negativos, o que tengan inclinación a la depresión); 5. F (Lo más indicado es no hacerle partícipe de ninguno de nuestros proyectos hasta el momento en que se conviertan en realidad, y contárselo como una cosa muy positiva); 6. V; 7. V.

Según el *Diccionario de Uso* de María Moliner: "gafe se aplica a la persona a quien se atribuye que trae mala suerte o desgracia con su presencia".

7. 1. Tener buena suerte en un momento dado; 2. Ser habitualmente muy afortunado; 3. Sufrir muchas desgracias continuadas; 4. Concentrar el riesgo en una única posibilidad; 5. Abandonar a alguien; 6. Tomar una decisión basándonos solo en el azar; 7. Aprovechar con inteligencia las posibilidades de uno.

a. ha nacido con estrella; b. ha tenido la suerte de cara; c. jugó bien sus cartas; d. jugármelo todo a una carta; e. nos hubiera mirado un tuerto; f. lo echamos a suertes; g. los dejó a su suerte.

8. 1. f; 2. e; 3. c; 4. a; 5. g; 6. i; 7. b; 8. d; 9. h.

9. 1. G; 2. A; 3. F; 4. D; 5. E; 6. B.

10. 1. N; 2. H; 3. M; 4. H; 5. N; 6. H; 7. M; 8. N; 9. M; 10. H; 11. M; 12. N; 13. M; 14. N; 15. M.

11. Ofrecemos el texto original.

¿Qué fuerza interior o exterior nos empuja continuamente a creer en algo? ¿Por qué esa necesidad de creer en algo? Parece ser que siempre nos gusta elegir el camino más fácil, el camino más recto, aunque con frecuencia sea el que nos traiga más problemas.

Con la esperanza de hacer realidad nuestros sueños y deseos, creemos en las cosas que mejor se adaptan a nuestros propósitos.

Alejandro Dumas decía: "Creemos, sobre todo, porque es más fácil creer que dudar, y además porque la fe es la hermana de la esperanza y de la caridad".

Y parece ser que es cierto: no nos gusta dudar. ¿A quién le gusta? Si dudas, estás reconociendo explícitamente que tienes un problema, que no confías en ti mismo. Y si no confías, debes ser precavido, y si eres precavido, adiós a la paz, adiós a la balsa de aceite.

Así que preferimos creer en cosas imposibles para nuestra percepción. Elegimos ese camino "fácil" y nos armamos de esperanza y de muy poca paciencia.

Me pregunto por qué ahora mismo no me parecen tan raras las personas supersticiosas, o las que se arruinan solo por ver lo que dicen las cartas. ¿Los seres humanos, somos supersticiosos en general? ¿Hasta qué punto somos supersticiosos? ¿En qué supersticiones nos es fácil creer? Son preguntas que casi siempre eludimos.

Por ejemplo, nos gusta decir que no nos consideramos supersticiosos, pero tenemos con nosotros siempre un amuleto de la suerte.

¿En qué nos afectan las supersticiones de los demás, o las propias? A esa pregunta tampoco nos gusta contestar, ni siquiera pensar; porque de alguna manera no queremos sentirnos en lo más mínimo supersticiosos.

En nuestra cabeza, inconscientemente, la palabra *supersticioso* es sinónima de ignorante, tonto, imbécil, desafortunado, loco, etc. Y claro, no nos gusta el sabor que nos dejan esas palabras; pero también ignoramos los verdaderos sinónimos de la palabra *supersticioso*, que son: fetichista, crédulo, agorero. Algunos pensarán seguramente: "¡Pues son estúpidos, también!"...

En fin, como decía Groucho Marx, "¿A quién va usted a creer, a mí o a sus propios ojos?". Claro, a algunos de nosotros nos encanta decir: "No me lo creo hasta que no lo veo", ¡porque nuestra vista no nos puede engañar!... Y es que la realidad siempre tiene una cara: lo que mis ojos ven, lo que mis oídos oyen, lo que mi cuerpo siente…

12. Respuesta abierta.

UNIDAD 6: NI CONTIGO NI SIN TÍ

1. 1. c, h; 2. a, f, i, j; 3. a, d, g, i; 4. d, g; 5. d, g; 6. a, c; 7. a, c, d, f, i, j; 8. a, i; 9. b, e; 10. a, i.

2. *ajo/a: hierbajo*; hatajo; pequeñajo; -ucho/a: feúcho; animalucho; papelucho; -uelo/a: plazuela; tontuelo; ladronzuelo; -arraco/a: pajarraco; bicharraco; tiparraco; -astro/a: camastro; hermanastra; poetastro; -ales: rubiales; frescales; viejales; -ato/a: cegato; novato; niñato.

3. 1. *espumarajo*; 2. riachuelo; 3. callejuela; 4. larguirucho; 5. reyezuelo; 6. vejestorio.

4. 1. TORCER el gesto indica contrariedad, B; 2. FRUNCIR el ceño indica enfado, A; 3. ENCOGERSE de hombros indica indiferencia, D; 4. MESARSE la barba indica reflexión, E; 5. HINCARSE de rodillas indica súplica, C.

5. 1. me trae de cabeza; 2. tenga dos dedos de frente; 3. meter el dedo en la llaga; 4. vaya a dar/dé su brazo a torcer; 5. hincar los codos; 6. andar(te) con pies de plomo.

6. 1. I; 2. I; 3. C; 4. I; 5. C; 6. I.

7. 1. a; 2. b; 3. b; 4. a; 5. b; 6. a; 7. b.

8. Columna 1. cua-tro; des-pa-cha-ban; Jo-a-quín; a-per-tura; es-ce-na-rio; vi-ví-an; es-pe-cial; bien-ve-ni-da; despla-za-ron; re-cuer-dan; a-tre-ví; a-rro-pa-dos; fue-ron; a-rri-ma-bas; pa-be-llón; ten-drán. Columna 2: ha-bí-an; es-pec-tá-cu-lo; mos-tra-ba; e-na-mo-ra-da (en-a-mo-ra-da); fol-cló-ri-ca; cin-cuen-ta; trans-for-mó; es-ca-so; ac-tuar; trein-te-na; aun-que; vi-vié-ra-mos

9. En las palabras de tres sílabas, marcamos entre paréntesis las opciones en que se puede colocar la segunda sílaba. Hemos hecho lo mismo con las de cuatro o más sílabas, tendiendo a equilibrar las mismas en las líneas (2+2 en vez de 3+1), pero hay otras divisiones posibles (siempre que se respeten las reglas generales).

Los vecinos de Híjar (Teruel) celebran San Valentín con rosas y poemas

Miércoles, 20 de febrero ■ Ana Corbatón

San Valentín tiene una celebración muy **1.** es-/(pe-) (pe)cial en la capital del Bajo Martín. Es una fecha que se conmemora, como no puede ser de otra manera, con mucho amor.
La cita este año tuvo lugar el sábado en el **2.** pa-/(be-) (be)llón de festejos del pueblo. Hasta allí se **3.** des-/(pla-) (pla)zaron las más de veinte parejas que este año cumplen sus Bodas de Plata y de Oro.
No fueron solos, porque estuvieron **4.** arro-/(pa-) (pa)dos por más de un centenar de vecinos que no quisieron perdérselo. Puntuales, a las **5.** cua-tro de la tarde dio comienzo el acto.
El encargado de ofrecer el discurso de **6.** aper-/(tu-) (tu)ra fue el alcalde del pueblo, cuyas palabras **7.** fue-ron dirigidas a elogiar los años que llevaban juntos los matrimonios y los ratos buenos y no tan buenos que han tenido y que **8.** ten-drán que pasar como pareja. Dando así la **9.** bien-/(ve-) (ve)nida a los asistentes comenzó una tarde amenizada hasta casi la hora de cenar. Tras el turno del alcalde, los siguientes en subir al **10.** es-/(ce-) (ce)nario fueron los protagonistas de la cita.

Amor incondicional

Echando la vista atrás, los más mayores **11.** re-/(cuer-) (cuer)dan cómo y cuándo conocieron a su pareja. **12.** Joa-quín aseguró no poder olvidar cómo fue su primer encuentro con su mujer Pilar. “Yo estaba trabajando en Gabá (Barcelona) y ella aquí en el pueblo. La primera vez no me **13.** atre-ví a hablarla. Entonces, si ibas de paseo te **14.** arri-/(ma-) (ma)bas a la mujer y si te concedía ir a su lado bien, pero si no le gustabas, te **15.** des-/(pa-) (pa)chaba y decíamos que te habían dado calabazas”.
Por aquel entonces las relaciones, según nos contaron algunos de los presentes, se **16.** vi-vían mucho más rápido y enseguida te casabas.
En el caso de Joaquín aunque el romance fue breve, el amor les ha llevado a estar juntos toda una vida. “Estuvimos de novios un año **17.** es-/(ca-) (ca)so, nos casamos y así hemos estado hasta ahora, siempre tan felices. Cien años que **18.** vi-/(vié-) (vié)ramos, cien años que estaríamos juntos. ¿A quién iba a pillar mejor, si es la más guapa del mundo?”.
La alegría por haber logrado cumplir **19.** cin-/(cuen-) (cuen)ta años de casados era palpable en todos ellos. Y es que según contaron, cuando ellos mismos celebraron sus Bodas de Plata estaban treinta parejas pero el sábado de esa **20.** trein-/(te-) (te)na quedaban diez. Casi ninguno de los que **21.** ha-bían cumplido medio siglo casados había tenido otra pareja. María, por ejemplo, contó que llevaba toda su vida al lado de Antonio. **22.** Aun-que actualmente viven en Barcelona, los dos son de Híjar, el lugar donde se vieron por primera vez. Durante el festejo de homenaje se **23.** mos-/(tra-) (tra)ba así de feliz por cumplir años a su lado.
“Estoy muy contenta. Conocí a mi marido con trece años y llevamos siete de novios, lo que hace un total de cincuenta y siete. Estoy feliz y **24.** ena-/(en-) (a)morada. Si pudiera volver a casarme sin duda sería con él”.
Al terminar el acto de homenaje a las parejas, el escenario en que recibieron los galardones se **25.** trans-/(for-) (for)mó y allí actuó el grupo de teatro local, que deleitó a todos los presentes con un **26.** es-/(pec-) (pec)táculo de variedades con el que hicieron reír a todos los presentes. Los siguientes en **27.** ac-tuar fueron los integrantes del grupo Aires del Martín, que ofrecieron una actuación **28.** fol-/(cló-) (cló)rica durante algo más de una hora. El broche de la tarde lo puso la misa baturra que tuvo lugar en el mismo pabellón pasadas las siete de la tarde.

10. 1. E; 2. C; 3. A; 4. D; 5. C; 6. E; 7. B; 8. F.

11. 1. b; 2. c; 3. a; 4. a; 5. c; 6. c.

12. Respuesta abierta.

13. Respuesta abierta.

UNIDAD 7: LOCOS POR LA CIENCIA

1. a. trillón; b. billones; c. billón; d. millardo; e. mega-; f. kilo-; g. millar; h. hecto-; i. centena; j. deca-; k. decena; l. unidad; m. d; n. c; ñ. m; o. micro-; p. nano-; q. kilo-; r. mega-; s. giga-.

2. Respuesta abierta.

3. 1. pronóstico; 2. traumatismo; 3. vía; 4. ciencia; 5. rebatir; 6. física; 7. fuerza; 8. barra; 9. tarjeta.

4. 1. rebaten la teoría; 2. fuerza centrífuga; 3. fuerza centrípeta; 4. pronóstico reservado; 5. física cuántica, 6. vía tópica; 7. tarjeta de memoria; 8. barra de tareas; 9. ciencias exactas; 10. traumatismo craneoencefálico.

5. A. 2; B. 6; C. 1; D. 4; E. 5; F. 3.

6. Horizontales: 1. hipertexto; 5. portal; 6. icono; 7. robótica; 8. carácter; 9. interfaz; 11. cibernética; 13. pestaña; 14. hercio; 15. salvapantallas; 16. aplicación; 17. servidor; 18. comprimir.

Verticales: 1. hipervínculo; 2. cursor; 3. formatear; 4. puerto; 10. digitalizar; 12. enlace.

7. 1. c; 2. c; 3. a; 4. b; 5. a; 6. d; 7. d; 8. b; 9. c; 10. a; 11. b; 12. c.

8. C, F, G, I, L.

9. Respuesta abierta.

10. Respuesta abierta.

UNIDAD 8: LEY Y ORDEN

1. 1. soberanía; 2. constitución; 3. régimen; 4. coloniales; 5. corona; 6. oposición; 7. trono.

2. 1. ejercer; 2. tránsfuga; 3. afiliar; 4. izar; 5. ser, legalizar; 6. todas las colocaciones son posibles; 7. soborno.

3. Respuesta abierta.

4. 1. b; 2. g; 3. h; 4. c; 5. a; 6. d; 7. e; 8. k; 9. j; 10. i; 11. f.

5. 1. *Carecer de pan* (carecer de trabajo); 2. Un lienzo (un cuadro); 3. Pídeme un Jerez (una copa de Jerez); 4. Los niños son la alegría de la casa (causan felicidad); 5. Es la mejor pluma de la literatura universal (escritor); 6. El balón se introduce en la red (la portería), Una ciudad de mil almas (habitantes); 7. Jurar lealtad a la bandera (jurar lealtad al país); 8. Es un picasso (cuadro de Picasso); 9. Tomar una copa (tomarse el contenido de una copa); 10. Lavar el coche (la carrocería).

6. 1. d; 2. e; 3. c; 4. b; 5. h; 6. a; 7. f; 8. g; 9. j; 10. i.

7. 1. Hecha la ley, hecha la trampa; 2. Ojo por ojo y diente por diente; 3. Tomarse la justicia por su (propia) mano.

8. 1. Ley de la selva; 2. Ley del embudo; 3. Ley del silencio; 4. De mala ley; 5. Fuera de la ley; 6. Ley de Murphy; 7. Ley de vida; 8. Ley seca.

9. 1. cotizar; 2. injurias; 3. la custodia; 4. coartada; 5. empadronarse; 6. aval.

10. 1. Antecedentes del hecho; 2. Fundamentos de derecho; 3. Fallo.

11. Don Cesáreo, propietario de la vivienda en alquiler, demandó a su inquilino, don Argimiro, por no pagar el incremento anual del alquiler en el momento en que se le solicitó y ganó el juicio el 28 de febrero de 2007, teniendo don Argimiro que pagar asimismo las costas del juicio. En esta ocasión, don Argimiro ha intentado anular dicha sentencia mediante un recurso de casación, pero el juez no lo ha estimado oportuno.

12. Respuesta abierta.

13. 1. G; 2. C; 3. A; 4. D; 5. B; 6. E.

14. 1. H; 2. H; 3. M; 4. N; 5. M; 6. H; 7. N; 8. N; 9. H; 10. N; 11. H; 12. M; 13. H; 14. N; 15. M.

15. Modelo corregido:

D. Eduardo Esteban Erice, con DNI 26847539S, y domicilio en Toledo, en la calle General Besasola, número 42, bloque 1, piso sexto, puerta A

DENUNCIA

Que estando la noche del 24 de febrero, en torno a las 23 horas, en su domicilio, escuchó ruido de música proveniente del domicilio del vecino del séptimo A, por lo que subió a protestar. Habiendo llamado dos veces a su puerta, dicho vecino le abrió la puerta y tras amonestarlo por su actitud molesta, aquel le comentó literalmente que "en su casa hacía lo que quería". Al subir el tono de la discusión, acudió otro vecino alarmado por las voces, siendo ambos amenazados por el propietario del séptimo A. En ese momento, comenzó una pelea, por lo cual se vieron obligados a alertar a la policía. Resultado de esa pelea, el denunciante alega haber sufrido un hematoma en el ojo izquierdo y rotura del labio que precisó varios puntos de sutura, motivos por los cuales interpone la presente denuncia en esta comisaría.

Lo firma en Toledo a 24 de febrero,

D. Eduardo Esteban Erice.

16. Respuesta abierta

UNIDAD 9: DARLE A LA LENGUA

1. *Anda*, usa un imperativo lexicalizado; 2. *Cervecita*, utiliza un diminutivo; 3. Utiliza un eufemismo; 4. Recurre a un eufemismo y usa un elemento aproximativo, *por decirlo así*; 5. Usa una palabra ofensiva en tono de broma y como señal de empatía; 6. Utiliza *por favor*; 7. Utiliza un diminutivo, *momentito*; 8. Usa un elemento que expresa baja cantidad, *un poco de*.

2. 1. remotamente; 2. sufijo; 3. en sentido figurado; 4. acepciones; 5. vocablos; 6. cultismo.

3. Respuesta abierta.

4. A. Variaciones sociales; B. Variaciones estilísticas; C. Variaciones temporales. D. Variaciones geográficas: (posible respuesta) Vienen determinadas por los rasgos peculiares que presenta la lengua en las distintas zonas en las que se habla. Constituyen variedades espaciales, por ejemplo, las diferentes formas en que los hablantes de español pronuncian la palabra zapato: *zapato/sapato*.

5. 1. G; 2. E; 3. E; 4. G; 5. T; 6. S; 7. S; 8. T; 9. S; 10. E; 11. S; 12. T; 13. E; 14. G; 15. G.

6. 1. *Con lo listo que eres no deberías preocuparte por tonterías*; 2. María hablará regular chino, pero Luis…; 3. Si algo no me gusta es ir de compras; 4. Juan me contó lo grande y bonita que era su casa; 5. Algo que nunca comprenderé es por qué se divorciaron; 6. A quien no he visto en toda la boda es al novio.

7. 1. Turno de preguntas; 2. *Presentación de contenidos*; 3. Cita, atracción del interés de la audiencia; 4. Argumentación; 5. Agradecimientos; 6. Control de la comunicación; 7. Contextualización del tema; 8. Sumario del desarrollo de la presentación; 9. Síntesis de la presentación; 10. Agradecimientos y despedida; 11. Presentación a cargo de otra persona; 12. Saludos: **(posible respuesta)** Buenas tardes, señoras y señores; 13. **Comentarios generales sobre la comunicación. Duración: (posible respuesta)** Al final de la presentación; tendremos una breve charla…; Tienen ustedes sobre la mesa un resumen de esta presentación; Esta presentación durará treinta minutos aproximadamente; No me extenderé más de sesenta minutos.

8. 1. comprensibilidad; 2. pronunciación; 3. fluidez; 4. entonación; 5. contenido; 6. organización; 7. corrección; 8. variedad.

9. 1. E; 2. C; 3. A; 4. F; 5. B; 6. D; 7. E; 8. C.

10. Respuesta abierta.

11. Respuesta abierta.

12. Respuesta abierta.

UNIDAD 10: PRINCIPIOS

1. 1. b; 2. j; 3. i; 4. f; 5. d; 6. g; 7. c; 8. a; 9. h; 10. e.

2. 1. cooperación; 2. ayuda humanitaria; 3. microcréditos; 4. apadrinamiento; 5. voluntariado; 6. donación; 7. recaudación de fondos; 8. subasta; 9. comercio justo; 10. sin ánimo de lucro.

3. Posible respuesta. 1. Te estaría eternamente agradecido si me dejaras compartir la habitación contigo. Yo, a cambio, podría hacer las tareas de casa. 2. No te puedes imaginar el favor que me harías si me enseñaras a dibujar cómics, me hace mucha ilusión; 3. No te haces a la idea del favor que me harías si me ayudaras con la informática; 4. ¿Serías tan amable de enseñarme a tocar el ukelele?; 5. Me harías un gran favor si me enseñaras a coser; 6. No me queda más remedio que pedirte un favor: ¿me das clases de Matemáticas?

4. Posible respuesta. 1. Tus deseos son órdenes para mí; 2. Eso está hecho; 3. Faltaría más; 4. Sintiéndolo mucho, me resulta imposible ayudarte con eso en estos momentos; 5. Lamento tener que darte una negativa pero me es imposible; 6. Me temo que es imposible, lo siento.

5. Posible respuesta. 1. No cuentes conmigo. 2. Espera sentado/a. 3. Ni hablarlo ni imaginarlo. 4. Lo llevas crudo. 5. Ni de broma. 6. Ni borracho/a.

6. 1. actriz; 2. bachiller/bachillera (pueden usarse ambos términos para el femenino); 3. alcaldesa; 4. alguacil/alguacila (pueden usarse ambos términos para el femenino); 5. asistente/asistenta (la forma *asistenta* solo se usa para designar a la persona que trabaja realizando actividades domésticas); 6. bedel/bedela (pueden usarse ambos términos para el femenino); 7. canciller; 8. comedianta; 9. técnica deportiva superior; 10. empresaria; 11. guía; 12. ingeniera técnica; 13. militar; 14. operadora; 15. operaria; 16. profesora especializada; 17. poeta/poetisa (pueden usarse ambos términos para el femenino); 18. licenciada; 19. modista (en masculino se acepta *modisto*); 20. violín (se usa también *violinista*); 21. ventrílocua; 22. soldado; 23. capitán/capitana (cuando designa específicamente el grado de la escala militar inmediatamente inferior al de comandante, puede usarse el femenino *capitana*, pero lo normal es que funcione como común en cuanto al género); 24. diplomada.

7. 1. **Individuo:** coloq. Persona cuyo nombre y condición se ignoran o no se quieren decir; **Individua:** despect. Mujer despreciable; 2. **Tigre:** fuerte, talentoso; **Tigresa:** mujer seductora, provocadora y activa en las relaciones amorosas; 3. **Verdulero:** persona que vende verduras; **Verdulera:** coloq. Mujer descarada y ordinaria; 4. **Zorro:** coloq. Hombre muy taimado y astuto; **Zorra:** prostituta; 5. **Señorito:** joven acomodado; **Señorita:** termino de cortesía que se aplica a la mujer soltera; 6. **Asistente:** persona que, en cualquier oficio o función, realiza labores de asistencia o ayuda; **Asistenta:** mujer que sirve como criada en una casa sin residir en ella y que cobra generalmente por horas.

8. 1. UNRISD; 2. ACNUR; 3. UNICEF; 4. UNESCO. A. UNICEF; B. UNESCO; C. ACNUR; D. UNRISD.

9. 1. a; 2. b; 3. a; 4. c; 5. c; 6. b; 7. b; 8. c; 9. b; 10. b; 11. a; 12. c.

10. A, E, H, I, K.

11. Respuesta abierta.

12. Respuesta abierta.

13. Respuesta abierta.

UNIDAD 11: CAMBIOS

1. 1. budista; 2. triste; 3. loco; 4. español; 5. destrozado; 6. miserable; 7. modelo; 8. ciego.

2. Posible respuesta. Se ha hecho rico, se ha convertido en/ha llegado a ser arquitecto, se ha quedado calvo, ha terminado solo, se ha vuelto triste, se ha puesto gordo.

3. Matrimonio civil o religioso: bienes gananciales, pensión de viudedad, boda, separación de hecho, adopción de hijos, convivencia, pareja estable, separación de bienes, régimen económico. Pareja de hecho: separación de hecho, adopción de hijos, convivencia, pareja estable, régimen económico.

4. Respuesta abierta.

5. Respuesta abierta.

6. Posible respuesta. 1. porque; 2. así (es) que; 3. Dado/Ya/Puesto que; 4. conque; 5. por culpa de; 6. De modo/forma/manera que; 7. porque; 8. con que; 9. Como; 10. o sea que/luego/entonces.

7. 1. proclamó; 2. taifas; 3. cristiana; 4. dictadura; 5. modernización; 6. Península; 7. prehistoria; 8. revolución industrial; 9. desamortizaciones; 10. predominio; 11. invasores; 12. régimen; 13. referéndum; 14. parlamentaria; 15. Edad Moderna; 16. dinastía; 17. oligarquía; 18. polarización; 19. advenimiento; 20. guerras civiles; 21. golpes de estado. Orden del texto: d, f, b, h, k, e, j, a, i, c, g.

8. 1. B; 2. D; 3. E; 4. G; 5. F; 6. A.

9. 1. M; 2. H; 3. N; 4. N; 5. H; 6. M; 7. M; 8. H; 9. N; 10. H; 11. H; 12. N; 13. H; 14. M; 15. H.

10. Modelo corregido:

¡Buenas!

Hace bastante que no cuento los avances de mi peque, y cada día son más, tantos que me sorprende minuto a minuto y me hacen ver que está creciendo cada vez más:

–Se pone de puntillas y coge todo lo que pilla de las mesas.

–Dice palabrotas y se muere de risa (ha aprendido un par que me escucha a mí cuando algo me sale mal y como le digo que eso no se dice, por supuesto que lo repite hasta el cansancio partiéndose de risa).

– Me persigue y, cuando está a punto de cogerme, me escapo y le digo: "¡Oléééé!" por lo que él también lo dice, y lo hace riéndose sin parar.

–Hay algunos momentos en los que juega solo, pero casi siempre te coge de la mano, te lleva a su habitación y te dice que te sientes "ahí" a su lado (si te levantas, te va a buscar en milésimas de segundos).

-Si mamá y papá nos ponemos firmes con algún *no*, se ofende y se pone a llorar muy lastimosamente, (y sabe que de esa forma nos puede).

–Puede completar frases que le pedimos: por ejemplo: *A la una, a las dos y a las...* (él dice: ¡tres!), o *Sana, sana, culito de rana, si no sana hoy, sanará...*(y dice: ¡*mañana!*).

...En fin, seguro que olvido muchas cosas pero serán para otra entrada en el blog; lo que quiero destacar hoy es que los niños de la edad de Samu son como una esponja, porque todo lo absorben y aprenden de una forma tan sencilla y rápida que sorprenden...

¡Y por hoy nada más, que ya es mucha información y no quiero aburrir!

¡Que tengáis una buenísima semana!

11. Respuesta abierta.

12. Respuesta abierta.

UNIDAD 12: LA NOCHE Y EL DÍA

1. 1. *al despuntar el alba*; 2. al salir el sol; 3. las primeras horas del día; 4. a media mañana; 5. a media tarde; 6. al atardecer; 7. al oscurecer; 8. y 9. el ocaso/ al ponerse el sol (ambas se refieren al mismo momento del día); 10. al caer la noche; 11. de madrugada (desde las 12 de la noche hasta el amanecer); 12. en mitad de la noche (se puede incluir dentro de la madrugada).

2. 1. toca a su fin; 2. de una sentada; 3. dale que dale; 4. a la par; 5. a priori; 6. a poco que; 7. sin tardanza; 8. tomar la delantera; 9. en un santiamén; 10. a cada rato 11. Ejemplo contextualizado: Podríamos ir hoy a visitar a mis padres en vez de a los tuyos, para variar.

3. 1. a la par; 2. de una sentada; 3. dale que dale; 4. sin tardanza; 5. toca a su fin; 6. a priori; 7. a poco que; 8. tomar la delantera; 9. para variar; 10. a cada rato; 11. en un santiamén.

4. 1. e; 2. b; 3. a; 4. c; 5. d; 6. c; 7. b; 8. a; 9. c; 10. e; 11. a; 12. c; 13. e.

5. Posible respuesta. 1. revela; 2. sostienen; 3. se deduce; 4. apreciar; 5. obvia; 6. presunto; 7. presumiblemente.

6. 1. Tenía problemas de sobrepeso y celulitis localizada en diferentes partes del cuerpo. Se sentía acomplejada; Una liposucción; Arrepentida. 2. Tuvo que someterse a una operación por cuestiones de salud; Ponerse unos implantes para aumento de pecho; Feliz y más segura de sí misma. 3. Exceso de piel en los párpados. Se sentía molesto porque no podía abrir bien los ojos; Operación de párpados; Su problema ha desaparecido. 4. Tenía nariz aguileña y se sentía acomplejada; Rinoplastia; Arrepentida. 5. Caída del cabello. No se sentía muy preocupado; Aún no se ha sometido al tratamiento.

7. Presentar un argumento: 1, Permítanme realizar una observación; 4, A mi juicio; 5, Con los datos disponibles se puede asegurar; 7, Habida cuenta de que. Presentar un contrargumento: 2, Si bien es cierto que..., no olvidemos que...; 3, No se puede negar que..., con todo...; 6, Es inevitable que..., no obstante,...; 8, Cierto es que..., ahora bien.

8. Me dan las tantas, en un santiamén, contar ovejitas, de un tirón, me paso la vida, fresco como una rosa, echo una cabezadita, duermes como un angelito.

9. 1. C; 2. E; 3. F; 4. A; 5. B; 6. D; 7. C; 8. F.

10. 1. a; 2. c; 3. b; 4. b; 5. c; 6. b.

11. Respuesta abierta.

12. Respuesta abierta.